北京市2013年专业建设——专业综合改革试点项目

旅游电子商务企业案例分析

欧海鹰 主编

梳理中国旅游电商15年历程
分析优秀探路者发展路径

Cases of E-tourism in China

旅游教育出版社
·北京·

策　　划：赖春梅
责任编辑：巨瑛梅

图书在版编目(CIP)数据

旅游电子商务企业案例分析 / 欧海鹰主编. --北京：旅游教育出版社，2015.1
ISBN 978-7-5637-3036-0

Ⅰ．①旅… Ⅱ．①欧… Ⅲ．①旅游业—电子商务—商业企业管理—案例 Ⅳ．①F590.6-39

中国版本图书馆CIP数据核字(2014)第214940号

旅游电子商务企业案例分析
欧海鹰　主编

出版单位	旅游教育出版社
地　　址	北京市朝阳区定福庄南里1号
邮　　编	100024
发行电话	(010)65778403　65728372　65767462(传真)
本社网址	www.tepcb.com
E-mail	tepfx@163.com
印刷单位	北京中科印刷有限公司
经销单位	新华书店
开　　本	710毫米×1000毫米　1/16
印　　张	18
字　　数	261千字
版　　次	2015年1月第1版
印　　次	2015年1月第1次印刷
定　　价	45.00元

(图书如有装订差错请与发行部联系)

前　言

　　自互联网诞生以来，其延伸的路径从起初的研究机构逐步扩散到企业和政府部门，尽管在这个过程中不同的组织使用互联网的缘由和方式不尽相同，但是毋庸置疑，互联网无一例外地对它们的管理模式和运转方式都产生了深刻的影响。20世纪90年代末期，互联网在我国初见端倪，在此期间出现了很多中国互联网发展史上里程碑式的事件和人物，它（他）们将互联网这一新事物展现在了中国消费者面前。伴随着技术的不断发展和企业管理理念的逐步成熟，愈来愈多的企业认识到除了蓬勃发展的互联网行业本身之外，互联网技术与不同传统行业的结合是必然的趋势，在结合的过程中如何利用两者的优势寻求传统行业互联网化是新的利润增长点。

　　旅游业是典型的传统服务行业，社会经济的发展与生活水平的提升驱动出人们更多的出游需求。在旅游业所涵盖的"食、住、行、游、娱、购"六个要素中如何融入互联网的因素，减少信息在消费者和旅游企业之间传递过程中存在的时间和空间偏差，提升消费者的期望与结果的一致性，进而提升旅游产品和服务的感知价值是旅游产业链条中处于不同环节的企业共同思考的现实问题。因此，伴随着中国互联网的发展，中国的旅游业也逐步在探寻与互联网的结合之路。

　　1999年携程的成立是我国旅游电商的开拓性事件，很多消费者仍然能够回忆起这家企业在创始之初是如何在我国互联网市场环境尚不成熟的情境下通过多种渠道让消费者知晓、了解并理解它的新兴商业模式，从而相信传统的旅游出游方式可以通过互联网得到改变。随后几年中，旅游电商的发展由于没有更新更好的商业模式出现，发展速度较为缓慢，消费者对旅游电商的认知也局限于预订功能。近几年，在借鉴国外成功企业的经验和结合国内市场特色的基础上，我国旅游电商在突破原有商业模式的瓶颈后迎来了非常快速的发展，各路风险投资也看到了旅游电商的良好发展前景，纷纷伸出了橄榄枝。

　　本书的编写初衷正是在这样一个大的市场背景下产生的。希望本书能够梳理出我国旅游电商发展15年历程中的优秀探路者们所做的努力。本书共选取15家旅游电商作为分析对象，在总结这些优秀企业的发展历程、分析它们的商业模式基础上给出了较为粗浅的运营评价和运营建议，这些企业包括：我国旅游电商的开拓者携程和它的有力竞争者艺龙，我国旅游电商垂直搜索的领先者去哪儿以及它的竞争者酷讯，互联网巨头阿里巴巴旗下的旅游业务，国内优秀旅行社的电商渠道春秋旅游网，中国的国外旅游电商巨头到到网，我国优秀的在线旅行分享蚂蜂窝，不断挖掘旅游线路在线预订市场的途牛，面向企业与消费者的双平台旅游电商同程，景区分销与自助游特色相结合的驴妈妈，商旅服务的首家国内上市公司腾邦国际，面向大中华区的港中旅在线芒果网，致力于全方位中文自助游服务平台的游多多以及出境旅游特卖的电商超市来来会。这些企业中既有经过十几年历练的市场领先者，又有刚刚踏入旅游电商蓝海的新进入者，它们的共同特征是它们在进入市场的过程中在合适的时间选取了合适的市场切入点，从而使它们能够有很好的发展前景。

　　本书的编写得到北京第二外国语学院"北京市2013年专业建设——专业综合改革试点项目"经费的资助。在本书编写的过程中，参考并引用了国内外相关学者的研究，在此一并表示感谢。

　　本书的编写是集体努力的成果，其中第一章、第三章由王雅洁、欧海鹰编写，第二章、第四章、第五章由杨慧、欧海鹰编写，第七章、第十四章由卢翠、欧海鹰编写，第八章、第十章、第十一章由王丹、欧海鹰编写，第六章、第九章、第十二章、第十三章由陈胜兰、欧海鹰编写，第十五章由杨晓红、欧海鹰编写。全书由欧海鹰统编定稿。

　　旅游电商企业正在以多姿多彩的形态如雨后春笋般出现在我们的视野中，这些企业在发展过程中的不断创新更加使得编者深感才识的不足。因此，本书一定不乏缺点和纰漏之处，敬请各位读者批评指正。

欧海鹰

目 录

第一章　我国旅游电商的开拓者：携程 …………………………… 001

　　第一节　发展历程和现状 / 002
　　第二节　携程的商业模式 / 009
　　第三节　携程的运营评价 / 021
　　第四节　携程的运营建议 / 027

第二章　携程的国内最主要竞争者：艺龙 …………………………… 031

　　第一节　发展历程和现状 / 032
　　第二节　艺龙旅行网的商业模式 / 036
　　第三节　艺龙系 / 042
　　第四节　艺龙的运营评价 / 048
　　第五节　艺龙的运营建议 / 051

第三章　我国旅游电商垂直搜索的领先者：去哪儿 ………………… 053

　　第一节　发展历程和现状 / 054
　　第二节　去哪儿的商业模式 / 059
　　第三节　去哪儿的运营评价 / 071
　　第四节　去哪儿的运营建议 / 074

第四章　去哪儿的旅游搜索竞争者：酷讯 …………………………… 077

　　第一节　发展历程和现状 / 078

第二节　酷讯的商业模式 / 081
第三节　酷讯的运营评价 / 089
第四节　酷讯的运营建议 / 092

第五章　互联网巨头的新视野：阿里巴巴之旅游……095

第一节　发展历程和现状 / 096
第二节　阿里巴巴与旅游业的结合 / 100
第三节　阿里巴巴旅游的商业模式 / 108
第四节　阿里巴巴旅游的运营评价 / 112
第五节　阿里巴巴旅游的运营建议 / 114

第六章　国内优秀旅行社的电商化：春秋旅游网……117

第一节　发展历程和现状 / 118
第二节　春秋旅游的商业模式 / 123
第三节　春秋旅游的运营评价 / 128
第四节　春秋旅游的运营建议 / 130

第七章　中国的国外旅游电商巨头：到到网……133

第一节　发展历程和现状 / 134
第二节　到到网的商业模式 / 137
第三节　到到网的运营评价 / 144
第四节　到到网的运营建议 / 148

第八章　我国优秀的在线旅行分享：蚂蜂窝……151

第一节　发展历程和现状 / 152
第二节　蚂蜂窝的商业模式 / 155
第三节　蚂蜂窝的运营评价 / 162
第四节　蚂蜂窝的运营建议 / 165

第九章　挖掘旅游线路的在线预订市场：途牛 …………………… 167

第一节　发展历程和现状 / 168
第二节　途牛的商业模式 / 172
第三节　途牛的运营评价 / 181
第四节　途牛的运营建议 / 183

第十章　面向企业与消费者的双平台旅游电商：同程 …………… 185

第一节　发展历程和现状 / 186
第二节　同程的商业模式 / 193
第三节　同程的运营评价 / 196
第四节　同程的运营建议 / 200

第十一章　景区分销与自助游的特色结合：驴妈妈 ……………… 201

第一节　发展历程和现状 / 202
第二节　驴妈妈的商业模式 / 206
第三节　驴妈妈的运营评价 / 211
第四节　驴妈妈的运营建议 / 216

第十二章　商旅服务的首家国内上市公司：腾邦国际 …………… 219

第一节　发展历程和现状 / 220
第二节　腾邦国际的商业模式 / 225
第三节　腾邦国际的运营评价 / 230
第四节　腾邦国际的运营建议 / 235

第十三章　面向大中华区的港中旅在线：芒果网 ………………… 237

第一节　发展历程和现状 / 238
第二节　芒果网的商业模式 / 243

第三节　芒果网的运营评价 / 248
第四节　芒果网的运营建议 / 250

第十四章　致力于全方位的中文自助游服务平台：游多多 …………253

第一节　发展历程和现状 / 254
第二节　游多多的商业模式 / 256
第三节　游多多的运营评价 / 262
第四节　游多多的运营建议 / 265

第十五章　出境旅游特卖的电商超市：来来会 ……………………267

第一节　发展历程和现状 / 268
第二节　来来会的商业模式 / 269
第三节　来来会的运营评价 / 276
第四节　来来会的运营建议 / 278

第一章 我国旅游电商的开拓者：携程

第一节　发展历程和现状

携程旅行服务公司（http://www.ctrip.com/，以下简称携程）是由携程计算机技术（上海）有限公司于1999年5月创建，并于当年10月网站正式开通的。总部设在上海，目前员工2.3万余人，公司已在北京、广州、深圳、成都、杭州、南京、厦门、重庆、青岛、沈阳、武汉、三亚、丽江、香港、南通等17个城市设立分支机构。作为中国领先的在线旅行服务公司，携程旅行网成功整合了高科技产业与传统旅行业，向超过1.41亿会员提供集无线应用、酒店预订、机票预订、度假预订、商旅管理及旅游资讯在内的全方位旅行服务，被誉为互联网和传统旅游无缝结合的典范。[①]

图 1-1　携程网首页

---

① 携程网（http://pages.ctrip.com/public/ctripab/abctrip.htm）.

一、发展历程

携程的发展历程可以概括为三个阶段，分别是：初创阶段、起步阶段和大发展阶段。以下是这三个阶段的简单介绍。

（一）初创阶段

1994年1月19日，担任甲骨文（Oracle）（中国）咨询总监的梁建章以外商的名义在上海创办了谅望计算机技术（上海）有限公司，注册资本为6万美元。当时公司主要是提供计算机技术方面的咨询业务。虽然由于梁建章此时仍在Oracle工作，无力打点这家公司，业绩平平，但这家公司却是携程的前身。1999年，中国的互联网开始热起来，梁建章看好这一点，辞掉oracle的工作，和沈南鹏、季琦等人准备创办一家网络公司。出于方便和注册手续上的考虑，三人对谅望公司进行改造，一起投资200万元，招聘了三四十名员工，在上海的徐汇区租地办公，谅望自此改名为携程。1999年5月，携程在上海正式成立。到底是做拍卖、游戏、旅游、打折书行业，还是做门户网站，最初这家公司不甚清楚，最终由于旅游市场在中国方兴未艾，市场比较大、前景看好等特点，促使创办人选择了进军旅游业。但携程在成立之初，也只是想做一个有关旅游的网上百货超市，网民可以在携程查询到国内以及国外各个旅游景点的详细情况，满足吃、住、行、游、购、娱等旅游的种种需求。携程希望通过广告带来高点击率，再用点击率换取网站广告收入。事实证明，广告收入无法让携程致富，它拥有的.com身份却成为强有力的融资工具，网络泡沫的虚幻，迫使携程去寻求更踏实的盈利途径。

在国内旅行服务的各大业务板块中，如酒店预订、机票预订、旅游项目等，只有酒店预订拥有不需要配送、没有库存之忧、便于客人支付的优势，这点很适合携程当时的情况。1999年10月，携程开始做酒店的预订业务。事实上，对携程来说，进入酒店预订，无疑是其比较好的选择：投资少，便于利用公司的网络优势。

（二）起步阶段

在正式开展酒店业务之后，携程面临的最大问题是缺乏相应的资源，包括人员及上下游产业的关系。好在当时整个中国旅游业的发展也正处于起步阶段，市场的集中度不高，边际资源并不缺乏，缺少的只是将它们整合在一起的理念和行动。当时的携程已经利用其颇有前景的商业模式筹集到了1700万美元的风险投资，充足的现金让携程有了强大的整合能力。

2000年10月，携程果断地以数百万现金加期权收购了北京的一家传统旅游企业——现代运通，使酒店订房量发生了突飞猛进的增长。2002年3月，酒店预订量创国内酒店分销业榜首。接下来在别的网站很难再获风投青睐之时，携程成功地进行了第三轮融资，凯雷集团注入1000万美元，此时携程的估价已达3000多万美元。在酒店预订领域闯出点名堂后，携程开始进军机票预订领域。此时，携程将收购的目标锁定北京海岸机票预订中心，即北京最大的呼叫中心，如法炮制，同样用数百万现金加上股权，在2002年3月完成收购。2002年5月，携程启动全国中央机票预订系统；2003年10月，机票预订网络覆盖国内35个城市；2004年11月，建成国内首个国际机票在线预订平台。至此，借助收购传统行业，携程完成了最主要的酒店和机票网络建设。伴随着两次收购，携程还挖来了许多业务骨干，这些都为业务在全国范围内展开奠定了基础，一条互联网与传统业务相结合的道路清晰可见。

（三）大发展阶段

2003年12月9日，携程网在美国纳斯达克挂牌上市，成为2000年以来我国第一支登陆纳斯达克的网络概念股票。股票开盘首日涨幅就达到了88.56%；上市4天后，股价涨至发行价的2倍，成为3年来纽约市场上表现最好的新股票；2004年11月，宣布分红，成为美国纳市首家分红的中国网络股。

2004年2月，携程以高级管理者入股的形式正式收编了上海翠明国际旅行社，刚刚在纳斯达克上市才2个月的携程，开始展露出要整合业务资源和客户资源，进军旅行社业务的野心。2004年10月，携程推出全新360°度假超市，首推休闲度假旅游概念；2006年12月，度假出发地拓展至11个城市。2006年3月，携程继酒店、机票、度假预订业务之后全力进军商旅管理市场，商旅服务成为携程网的第四个业务增长点；2007年3月，携程在北京、上海、广州、深圳、南京、武汉、杭州、青岛、厦门、成都、沈阳等城市又推出了带驾租车业务。

至此，携程进入了大发展时期，形成了"酒店预订、机票预订、度假产品、商旅服务、车辆租赁"几大块主营业务的架构。短短几年间，携程利用并购手法在各个领域合纵连横，从纯粹的.com网站到酒店、机票分销，再到"机票+大酒店"套餐的自助游,并延伸到商旅和租车服务,开始在旅游市场上全面开花。

表 1-1 携程在发展过程中的业务里程碑事件

时间	里程碑事件
1999 年 10 月	酒店预订量创国内酒店分销业榜首,携程旅行网开通
2002 年 3 月	当月交易额首次突破 1 亿元人民币
2002 年 10 月	机票预订网络覆盖国内 35 个城市
2004 年 10 月	推出全新 360°度假超市,首推休闲度假旅游概念
2004 年 10 月	建成国内首个国际机票在线预订平台
2004 年 11 月	注册会员数突破 1000 万人
2006 年 3 月	进军商旅管理市场
2006 年 3 月	度假出发地拓展至 11 个城市
2006 年 12 月	携程网络技术大楼正式落成并投入使用
2007 年 6 月	携程大学成立
2007 年 9 月	单月机票销售突破 100 万张
2007 年 11 月	携程旅行网英文网站全新上线
2008 年 3 月	携程度假体验中心登陆各大机场
2008 年 5 月	商旅通智能报告发布
2008 年 7 月	携程南通呼叫服务中心正式启动
2008 年 12 月	携程推出国内首个航意险保单销售网络平台
2009 年 2 月	携程推出"自由·机+酒"产品
2009 年 6 月	携程被授予为"世博游指定旅行社"
2009 年 11 月	携程会员数突破 4000 万
2010 年 3 月	"携程无线"手机网站正式上线
2010 年 4 月	携程信息技术大楼在江苏南通正式落成
2010 年 5 月	携程启用新标志
2010 年 10 月	携程入围 2010 中国旅游集团 20 强
2010 年 12 月	成立驴评网
2011 年 1 月	携程南通呼叫中心升级为服务联络中心
2011 年 2 月	携程旅行网与香格里拉酒店集团签署分销合作协议

续表

时　间	里　程　碑　事　件
2011 年 4 月	携程进军中小企业商旅市场
2011 年 6 月	携程组织中国游客赴夏威夷直飞首航
2011 年 8 月	携程获得印度尼西亚"鹰航假期"品牌在华独家运营权
2011 年 9 月	携程"惠选酒店"频道正式上线
2011 年 12 月	携程发布"中国差旅市场调研报告"
2011 年 12 月	携程与万豪进一步加强全球伙伴合作关系
2012 年 2 月	携程发布中国首个顶级旅游品牌"鸿鹄逸游（HHtravel）"
2012 年 3 月	携程推出全新国际机票预订平台
2012 年 7 月	携程开创旅游产品"钻级标准"
2012 年 8 月	携程海外酒店预订新平台上线
2013 年 4 月	携程全球门票预订平台上线
2013 年 9 月	酒店无线订单比达 40%
2013 年 10 月	携程应用国庆门票订单大增 10 倍
2014 年 1 月	鸿鹄逸游携手奔驰进军旅游业

二、发展现状

我们可以从携程 2013 年公布的财报中分析携程目前的发展现状。①

2013 年第四季度，携程总营业收入为 15 亿元人民币（2.52 亿美元），同比增长 31%。2013 年第四季度总营业收入环比下降 7%。

截至 2013 年 12 月 31 日，2013 年全年携程总营业收入为 57 亿元人民币（9.44 亿美元），相比 2012 年增长 30%。

2013 年第四季度酒店预订营业收入为 6.42 亿元人民币（1.06 亿美元），同比增长 37%，增长主要来源于酒店预订量 55% 的同比增长，并被每间夜收入的同比下降部分抵消。2013 年第四季度酒店预订营业收入环比增长 5%，

---

① 网易.携程 2013 年财报：净利润 1.65 亿美元　同比增长 40%（http://tech.163.com/14/0213/06/9KUNKBN9000915BF.html）.

主要受酒店预订量增长影响。

截至 2013 年 12 月 31 日，2013 年全年酒店预订营业收入为 22 亿元人民币（3.66 亿美元），相比 2012 年增长 30%。酒店预订营业收入占 2013 年和 2012 年总营业收入的 39%。

2013 年第四季度票务服务营业收入为 5.79 亿元人民币（9600 万美元），同比增长 29%，增长主要来源于机票预订量 37% 的同比增长，并被每张机票收入的同比下降部分抵消。2013 年第四季度机票预订营业收入环比下降 4%，主要受每张机票收入下降的影响。

截至 2013 年 12 月 31 日，2013 年全年票务服务营业收入为 22 亿元人民币（3.57 亿美元），相比 2012 年增长 28%。票务服务营业收入占 2013 年和 2012 年总营业收入的 38%。

2013 年第四季度旅游度假业务营业收入为 1.94 亿元人民币（3200 万美元），同比增长 17%，增长主要来源于休闲旅游预订量的增长。2013 年第四季度旅游度假业务营业收入环比下降 39%，主要受季节性因素影响。

截至 2013 年 12 月 31 日，2013 年全年旅游度假业务营业收入为 9.36 亿元人民币（1.55 亿美元），相比 2012 年增长 36%。旅游度假业务营业收入占 2013 年和 2012 年总营业收入的 16%。

2013 年第四季度商旅管理业务营业收入为 7800 万元人民币（1300 万美元），同比增长 36%，环比增长 9%，增长主要来源于商旅活动带动的商旅需求的增长。

截至 2013 年 12 月 31 日，2013 年全年商旅管理业务营业收入为 2.67 亿元人民币（4400 万美元），相比 2012 年增长 34%。商旅管理业务营业收入占 2013 年和 2012 年总营业收入的 5%。

2013 年第四季度净营业收入为 14 亿元人民币（2.38 亿美元），同比增长 31%，环比下降 7%。

截至 2013 年 12 月 31 日，2013 年全年净营业收入为 54 亿元人民币（8.9 亿美元），相比 2012 年增长 30%。

2013 年第四季度的毛利率为 73%，相比 2012 年同期为 74%，相比上季度为 75%。

截至 2013 年 12 月 31 日，2013 年全年毛利率为 74%，相比 2012 年为 75%。

2013 年第四季度产品开发费用为 3.33 亿元人民币（5500 万美元），同比上升 26%，上升的主要原因为产品开发人员相关费用的增加。2013 年第四季度产品开发费用环比下降 1%。若不计股权报酬费用，2013 年第四季度产品开发费用占净营业额的 21%，与 2012 年同期持平，与上季度的 20% 相比有所上升。

截至 2013 年 12 月 31 日，2013 年全年产品开发费用为 12 亿元人民币（2.06 亿美元），相比 2012 年上升 37%。若不计股权报酬费用，2013 年开发费用占净营业额的 21%，与 2012 的 19% 相比有所上升。

2013 年第四季度销售与市场营销费用为 3.76 亿元人民币（6200 万美元），同比上升 34%，环比上升 6%，上升的主要原因为营销相关活动的增加。若不计股权报酬费用，2013 年第四季度的销售与市场营销费用占净营业额的 25%，与 2012 年同期的 24% 和上季度的 22% 相比有所上升。

截至 2013 年 12 月 31 日，2013 年全年销售与市场营销费用为 13 亿元人民币（2.1 亿美元），相比 2012 年上升 29%。若不计股权报酬费用，2013 年销售与市场营销费用占净营业额的 23%，与 2012 年的 22% 相比略有上升。

2013 年第四季度的管理费用为 1.54 亿元人民币（2500 万美元），同比上升 1%，环比下降 11%。若不计股权报酬费用，2013 年第四季度的管理费用占净营业额的 6%，与 2012 年同期的 8% 和上季度的 7% 相比有所下降。

截至 2013 年 12 月 31 日，2013 年全年管理费用为 6.46 亿元人民币（1.07 亿美元），相比 2012 年上升 13%。若不计股权报酬费用，2013 年管理费用占净营业额的 7%，与 2012 年的 8% 相比略有下降。

2013 年第四季度的营业利润为 1.83 亿元人民币（3000 万美元），同比增长 53%，环比下降 39%。若不计股权报酬费用，2013 年第四季度的营业利润为 2.89 亿元人民币（4800 万美元），同比增长 24%，环比下降 29%。

截至 2013 年 12 月 31 日，2013 年全年营业利润为 8.38 亿元人民币（1.39 亿美元），相比 2012 年增长 28%。若不计股权报酬费用，2013 年营业利润为 13 亿元人民币（2.11 亿美元），相比 2012 年增长 17%。

2013 年第四季度的营业利润率为 13%，相比 2012 年同期为 11%，相比上季度为 19%。若不计股权报酬费用，2013 年第四季度的营业利润率为 20%，相比 2012 年同期的 21% 和上季度的 27% 有所下降。

截至 2013 年 12 月 31 日，2013 年全年的营业利润率为 16%，与 2012 年持平。若不计股权报酬费用，2013 年的营业利润率为 24%，相比 2012 年为 26%。

2013 年第四季度的所得税有效税率为 26%，与 2012 年同期的 25% 相比有所增加。所得税有效税率相比上季度的 22% 有所增加，主要受不可抵扣的股权报酬费用占比增加的影响。

截至 2013 年 12 月 31 日，2013 年全年所得税有效税率为 26%，而 2012

年为31%。2012年所得税有效税率高的主要原因是，携程为支付2012年股票回购计划自中国子公司直接汇往香港母公司的股利缴纳了5%的中国预提所得税。

2013年第四季度归属于携程股东的净利润为2.61亿元人民币（4300万美元），同比增长36%，环比下降30%。若不计股权报酬费用，归属于携程股东的净利润为3.68亿元人民币（6100万美元），同比增长20%，环比下降24%。

截至2013年12月31日，2013年全年归属于携程股东的净利润为9.98亿元人民币（1.65亿美元），相比2012年增长40%。若不计股权报酬费用，归属于携程股东的净利润为14亿元人民币（2.37亿美元），相比2012年增长25%。

2013年第四季度经稀释每存托凭证盈利为1.68元人民币（0.28美元）。若不计股权报酬费用，2013年第四季度经稀释每存托凭证盈利为2.36元人民币（0.39美元）。

截至2013年12月31日，2013年全年经稀释每存托凭证盈利为6.66元人民币（1.10美元），相比2012年为4.98元人民币（0.80美元）。若不计股权报酬费用，2013年全年经稀释每存托凭证盈利为9.53元人民币（1.57美元），相比2012年为7.97元人民币（1.28美元）。

截至2013年12月31日，现金及短期投资余额为115亿元人民币（19亿美元）。

第二节　携程的商业模式

一、目标客户

从2006年的统计数据来看[①]，由于携程的总部在上海，所以上海的客户比率相对大一点，占26%。北京其次，占22%。广州占12%、深圳占9%、杭州占5%、南京占3%，其他地区则占23%。

---

① 耿健美.携程旅行服务公司商业模式研究[D].青岛：青岛大学，2007.

表 1-2 携程目标客户的地区分布

地 区	百分比（%）
上 海	26
北 京	22
广 州	12
深 圳	9
杭 州	5
南 京	3
其他地区	23

从客户的分类来看，携程的主要客户是商务客人，占 88%。休闲客人占 12%，其中回头客超过了 75%。

表 1-3 携程目标客户的构成

客户类型	百分比（%）
商务客人	88
休闲客人	12

二、产品类型及各类型的特色

自成立以来，携程的主要收入来源是酒店预订和机票预订，占其全年总营业收入的 90% 左右。在这两项业务的基础上，携程积极开拓其他业务市场，其中度假产品所占的比重逐年增加。2007 年携程又开展了车辆租赁业务。随着公司的发展，携程提供的产品种类也将越来越丰富。

（一）酒店预订产品

酒店预订是携程的四大业务之首，也是携程运作和发展的基础。目前，携程已经与全球 2.8 万余家酒店签订了合作协议，旅客可以通过互联网预订这些酒店，携程公司则从其所预订出的酒店盈利中抽取佣金。

携程的合作酒店遍布全球 190 个国家和地区的 5900 余个城市，不仅为会员提供 2 至 7 折优惠房价，更有 2000 余家酒店保留房为会员出行提供更多保障。这些酒店包括了国内 3500 余家的会员酒店，覆盖国内 300 余个城市。携程每月的酒店预订量在同类企业中表现突出，达到总量的 50% 以上。无论是从合作酒店数量、分布地区，还是从合作情况以及每月的订房业务量等方面来比较，都无可争辩地显示携程是国内领先的酒店预订服务中心。

（二）机票产品

机票预订是携程的五大业务中发展迅速的业务。目前，携程已和国内外各大航空公司合作，预订覆盖国内外绝大多数航线。会员可在携程网站上查询丰富的机票资讯，包括国际机票信息。携程拥有行业内规模最大的统一的机票预订系统，可以支持订票点和送票点不同的预订，有别于其他订票机构。携程的国际机票可以实现"异地出发、本地订票、取票"，极大地方便了会员。同时，携程在全国43个主要商旅城市与资源供应商一起提供市内免费送（机）票上门的服务，开创了机票预订服务的先河。携程还开通了各大航空公司（国航、东航、南航、上航、海航）电子客票，客人可在航空公司支持电子客票的城市用信用卡支付方式购买电子客票，无须等待送票，直接至机场办理登机，出行更加便捷。目前，携程是国内领先的电子客票服务供应商，预订量名列全国前列，机票直客预订销售量也在全国领先，是名副其实的国内领先的机票预订服务平台。

（三）度假产品

度假预订是携程的三大业务中的新亮点。目前，携程的"度假产品超市"包括近20个"自由行"专卖店，拥有多达近千条度假线路，涉及海内外200余个最热门的度假目的地。携程的大部分路线都有菜单式的自选附加产品，如机场接送、目的地用车、旅游保险等，游客可以根据自己的需求自由搭配，是中国大陆最丰富最权威的休闲度假产品供应商。携程拥有充足的三星级至五星级众多房型资源，与灵活的航班、火车、轮船、专线巴士及自驾车等交通工具的搭配可以充分满足会员自由的选择。游客可选择从11个城市出发，月出行人次近两万人，是中国领先的度假旅行服务网络。携程旅行网为会员提供自由行、深度团队游、半自助游、自驾游以及签证、自由行PASS等全系列度假产品。

（四）商旅产品

携程与世界各主要商旅目的地城市的酒店和世界各主要航空公司建立了良好、长期的合作关系，可以在全球范围内为客户提供酒店和机票业务方面最佳的服务。具有丰富行业经验的携程专业商旅顾问能为客户提供周到和细致的个性化服务，可以根据客户国际商旅的特点和要求，设计多种路线及价格以供选择，服务内容涵盖咨询、预订、出票、更改、全球紧急支援或各种突发事件处理等。

（五）车辆租赁

携程已与多家车辆租赁公司达成伙伴关系，为游客提供车辆预订业务。目前，还在北京、上海、广州、深圳、南京、武汉、杭州、青岛、厦门、成都、沈阳提供代驾租车业务。所谓代驾租车产品，是指携程为游客配备有驾驶员的用车服务。代驾租车的业务内容包括机场接送用车和日常用车服务。该业务中有多种车型可供选择，不同城市略有不同，但车型从低到高（从桑塔纳、中华到奔驰5600），从小到大（从可以乘坐5人的车辆到可以乘坐n人的车辆），可充分满足游客的多种需求。

三、盈利模式

根据中国旅游研究院发布的《中国入境旅游发展年度报告2013》数据显示[①]：2012年，我国接待入境游客13 240.53万人次，同比下降2.23%。入境旅游接待人数增长率从2001—2005年的年均7.91%，降至2006—2010年的年均2.21%，2011年的1.24%，以及2012年的-2.23%。中国入境旅游正处于长时间高速发展之后逐渐复归常态化的增长阶段。

外国游客与入境过夜市场的比重逐渐上升。2012年，我国接待的入境游客中，外国游客2719.16万人次，同比增长0.29%；入境过夜游客5772.49万人次，同比增长0.25%。外国游客与入境过夜游客在入境旅游市场中所占份额也逐渐上升，分别占到全部入境市场份额的20.54%与43.6%，较2011年分别上升0.52%与1.08%。

同时，《中国出境旅游发展年度报告2013》发布数据显示[②]：2012年，我国出境旅游8318.27万人次，同比增长18.41%。中国出境旅游消费渐趋平民化。从绝对数量而言，中国出境市场已经超过德国与美国，成为世界第一大出境

---

① 国家旅游局官网．《中国入境旅游发展年度报告2013》出版发行（http://www.cnta.gov.cn/html/2013-12/2013-12-26-%7B@hur%7D-44-86491.html）．

② 中国旅游新闻网．《中国出境旅游发展年度报告2013》发布（http://www.cntour2.com/viewnews/2013/06/14/fX4hLGoojkLuy19RJiKn0.shtml）．

旅游市场。其中，2014年出境游预计达9430万人次，高端消费明显下降，二次旅游和深度旅游市场的蓬勃发展将成为人们关注的内容。

携程网是一个专业性极强的网站，因依靠运用互联网技术全新演绎了旅游服务这个最传统行业的商业模式而获得成功。目前，携程网拥有个性化自助服务的商务网站平台，其行业优势明显，如覆盖面广、信息量大，可提供专业便利的全程个性化服务。随着近年来国内经济的快速发展，旅游者中95%都是散客，使得全国旅行社的总市场占有率不到5%，从而给携程网的盈利模式提供了较高的盈利潜力。

在线旅游网站盈利模式分为流量模式和会员模式。所谓流量模式，就是不区分用户群，依托庞大的点击率，可以获得广告收入；所谓会员模式，则必须区分出用户群，然后依靠足够数量的使用会员，获取会员服务费，或者成为会员与商户的中介，赚取商户的中介费。携程网的盈利模式可归为会员模式，因为它为了获得足够的使用会员不计成本地发行会员卡，然后赚取旅游中介的费用。

携程旅行网的盈利来源主要由网站、上游旅游企业（目的地酒店、航空票务代理商、合作旅行社）和网民市场构成。

携程网服务的市场以商旅客户为主，观光和度假游客为辅。酒店和机票预订是其主营业务，同时又整合自助游和商务游产品。比如，针对商旅客户，携程还提供差旅费用、管理咨询等相应服务。同时，与其他旅行社合作推出组团线路，多以出境游为主且数量有限。此外，携程还建立目的地指南频道和社区频道，有效的信息沟通和良好的环境营造成为盈利流程中不可或缺的辅助因素。就现实情况而言，携程网盈利模式体现出以下核心竞争力：

（一）发卡会员制开发出中高端商务会员

对携程网而言，广泛发卡和提供积分会员制是因为单个会员的使用频率对它的利润贡献更重要。因为一个会员使用十次就相当于十个会员只使用一次，如果发行十张卡的话，只要有一个人加入会员就可以保证盈利。同时积分也有一定的成本，但重复使用会增加利润，同时也降低单卡的发行成本。所以携程网广泛发卡也只是为了首先从人群中区分出所需要的目标客户，因而发卡成本相当于广告成本。而一些会员有较强的消费能力和使用该业务的需求，使用频率非常高。同时，扩大会员量能够从商户那里得到更低的折扣，所以携程网发卡成本完全可以降下来，成为携程网盈利模式的一种有效的营销渠道。

当携程网的会员发展到一定规模的时候，它的会员卡将不再是毫无价值，相反它因为能够为会员带来额外的实际好处而对非会员形成门槛。也就是它把中介平台做得足够大了以后，就占据较为强势的地位，这也是后来携程网不再免费发卡的原因。携程网其本质是个中介机构，只不过借助互联网作为工具而已。

此外，当携程网在发展了数量巨大的会员之后，对于相同模式的市场后进者就是一个强硬的壁垒。除非竞争对手可以提供更低的折扣优惠，更便捷可信的服务，否则无法轻易转移它的会员。这使得它的市场先入优势最终转化为其核心竞争力。

（二）携程网多渠道挖掘利润来源

目前，携程网特有的会员制盈利模式主要可从以下五个渠道获取在线旅游市场的利润来源。

（1）酒店预订代理费。基本上是从目的地酒店的盈利折扣返还中获取的。

（2）机票预订代理费。从顾客的订票费中获取的，等于顾客订票费与航空公司出票价格的差价。

（3）自助游中的酒店、机票预订代理费以及保险代理费。也是采用盈利折扣返还和差价两种方式。

（4）在线广告。在酒店的盈利折扣中，用户完全可以和酒店通过携程网取得联系后双方再直接交易，重新分配携程所应得的中介差价而避开携程网。此种情况造就了携程网也提供在线广告的盈利方式来获取利润来源。

（5）自助度假业务。有些航空公司也在开通自己的网上订票业务，避免损失机票预订费中介所分得的那一部分利润。基于这些原因，携程网开始利用它所掌握的旅游资源提供更多具备更高附加值的服务。比如，它的自助度假业务就将机票和酒店业务整合在一起，从而获取更高的利润。

四、核心竞争力

"携程网"作为业内知名度极高的在线旅游品牌，拥有着不可复制的核心竞争力。主要表现为以下几个方面。

（一）网站技术提高客户响应速度

携程网基于B/S（Browser/Server，浏览器/服务器模式）的网上订房系统数据库，可以与其上游酒店内部的客房管理系统数据库实现向前集成，在不改变宾馆数据库所有权的前提下实现资源共享，可及时掌握上游酒店客房状态数据，抹平"牛鞭效应"。同时，携程网还与酒店确认预订的环节实现业务流程重组（Business Process Reengineering，简称BPR），与客户的互动交流实现客户关系管理（Customer Relationship Management，简称CRM），为消费客户提供更具时效、更经济、更富特色的服务。因而携程网的访问量大幅提高，使得更多的酒店愿与其联盟合作，随着后备客房资源变得越来越丰富，消费者的选择余地也就越加广泛，旅游网站的吸引力也就更大，访问量得以不断攀升，从而形成一种良性循环。

（二）产品优势

携程网可以查询到几乎所有国内的旅游产品。携程网将传统旅游业和互联网资源经技术创新融合后，使得传统的旅游运作方式得到极大的改善，并创造出新的产品价值。

携程网充分利用网络资源的优势——互动开放、动态整合各地旅游资源、不受时空限制，还利用了电子商务的模式使交易操作程序简便，交易环节合并压缩，交易成本大幅度节省，交易效果也变得非常显著。

此外，携程拥有亚洲旅行业首屈一指的呼叫中心，其座席数已近1.2万个。携程同全球190个国家和地区的50万余家酒店建立了长期稳定的合作关系，其机票预订网络已覆盖国际国内绝大多数航线，送票网络覆盖国内52个主要城市。规模化的运营不仅可以为会员提供更多优质的旅行选择，还保障了服务的标准化，进而确保服务质量，并降低运营成本。

（三）搜索引擎投放引入访问量

由于搜索比价式网站的蓬勃发展对携程网造成了一定的竞争压力，为此，在2006年至2008年，携程网先后对去哪儿和酷讯屏蔽了其业务数据。因为竞争对手的强势，致使携程网的呼叫中心的业务量随着其他网站业务的争夺而面临下滑。

为了应对这一竞争格局，2007年10月，携程旅行网携手全球最大的中文搜索引擎公司百度（baidu.com）开展酒店搜索方面的全方位合作。出行的客人可以通过百度地图频道，查询携程网近5000家会员酒店的地理位置和介绍信息，并可以直接预订。携程网将旅游信息和搜索引擎进行结合：一方面，搜索引擎具有便捷和快速的优点，与专业的旅游信息提供网站联合后，可以做到强势互补，更好地推动旅游信息推广和在线旅游业的发展；另一方面，此次合作不仅为百度旅游资讯搜索提供完善的内容支持,也直接给携程网带来预订量的增长,实现了"双赢"。

(四)差异化战略打造携程品牌

国内市场上大部分在线旅游网站都采用携程模式或艺龙模式,即基本上都包括酒店预订、机票预订、旅游度假产品、公司差旅管理等在线旅游业务,从而使得在线旅游产品高度同质化,导致恶性价格竞争,妨碍了行业的健康有序发展。尤其是各个服务商为了争夺客源,竞相压价,将利润损失转移给各酒店和航空公司,造成后者的不满,加剧整个产业链的紧张关系。

为此,新进入者纷纷采取"差异化"的竞争策略,探索采用新的盈利模式或深耕某一细分市场。携程网则将技术创新后的产品系统化并细分市场,在保证现有业务领先的基础上,进行诸如团队、会议预订等相关新业务的多元化延展,深度挖掘网上消费市场潜力,形成完善的自主研发体系和技术创新体系。

此外,携程网通过整合线上线下渠道协同工作来运作自有品牌,加强网站品牌优势和核心竞争力,充分提高盈利能力。同时"携程网"作为优秀在线旅游品牌为公司提供了竞争优势:①由于其高水平的消费者品牌知晓和忠诚度,公司减少了营销成本;②由于顾客希望分销商与零售商经营这些品牌,加强了公司对它们的讨价还价能力;③由于该品牌有更高的认知品质,公司可比竞争者卖更高的价格;④由于该品牌有高信誉度,公司可更容易地开展品牌拓展;⑤在激烈的价格竞争中,品牌给公司提供了某些保护作用。

五、集团成员

携程的集团成员如表1-4所示:

表1-4 携程的集团成员构成

成　员	成　员　简　介
途风网	途风旅游创立于2006年,是国内现有美洲旅游第一品牌。作为美洲旅游最早最具口碑的开拓者,途风凭借丰富的旅游线路、优质的服务、可靠的行程品质,获得了全球华人美洲旅游市场内外的良好口碑,以及洛杉矶旅游局的高度赞誉
台湾易游网	成立于2000年,总部位于台北,员工人数500人。通过网络提供全方位的线上预订及线上支付,拥有220万会员,是台湾线上旅游的领先者

续表

成员	成员简介
中软好泰	成立于1995年,是中国最优秀的酒店软件与服务全面解决方案提供商。经过十余年的发展,中软好泰凭借技术与产品的持续创新能力、完善的服务支撑体系等强大的综合实力,成为中国旅游饭店业民族软件的第一品牌
香港永安旅游	成立于1964年,拥有近50年的丰富营运经验,在全球聘用600多名精英,是香港旅游业界首屈一指的旅行社。服务网络遍布香港、九龙及新界,在加拿大、英国等地设有海外分社,路线遍布全球50多个国家,每年服务客量超过40万
铁友网	成立于2009年,以互联网为平台,高效整合线下火车票务服务、物流服务和在线票务信息咨询服务,独创全国火车票在线代购一站式服务业务,服务网络覆盖国内绝大多数城市
途家网	2011年上线,是一家高品质度假公寓预订平台,提供旅游地度假公寓的在线搜索、查询和交易服务。度假公寓是在旅游地提供酒店式管理和服务的可租赁的公寓,既为旅行者提供优质的度假新体验,又为业主提供灵活的闲置资产托管增值服务
鸿鹄逸游	鸿鹄逸游是携程旗下顶级旅游品牌,2012年3月由携程、台湾易游网、香港永安旅游联合创立,同年4月战略投资太美旅行,集合了四家企业分别在品牌、研发服务能力、精英团队、资源网络等方面的优势。2010年起连续三年成功推出"顶级环游世界"。此外,还有北京、上海、台北三地出发共近200条针对高净值人群的高端旅行线路

六、管理团队

携程有紧密协作的管理团队。携程管理团队在资源合作、管理技能、业务经验上的完美组合,以及团队间紧密的合作,保证了公司迅速稳健的发展。携程的高层管理团队成员来自美国、瑞士、中国两岸三地的IT业、旅游业及金融业,他们拥有丰富的业务运作与管理的经验;中层管理团队汇集了中国IT业、酒店业、航空代理业及旅行社的精英。

在携程成立之后到2013年的十几年中,携程一直是金字塔式的组织结构,所有的审批都汇集到首席执行官(CEO)处,影响了决策效率和运行效率。2013年3月1日起,梁建章担任董事会主席兼首席执行官;范敏担任董事会副主席兼总裁,并兼任携程旅游控股有限公司董事会主席。携程随之调整了其组织架构及管理层人员,最新的组织架构为五大事业部,分别由副总裁级别的高层亲自负责。其中,酒店事业部由高级副总裁孙茂华负责,机票事业部由副总裁李小平负责,无线事业部由副总裁江浩负责,旅游度假事业部由副总裁郭东杰负责,商旅管理事业部由副总裁方继勤负责。此外,副总裁丁小亮作为北京分公司总经理,兼任酒店业务线副总。而原负责商旅业务的副总裁庄翔宇则担任携程新成立的旅游目的地营销公司总经理。

七、携程的融资

携程的成功,除了能够找到适合自己发展的方向外,资本运作起到了重要的作用。纵观携程的成长历程,同时也是一部融资并购史。携程这样的旅游电子商务模式,在早期就需要巨额投入。首先,要与遍布全国的上千家酒店签下合作协议,如果签约酒店少或分布地域不广,在顾客眼里你这个品牌就没有价值。然后,要动用各种方式广而告知,让顾客有意愿体验这一便捷的出行安排方式。最后,每天要能够处理上万个顾客的订房、订票电话。如果顾客太少,个别签约酒店的利益就要受到损害,商家就会对企业失去兴趣。随着业务展开,持卡会员人数将大得惊人,如果没有强大的后台系统支持,企业将会有灭顶之灾……总之,携程的模式虽然是充分贴近社会实际需求的,却给企业的软硬件及资金造成巨大压力。幸运的是,这家企业有一位资本运营高手,为企业赢得了海外资本的青睐,成就了今天的携程。

电子商务企业的发展中,融资和资本运作推动的超常规增长是其典型特征。融资方面,风险投资、上市融资和股权融资是大型旅游预订网站的主要资金来源,携程正是从这三个方面得到了强大的资金支持。

(一)风险投资

携程的注册资本只有 200 万元人民币,在公司快速发展的情况下,这是远远不够的,为此,携程的创始人想到了去融资。

凭借良好的商业模式,1999 年 10 月,携程从国际数据集团(IDG)拿到了 45 万美元的种子基金。IDG 集团公司创建于 1964 年,总部设在美国波士顿。IDG 所属的 IDG 技术创业投资基金(简称 IDGVC Partners,原太平洋技术创业投资公司)于 1989 年 11 月在北京进行了第一个试验项目的风险投资。IDGVC Partners 投资于各个成长阶段的公司,目前已经在中国投资了 100 多个优秀的创业公司,包括携程、百度、搜狐、腾讯、金蝶等公司,已有 30 多家所投公司公开上市或并购。

2000 年 3 月,不满一周岁的携程,又从软银(Softbank)等投资机构获得了第二轮融资：每股 1.0417 美元发售 432 万股 "A 类可转可赎回优先股"（有投票权，IPO 时自动转为普通股），其中 144 万股被软银认购，融资 450 万美元。当时融资的主要原因是要收购北京现代运通。结果，携程花了 800 万元人民币外加一部分股票，收购了这家公司。

2000 年 11 月，携程又拿到第三笔投资。本次融资的牵头公司是总部设于华盛顿的凯雷（Carlyle）集团，一个久负盛名的私有资产管理公司。除此以外，参与本次融资的还有携程以前的投资者，包括软银（Softbank）、上实投资、国际数据集团（IDG）以及亚洲兰花基金（Orchid）等，以每股 1.5667 美元发售 719 万股 "B 类可转可赎回优先股" 实现，其中 481 万股被凯雷认购，软银和 IDG 分别增持了 64 万股和 41 万股，融资总额约为 1200 万美元。三次融资近 1600 万美元，且都是从国际上最知名的风险投资机构募得。那时正值网络寒冬，无数网络泡沫破碎，无数知名不知名的 IT 幼小企业在寒风中瑟瑟发抖，携程却在 IDG、软银、凯雷等投资者的滋养下获得长足发展，"挺"到了纳斯达克的门槛外。

2003 年 9 月，携程获得上市前最后一轮 1000 万美元的投资，著名的老虎基金以每股 4.5856 美元认购 218 万股 "C 类可转可赎回优先股"。这笔投资全部用于旧股东套现退出：以每股 4.5282 美元赎回普通股和 A 类股票共约 122 万股，以每股 6.7924 美元赎回约 64 万 B 类股票。

经过这几次快速融资，携程比其他的旅游网站更快地抢占了市场，在行业内的优势地位逐渐显现了出来，并最终成就了携程率先走上纳斯达克的辉煌之路。

（二）上市融资

美国时间 2003 年 12 月 9 日，携程在美国纳斯达克上市，股票代码 CTRP。上市之日便表现惊人，在纳斯达克市场初始发行价为 18 美元，开盘价为 24.01 美元，发售股票 420 万股；截至收盘，携程股价涨幅 88.56%，收在 33.94 美元。业内人士的评价是，"三年来纽约股市表现最好的一只新股"。其中，270 万股为新发行，募集资金归携程；150 万股为原有股东抛售，募集资金归旧股东。扣除承销等各项费用，携程得款 4520 万美元，占 IPO 总额的 60%；旧股东得款 2511 万美元。IPO 后，携程总股本 3040 万股，市值约 5.5 亿美元。

2004 年 11 月，携程宣布，将该年度经审计的净利润的 30% 作为红利分发给股东，该公司也因此成为第一家宣布分红的纳市中国网络股。2005 年，携程又将经审计的净利润的 30% 作为红利分发给股东。携程的两次分红，体现了对广大投资者的投资回报，同时也源于其自身的高成长性和稳定的利润增长。

（三）股权融资

2004 年 6 月，在美国纳斯达克上市的中国概念股、拥有 5.322 亿美元市值的携程网，其主要股东发生变化。日本最大的门户网站乐天公司（Rakuten），通过私下交易从携程网股东手中收购 664.5 万股普通股，以 1.09 亿美元现金换取了携程网 20.4% 的股份，以求双方在中日以及亚洲市场开展旅行服务、度假产品开发的强强合作。

乐天公司是日本最主要的综合类电子商务网站，服务领域包括旅游、金融、商务等多方面，自 2003 年收购了日本知名旅游网站 mytrip.net 后，占据了日本国内最大的酒店预订市场份额。乐天希望利用携程网的专长和行业关系，拓宽在中国的在线旅行服务业务。

此次交易后携程的股权结构为：风险投资占 30.7%、日本乐天公司占 20.4%、管理层团队持股 18.2%、市场公开流动股占 26.1%，此外还有零星股份为携程收购的旅行社、预订中心所持有。由于风险投资公司持股比较分散，日本乐天现在已是携程最大的单一股东。

携程总能在需要的时候找到钱，似乎不知资金瓶颈为何物。这主要有两方面的原因：一是企业的商业模式。虽然属于代表新经济的 IT 产业，却不是在网络上飞、在电话里飘、没有明确盈利模式的空洞概念。携程充分利用电话呼叫中心、互联网等先进技术，通过与酒店、民航互补式合作，把自己与中国高速增长的商旅市场紧密地绑定在一起。携程的商业模式已经被证明能够为股东带来好的回报。第二是优秀的团队。携程的团队搭配得比较好，各有自己的特点，能够得到投资者的信任，跟很多国外投资者比较好沟通。

还有一点值得注意。携程每次融资都是配合业务发展需要、不早不晚，融到的资金也是不多不少有整有零。早期投资人面对较大的风险，要求的回报很高（股权），融资超过当时所需就会闲置，多数企业几乎无法把握，但求资金多多益善，常闲置资金牺牲宝贵股权。携程有了沈南鹏，对融资的分寸把握绝佳，及时获取资金，同时又避免了创始人股权被过度稀释。风险投资进入公司后，对公司产生了两个大的促进作用：一是直接的资金，帮助公司得到资金支持；二是公司的管理结构得到了完善。

另外，还有个大的背景是网络经济受到了关注，风险基金也愿意向这些方面投资。

第三节 携程的运营评价

一、优势

（一）市场先入

携程创业之初，在前期的深入调研、分析的基础上，选取了中国的旅游市场作为切入点。作为一种服务性产品，旅游受地域限制小，分销成本低，从而基本不受物流与资金流的限制。同时，在当时的国内市场，互联网的概念刚刚萌芽，旅游市场的发展也逐渐成长，因此，携程选取了将二者相结合，在借鉴美国优秀网商的经营模式的基础上确定了自身的发展定位，将携程作为交易平台，为旅游者与旅游服务提供商之间的消息传达提供便利。这一发展思路，在当时的市场环境中是非常超前的，再加上携程在随后几年中的成功运营，使其在旅游预订产品方面获利丰厚，在在线旅游产品预订市场毫无悬念地由市场先入者成功变身为市场领先者。

（二）技术创新

携程一直将技术创新视为企业的活力源泉，在提升研发能力方面不遗余力。携程建立了一整套现代化服务系统，包括：海外酒店预订新平台、国际机票预订平台、客户管理系统、房量管理系统、呼叫排队系统、订单处理系统、E-booking 机票预订系统、服务质量监控系统等。具体包括[①]：

（1）自动呼叫分配（ACD）。根据各个部门的服务时间、服务要求设置不同的处理流程，保证每个呼叫能及时准确地到达各服务人员。

（2）监控管理。通过实时监控工具，不仅可以看到每个队列的当前状况、当前的通话及座席的统计信息，而且可以监控每个队列中所有操作员的工作情况及电话机的状态，做到所有情况一目了然。

（3）呼叫记录、报表统计分析。将每个呼入、呼出电话的详细情况全部

---

① 曾鹏. 携程旅游网经营发展战略分析[J]. 商业研究，2006（1）.

记录在数据库中，并且结合报表生成系统，制作了各种呼叫中心的实时报表和统计分析报表；同时利用数据仓库技术对这些数据进行分析、挖掘，为呼叫中心的运行、管理提供了强有力的支持。

（4）录音及查询。对所有呼叫中心的电话进行全程录音；当有客户投诉、争议发生时，服务部门可重听电话录音，以便尽快解决问题。可通过声控方式控制录音开关，或者可以通过 CTI（计算机电话综合运用）通知录音系统开始录音和结束录音；所有录音文件全部以文件方式保存，并且在数据库中建立录音索引信息，记录 CTI 传送过来的电话信息（如主被叫号码、业务代表号等），提供快捷方便的查询依据。

（5）客户关系管理系统（CRM）。根据客人以往的预订习惯，推荐不同的酒店，不同的旅游套餐，甚至为客人制定出合适的旅游度假方案。

（6）独特的房间管理系统。利用房态管理系统来简化预订程序。每天酒店业务部的人员都与酒店联系，预测每天的房源情况，并分为紧张、良好与满房三种类型，更好地为客户服务。

（7）E-booking 系统。利用 E-booking 系统，能与酒店通过互联网相互联系，让携程旅游网更快、更准确地了解酒店实时的房态及其预订价格体系。

2013 年携程发布"大拇指 + 水泥"策略，构建指尖上的旅行社，提供移动人群无缝的旅行服务体验。依靠这些先进的服务和管理系统，携程为会员提供更加便捷和高效的服务。

（三）规模经营

服务规模化和资源规模化是携程旅行网的核心优势之一。携程拥有世界上最大的旅游业服务联络中心，拥有 1.2 万个座席，呼叫中心员工超过 1 万名。携程与全球 190 个国家和地区的 50 多万家酒店建立了长期稳定的合作关系，其机票预订网络已覆盖国际国内绝大多数航线。规模化的运营不仅可以为会员提供更多优质的旅行选择，还保障了服务的标准化，确保服务质量，并降低运营成本。

（四）产品多样

携程网旅游产品的最大特点在于专业性以及覆盖面广。游客在携程网上可以查询到多样化的国内外旅游产品。多年以来，携程始终坚持根据市场需求情况为消费者提供不同的产品，及时丰富更新其产品种类，以更好地挖掘和满足消费者的需求。目前，携程提供的产品包括酒店预订、机票预订、旅游线路制定、汽车票预订、用车服务、景区门票预订、火车票预订，甚至近几年开始与世界众多时尚品牌和奢侈品牌商家合作为消费者提供全球购服务。携程最近战略投资了北京世纪明德，该公司已经为逾70万名中小学生提供了修学旅行服务。此投资使得携程将其服务延伸到了3～18岁的中小学生，这将帮助携程从一个消费者的早期阶段就培养其使用携程服务的习惯。丰富的产品线使消费者在旅游出行时的选择面更宽，而且能够尽可能地在携程实现"一站式购物"，一方面为消费者节省了在不同网站上进行信息查询和比较的时间，也调动消费者不断尝试体验其新产品的兴趣。

二、劣势

（一）机票和酒店预订比重过大，价格劣势显现

机票和酒店的预订业务是携程自建立之初到现在的核心业务。由于机票和酒店产品标准化程度很高，从预订到最后完成交易的过程中人工干预环节比较少，所以携程能够将服务过程分割成多个环节，以细化的指标控制不同环节，并建立起一套精益服务体系，将"六西格玛"质量管理体系运用其中。当再配以庞大的呼叫中心后，顺利运营这套服务体系导致携程的成本与其他几家同样以机票和酒店的在线预订业务为主的旅游电商相比，在成本上毫无优势。另一方面，近年来消费者进行在线预订的比例不断提高，他们的比价手段多样而且方便，机票和酒店的价格透明程度已经很高，从而导致携程的星级服务能力优势并没有在机票与酒店预订业务中得到充分发挥，与竞争者相比携程的价格劣势逐步明显。

（二）对供应商态度过于强硬，垄断地位动摇

回顾这些年来，携程与上游供应商之间的"封杀"事件时有发生，每一次事件其实对双方都有不小的伤害。也许在旅游电商市场还是携程一家独大、垄断地位明显的时候，这些上游供应商为了依赖这个市场认可度第一的平台能够最终"忍气吞声"地按照携程的要求进行合作，但是上游供应商都毫无例外地认识到多元化分销渠道的重要性。在近几年旅游电商如火如荼地发展中，艺龙、同程、芒果等都在市场中有了一席之地并得到了不同消费者的认可，因此，上游供应商都在新市场中努力拓宽自身的分销渠道，大的上游供应商加大对自己直销渠道的投入与宣传，小的上游供应商通过与不同的在线旅游服务商（Online Travel Agent，简称OTA）进行合作，将风险分散到不同的篮

子里。另一方面，去哪儿、酷讯等比价搜索的存在为更小的旅行社和旅游代理服务商提供了借助互联网的预订服务的机会。以上这些新兴的渠道从多方面动摇了携程原有的在线预订平台的垄断地位。从2010年开始，携程市场份额开始低于50%，行业控制能力和议价能力开始被削弱。

（三）创新不足，新的利润增长点不多

携程是中国旅游电商的开拓者、领导者、推动者，国内旅游电商市场中的很多商业模式、管理规范都是携程首先提出并付诸实践的，携程在行业中的地位以及它曾经的众多创新是受到行业认可和推崇的。但是，携程在行业中的领先者地位巩固后，它的发展更多地聚焦于对整个产业链的把控，对上游供应商的封杀，与同行业竞争者的价格战这些年都在业界引起轰动；而相反的是其在最核心的产品、商务模式上的创新很少。对于同行业竞争者的创新，携程更多的是处于后知后觉或者跟随的状态；而当这些竞争者的创新对携程已有的市场份额带来影响时，它所采用的手段又是简单地封杀，几轮之后，无论是上游的供应商还是同业的竞争者，他们开始寻求联合，孤立携程。创新能力不足导致携程只能固守原来的优势产品，即过度依赖机票和酒店营收，其中"机票＋酒店"收入占其整体营收的80%以上；而度假和企业旅游这两年虽然得到较大发展，苦于长期基础薄弱，短时间要改变目前营收结构较难。

三、机遇

（一）更多政策刺激旅游消费

"十二五"期间，旅游业被列为国民经济的战略性支柱产业来发展，成为国民经济新的增长点，国家有关部门也加大了对旅游业发展的扶持力度，我国各地发展旅游业的积极性空前高涨。在休假制度方面，国家多次对每年的国民休假日期和休假时长作出调整，鼓励消费者挖掘旅游需求，提高旅游体验。在出境游方面，护照、通行证、港澳台签注等办理手续简化；在入境游方面，72小时过境免签等政策推出，毕竟宽松的签证政策是世界各国和主要旅游城市刺激入境游市场的通用法则。2013年《旅游法》的出台，使得国内旅游市场的管理与运营更加规范化、法制化。以上这些良好的宏观政策，力图为我国的旅游者提供更加放心、方便的旅游环境，促使消费者更愿意出游，更主动出游。

（二）创始人重返带来更多变革

2013年3月1日开始，携程公司董事长梁建章兼任首席执行官（CEO），创始人重新从幕后走向台前。梁建章IT背景以及他在美国游学期间的经历与视野，使其在重返携程后连续采取了多项变革，并且把携程由线上向线下延伸的趋势及时拉回到线上来，并且提出携程不只是做OTA，还要做移动旅游服务商（Mobile Travel Agency，简称MTA），接下来的一系列举措也显示了携程强势变革的决心。

组织架构方面，由原有的金字塔式变革为事业部式，最新的组织架构为五大事业部，无线事业部在2014年年初正式成立，成为独立于携程酒店、机票、旅游和商旅四大业务板块之外的事业部。此举可以看出未来携程对于移动互联网的重视。随后，携程把已经发布的细分的App整合为了一个"携程旅行"，酒店、机票、旅游、火车票、景点门票、目的地攻略、租车业务等原有的产品和新业务都做在了一个客户端里面。携程提出"要把好的资源和支持都偏向无线方面，这些支持涉及产品、人员、营销等方方面面，比如携程的所有对外广告投放都会考虑涵盖无线客户端宣传推广"。

2014年4月，携程以2亿美元投资曾经的主要竞争对手同程，成为仅次于同程管理层团队的第二大股东，携程将把景点门票的现付业务接入同程。之后，携程又以1500万美元价格入股途牛。同程在休闲游、门票上的优势以及途牛在跟团游上的领先都是携程投资的驱动力。携程通过入股同程和途牛减少恶性竞争带来的损失的同时，也可以通过途牛和同程的上市获得收益。而近两年来，携程其实一直在不断加大对外投资，以形成自己庞大的"携程系"，包括铁友网、一嗨租车、易到用车、易游网、永安旅游、途风网、驴评网、蝉游记、古镇网、松果网、途家、如家、汉庭、七天、中软豪泰、订餐小秘书等，涉及租车、境内外旅游、酒店住宿、餐饮等领域。如果携程自己重新开发这些领域，需要花费很大代价，包括人力、物力的大量投入，不如直接投资合适。

2014年8月，全球市值最高的在线旅游企业Priceline和中国市值最高的OTA携程进行战略合作，斥资5亿美元收购携程至多10%的股份，以增加在中国这个快速增长的旅游市场的占有率。双方还扩大了在2012年首次达成的商业协定，为彼此的客户预留更多宾馆客房。携程用户可以使用Priceline租车和订餐服务，而Priceline则能够使用携程的航空和票务服务。

从以上携程与国内外同行业竞争者的一系列合作举动不难看出，携程已经意识到在目前旅游电商战火纷飞的环境中，与其独自与其他对手纷纷打仗闹得两败俱伤甚至导致其他对手联手抵制自己，不如承认对手的长处有策略地选择自己不同发展时期的合作伙伴，实现共赢。

四、威胁

（一）市场竞争激烈

这几年国内的在线旅游市场一直是火药味十足，各家旅游电商，无论大小都在拼力找投资，找客户，找资源，唯恐错过这一班列车。根据中国旅游研究院预测：2014年国内旅游人数将达35.8亿人次，旅游总收入2.9万亿元。此外，入境游客预计为1.29亿人次。连年增长的旅游人数和旅游收入更加刺激了这些电商逐鹿中原的信心。

在几年之前，可以被称为携程对手的可能还只是艺龙一家，即使是这样，二者的规模和业绩也相差甚远，携程可以说是傲视国内旅游电商市场。但是，仅仅几年的时间，携程毫无疑问地感觉到了市场成长的快速和变化的巨大，多种的商业模式被创新开发出来并且不同程度地受到了消费者的认可，艺龙、去哪儿、同程、途牛、淘宝旅行、驴妈妈等都迅速成长，在不同领域对携程形成了冲击。

尽管2013年以来携程进行了很多变革，但是携程不愿投靠BAT（超一流规模的互联网公司），去哪儿不愿与携程合并、艺龙落后仍坚称誓夺第一，都是因为旅游电商市场未开辟的疆域太大。不但艺龙、去哪儿两个最重要的对手没有拿下，携程又主动挑起或被动卷入酒店、机票、景区门票领域一轮又一轮的"价格血战"，这些都对携程的利润产生影响。持有艺龙85%的Expedia和持有去哪儿62%的百度，对现有管理层都会给予最大支持，艺龙、去哪儿可以亏钱抢份额，携程却不一定可以少赚点保住份额。对投资者来说，携程净利润下滑、机票预订量被去哪儿超越、酒店预订不能与艺龙及去哪儿拉开距离，会令人产生携程模式已经"过时"的想法。

（二）消费偏好多样化

1999年携程创立之时，正是我国互联网起步的时期，所以它的成长和我国互联网的成长一样，经历了国内消费者对互联网的认知从无到有的过程，它的创新引导了当时消费者对于旅游产品的消费理念和消费方式，正是由于是从无到有，所以消费者能够容忍和接受它的不足之处，再加上当时的市场空白很大，所以对于当时的携程来说也有足够的时间去改进，消费者因为别无其他的选择，他们会等待携程的改进。

但是 15 年后的今天，我国的互联网对于各行业的改变早已有目共睹，旅游电商的市场也是创新迭出，消费者能够看到的、想到的、获取到的海量信息足以让消费者对任何一个品牌的忠诚度随时产生变化。同时，目前旅游电商市场的主力消费群体仍然是以年轻消费者为主，尤其是 80 后和 90 后的消费者们，他们和中国互联网一起成长，他们获取信息的手段，接受创新的速度和以前的消费者相比更快，他们的消费理念和消费方式更易于发生变化，对于携程这样的老牌旅游电商来说，如何通过创新应变消费群体在消费心理和消费偏好上发生的变化，如何通过创新吸引并且尽量保留住这样的消费群体，是携程必须重视的和应对的问题。

第四节　携程的运营建议

通过前面的分析可以看出，目前在国内旅游电商市场中携程毋庸置疑有很明显的优势，但是近几年逐渐显露的劣势也不容忽视。当携程面对未来的机遇和挑战的时候，建议在以下几方面给予关注。

一、不断提高自身的创新能力

携程是中国旅游电商的里程碑式的企业，作为国内最大的在线旅行服务商，携程旅行网曾经依托于强大的网络、呼叫中心和地面资源的整合，提出了"鼠标＋水泥"业务战略。国内旅游电商市场中现有的很多商业模式、管理规范都是携程首先提出并付诸实践的，携程在行业中的地位以及它曾经的众多创新是受到行业认可和推崇的。但随着移动互联网风潮渐起，移动互联网技术与旅游业动态化、碎片化趋势相呼应，改变了旅行预订模式、营销方式和场景体验。而近几年来，无论是竞争者还是携程自身都意识到其创新能力大大下降，尤其是标志性的创新几乎没有。

2013 年梁建章重返携程后，通过对移动互联网的研究，对携程的移动战略以及旅行行业在移动互联网发展趋势的判断与分析，他首次提出了"拇指＋水泥"的理论，并且把无线战略称为携程的"二次创业"。2013 年 4 月，携程无线客户端新版本（4.4版本）发布，新客户端除了酒店、机票，还加入了境内外度假线路查询、景点门票预订、目的地攻略、火车票业务，就连原来独立程度最高的驴评网也被并入其中，这样的"一站式旅游服务"的APP显然走的是资源整合的综合路线。在携程的无线战略确立后，相信其必然在无线客户端产品的发掘和设计上投入很大的人力、物力和财力，而且非常注重在该款产品使用过程中的技术、流程和细节的创新，会非常关注客户使用中的体验。同时，携程也应该注意到与无线客户端产品配套的不容忽视的移动支付的融合问题，尤其是如何与这一两年受到消费者追捧的新兴支付手段端口的顺利衔接，这样才能更好地让携程的客户体验到真正的方便快捷。

但是，"一站式旅游服务"的APP毕竟只是携程基于无线客户端的一个产品，除此之外，携程应该更加关注其对自身已有旅游服务产品的改进和新的旅游服务产品的开发，毕竟再时尚的客户端产品也是需要有实际价值的应用内容支撑，才能带来更多的下载量和应用量。如何开发出能够吸引愈来愈多的自由行的消费群体的产品？如何提高商务旅游在营收中的比重？如何开发高端旅游产品？如何开发适合家庭游的产品？如何深耕自己的金融产品？如何挖掘全球购产品？近几年新兴的这些产品其实携程都有所涉及，但是真正知道携程提供这些产品的消费群体有多少？真正使用这些产品的消费群体又有多少？可能携程在这些产品上的市场份额还不如目前市场中只提供其中某一款产品的小型旅游电商的市场份额大。但是，这几个产品的确非常值得在未来几年中深耕细作。

二、改善与供应商的关系

携程与上游供应商之间的几次"封杀"事件虽然最终由于携程的强势话语权看似取胜，但实际上也对其在供应商中的口碑造成了非常负面的影响。当上游供应商有了更多的选择时，他们毫无例外地会和其他友善的OTA合作，目前艺龙、同程、芒果、去哪儿、到到网等都是他们可能的合作伙伴。也正是基于此，携程的行业控制能力和议价能力开始被削弱，所以携程"赢者通吃"的理念需要转换。

对于携程来说，如果进行产品创新，新开发的旅游服务毕竟仍然是这些供应商所提供的资源的不同组合，供应商的良好配合与合作才是其新产品多样化的保障，而且与供应商之间的关系直接影响到企业的成本。因此，携程应该以自身品牌的魅力吸引更多的供应商，在加深目前合作关系的基础上，发展更多的合作伙伴，以最终获得更多客户。在加强与各地知名旅行社、运输企业、各大酒店之间的合作关系满足高档消费者的同时，开发一些资质较好、服务理念较新的中小旅行社、运输企业以及酒店满足普通消费者的需求，甚至可以考虑开发优质的民宿产品，吸引更多的年轻消费群体和背包客。

三、继续加强与国内外企业的战略合作

互联网的"长尾现象"为众多小型企业提供了很好的理论支撑，使它们对"找准目标就能至少分得一杯羹"具有非常强烈的信心。纵观现在的国内旅游电商市场，无论大小，都在尽力挖掘市场中的一个个"利基"，以期在这一小块市场中能够有所作为。携程作为大型的综合旅游电商平台不可能全部靠自己开发每一个有潜力的"利基"市场，也不可能在短期内吞并所有的大小竞争对手。因此，与国内外同行的战略合作、优势互补，是携程目前非常明智的选择。近两年来，携程一直在不断加大对外投资，以形成自己庞大的"携程系"。

2014年9月，携程和搜狗宣布双方达成开学季"说走就走，大学是青春的旅行"独家战略合作，这也是继2014年春节期间搜狗助力携程切入春运抢票市场后双方进行的又一次大规模合作。这次合作不难看出，携程选取的是一家纯互联网企业，瞄准的是大学生这个消费群体。

从以上近两年所选取的合作伙伴的过程来看，携程从选取一些与旅游产业链条相关的小企业入手，逐步发展到愿意与同业的较大型优秀企业合作；从选取国内企业入手到与国际知名企业合作；从选取旅游产业的企业入手到跨界牵手优秀的互联网企业。携程正在愿意正视竞争对手的优点，愿意通过合作获得双赢，希望不断地取长补短最终实现携程的企业生态圈。

第二章 携程的国内最主要竞争者：艺龙

第一节　发展历程和现状

艺龙旅行网（http://www.elong.com/，以下简称艺龙）是中国领先的在线旅游预订服务提供商之一，总部设在北京，致力于为消费者打造专注专业、物超所值、智能便捷的旅行预订平台。艺龙通过网站（elong.com）、24小时预订热线（4009-333-333）以及手机艺龙网（m.elong.com）、艺龙iPhone、Android和windows phone无线客户端等平台，为消费者提供酒店、机票及旅行团购产品等预订服务。艺龙旅行网通过提供强大的地图搜索、酒店360度全景、国内外热点目的地指南和用户真实点评等在线服务，使用户可以在获取广泛信息的基础上作出最佳的旅行决定。截至2013年12月，艺龙旅行网可提供全球26万家酒店的预订服务；同时，通过与国内外各航空公司合作，向用户提供国内、国际绝大多数航班机票的实时查询和预订服务。艺龙旅行网排名前两位的大股东是Expedia, Inc.和腾讯公司。[①]

图2-1　艺龙旅行网首页

---

① 艺龙网（http://corp.elong.com/）.

Expedia 是全球著名旅游服务品牌，国际领先的在线旅游产品分销公司。艺龙与 Expedia 紧密携手，通过多资源、多渠道的市场整合，将自身已有的国内旅游服务网络与 Expedia 丰富的海外旅游资源、先进的服务理念及服务技术紧密结合，为会员提供高品质的出行服务。目前，艺龙已经成为 Expedia 亚洲地区的核心部分，与其在英国、加拿大、德国、法国等国的公司，共同致力于为消费者提供新鲜而满意的旅行体验。

艺龙旅行网依靠 www.elong.com 与 www.elong.net 两个网站和呼叫中心为会员提供旅游资讯及预订等一站式服务。

艺龙 1999 年成立，目前公司员工 2000 多名。2004 年 10 月艺龙在美国纳斯达克上市，目前全球最大的在线旅行服务公司 Expedia 拥有艺龙 52% 的股权。

一、发展历程

1999 年 5 月，艺龙于美国特拉华州成立，定位为城市生活资讯网站。

2000 年 4 月，艺龙并购百德勤及其电子商务网站，进军旅游服务行业。

2001 年 5 月，艺龙转型并聚焦在线旅行预订服务行业。

2004 年 10 月，艺龙在美国纳斯达克上市。

2004 年 12 月，Expedia 宣布行使认股权证，股权增加到 52%。

2005 年 1 月，中国国际航空公司第一张开账与结算计划（Billing and Settlement Plan，简称 BSP）电子客票在艺龙诞生。

2008 年 1 月，艺龙全面推行 7×24 小时服务，成为国内首家能够提供 24 小时服务的在线旅行服务公司。

2008 年 5 月，艺龙推出代表中国在线旅游行业发展趋势的 4G 商业模式。

2010 年 5 月，艺龙推出手机艺龙网，提供手机预订服务。

2011 年 3 月，推出 iPhone 客户端。

2011 年 4 月，推出 Android 客户端。

2011 年 5 月，腾讯通过向艺龙投资约 8440 万美元购买了艺龙新发行股份后，约占艺龙总股份数的 16%，成为第二大股东。

2011 年 5 月，艺龙国内酒店签约率先突破 2 万家，持续保持酒店覆盖第一。

2011 年 8 月，艺龙连续第五次获评中国最佳呼叫中心奖项。

2012 年 3 月，艺龙网第二呼叫中心落地合肥。

2012 年 10 月，艺龙被评选为"2012 中国 Top10 微创新公司"。

2012年10月，艺龙连续第六年荣获"2012年度中国最佳呼叫中心"奖。

2012年10月，艺龙荣获"2012年度中国最佳雇主"称号。

2013年1月，艺龙网信息技术（北京）有限公司入选北京中关村第三批"十百千工程"企业。

2013年1月，艺龙腾讯微博被评选为最具活力企业品牌奖。

2014年4月10日，同程旅游与艺龙旅行网签署了战略合作协议，将独家向艺龙提供景区门票库存，同时艺龙将向同程旅游提供中国大陆的前台现付和团购酒店库存。

二、近几年财务状况

2014年2月20日，艺龙发布了其未经审计的2013年第四季度及全年财报。① 最新财报显示，2013年全年主要业绩如下：

(1) 2013年全年酒店客房间夜数量约为2580万间夜，与上年同期约1610万间夜相比，同比增长了60%。

(2) 艺龙2013年酒店预订业务营收为人民币8.58亿元（折合1.42亿美元），与上年同期的人民币6.08亿元（折合0.98亿美元）相比，同比增长了41%。

(3) 艺龙2013年净营收（计入营业税、增值税和附加税）为人民币10.10亿元（折合1.67亿美元），与上年同期的人民币7.44亿元（折合1.20亿美元）相比，同比增长了36%。

艺龙首席执行官（CEO）崔广福先生表示："2013年，我们实现了创纪录的全年酒店间夜量同比增长60%，达到2580万间夜，同时交易额和净营收分别达到了100亿元和10亿元人民币的新里程碑。我们正在推进我们的移动酒店战略并且不断提升艺龙移动端的客户体验，最新版本艺龙移动客户端增加了火车票预订和微信支付等功能。"

酒店预订业务：艺龙2013年全年来自酒店预订业务的总营收较2012年同比增长41%，主要是由于酒店客房间夜数量的增加，但同时被酒店每间夜佣金的减少部分抵消。2013年每间夜佣金较上年减少了12%，主要是由于消费券促销规模的扩大，以及团购酒店和其他较低房价酒店的客房间夜数量的增长。

---

① 劲旅网．艺龙2013财报：净亏1.68亿元 酒店间夜量增60%（http://www.ctcnn.com/html/2014-02-20/23699819.htm）．

酒店预订业务营收占总营收的比例从 2012 年的 76% 升至 2013 年的 80%。

机票预订业务：艺龙 2013 年全年来自机票预订业务的总营收较 2012 年增长 9%，主要是由于预订的机票数量同比增加 28%，达到 300 万张，但同时被每张机票所获得佣金减少 15% 部分抵消。每张机票所获得佣金比上年减少，主要是由于机票消费券返现促销和机票平均价格的降低。机票预订业务营收占总营收的比例从 2012 年的 16% 降至 2013 年的 12%。

其他业务收入：其他业务收入 2013 年全年较 2012 年增长 32%，主要是由于广告发布和出售旅行保险收入的增加。其他业务收入占总营收的比例为 8%，与 2012 年持平。

利润率：艺龙 2013 年全年的毛利率为 74%，而 2012 年为 73%。毛利率的增长主要是由于运营效率提升以及移动和在线酒店预订业务较快增长，但同时被酒店每间夜佣金收入的减少部分抵消。

艺龙 2013 年全年服务开发、销售和营销以及总务和行政的总运营支出同比增长 53%，总运营支出占净营收从 2012 年的 81% 升至 2013 年的 92%。艺龙 2013 年全年运营亏损人民币 1.78 亿元，而 2012 年的运营亏损为人民币 0.66 亿元。

艺龙 2013 年全年服务开发支出同比增长 40%，主要是由于人员费用和股票期权费用的增加。服务开发支出占净营收的比例从 2012 年的 17% 升至 2013 年的 18%。

艺龙 2013 年全年销售和营销支出同比增长 58%，主要是由于市场费用和支付给合作伙伴的酒店佣金分成的增加。销售和营销支出占净营收的比例从 2012 年的 55% 升至 2013 年的 65%。

艺龙 2013 年全年总务和行政支出同比增长 44%，主要是由于股票期权费用的增加。总务和行政支出占净营收的比例从 2012 年的 8% 升至 2013 年的 9%。

艺龙 2013 年全年其他收入为人民币 6520 万元，而 2012 年的其他收入为人民币 5650 万元，主要是由于政府补助和利息收入的增加。

艺龙 2013 年全年所得税费用为人民币 5950 万元，而 2012 年的所得税收益为人民币 1600 万元，主要是由于对递延所得税资产计提了人民币 9190 万元的资产减值。

艺龙 2013 年全年净亏损为人民币 1.68 亿元，而 2012 年净收益为人民币 50 万元。

艺龙 2013 年全年每股美国存托凭证基本净亏损和稀释净亏损均为人民币 4.82 元（折合美元 0.80 元），而 2012 年每股美国存托凭证基本净收益和稀释净收益均为人民币 0.02 元（折合美元 0.002 元）。

截至 2013 年 12 月 31 日，艺龙持有现金及现金等价物、短期投资和受限制资金共计人民币 20 亿元（折合 3.23 亿美元），绝大部分为人民币资产。

第二节　艺龙旅行网的商业模式

艺龙旅行网的目标就是通过最低成本，最简便的交易，最智能的信息，为客户提供最好的旅行服务，打造中国最大的、最智能的旅行服务市场，让艺龙成为出行者寻求资讯和帮助的首选，为广大出行者提供完善的一条龙服务，以此来回馈股东，回馈社会，回馈员工，达到社会价值的最大化。

一、目标客户

艺龙旅行网通过先进的网络技术，强大的线上线下整合能力，丰富的机票、酒店等国内外出行旅游资源，为广大国内出行者提供服务。目标用户有商务出行者、旅游者、住宿者等。通过为这些目标用户提供便捷、经济的出行，可以收取酒店、航空公司、风景区一定的佣金，而面向其他企业又可以向它们提供精确度比较高的广告服务。

网站目标用户，即网站的目标受众，网站的服务群体。任何网站都需要花更多的时间与精力来研究目标用户群，分析目标用户的行为。网站最需要的是提升目标用户群的体验。

艺龙网所面向的客户主要分为两大块：一是个人旅行者、商旅人士。作为盈利性网站，艺龙网服务更侧重于商旅人士。二是为企业用户提供差旅管理服务，对差旅活动进行整体规划，全面执行监控，优化差旅管理流程与政策，整体采购资源，从而在不影响业务开展和出行体验的前提下，降低差旅成本并提高出行效率。

二、产品和服务

产品和服务主要包括酒店预订、机票预订、相关旅行业务特约折扣服务、旅行消费卡、服务平台客户服务等。

（一）酒店预订

目前，艺龙已经建成完善的全国酒店销售预订网络，直接可以预订国内近430个城市的近8700家酒店及海外100多个国家和地区的10万家星级酒店，并与酒店建立了长期稳定的合作关系，能为消费者提供这些酒店优惠价格的预订服务。同时，艺龙海外酒店预订系统开始通过Expedia向用户提供全球720个目的地优惠的国际酒店预订服务。

（二）机票预订

艺龙公司与国内所有航空公司、国际数十家航空公司及全国各地机票服务机构建立了长期、稳定的战略合作伙伴关系，可以提供全球任意一点或多点的机票服务，为旅客量身定制飞行计划及旅行路线等。2005年1月21日，艺龙公司推出了国航第一张BSP电子客票，充分体现了艺龙公司作为中国在线旅游行业领军者的重要价值。目前，艺龙机票服务网络已覆盖北京、上海、广州、深圳等80多个主要商务旅游城市，并推出了免费为客户邮寄机票行程单的服务，使机票服务范围涵盖全国大中小城市。

（三）相关旅行业务特约折扣服务

艺龙与北京、上海、广州、深圳、南京、武汉、成都、杭州、苏州等城市的餐饮、娱乐、健身等多个消费领域的精选特约折扣商户合作，为VIP会员和龙萃会员提供特惠价格折扣服务。艺龙积分除了可兑换免费酒店与机票外，还可以在多家特约商户兑换自己喜欢的礼品或服务。

（四）旅行消费卡

除了针对初、中、高级会员的普通卡、VIP卡和龙萃卡，艺龙还与中信银行联合推出了集旅游、金融理财、日常消费于一身的中信艺龙卡，与其他金融服务机构联合推出信用服务卡，以及与海南航空、中国联通、雅虎、摩托罗拉等合作推出了各种多功能联名卡等。这些会员卡是艺龙与消费者紧密联系的纽带，是艺龙不断将旅行服务逐一加深、拓展的见证。

（五）服务平台客户服务

艺龙旅游网拥有800人的艺龙电话呼叫中心，是国内旅行服务行业技术最先进、规模最大的呼叫中心之一，先后通过 ISO 9002、ISO 9001:2000 国际标准质量体系认证，并配备了国际上最先进的第三代系统核心技术 CTI（计算机电话综合运用）。在利用高科技手段和管理方法从硬件上保证提供一流服务的同时，艺龙电话呼叫中心还注重业务流程的优化和客户群体的细分，建立了全面服务质量观念，以推进行业服务规范的建立和服务水平的提高。

三、盈利模式

盈利模式就是企业赚钱的渠道，通过怎样的模式和渠道来赚钱。盈利模式是建立企业所处生态圈中各类主体参与价值循环的合理价值链，盈利模式的功效就是让企业家和投资者一眼就可以看出来公司是做什么的以及如何盈利。

艺龙旅行网通过为广大出行者提供便捷的酒店、机票、旅游服务以及出色的线上线下推广，使艺龙成为国内著名的出行资讯网站，聚集了大量的网络用户，1000 万中高端、稳定的商旅用户。艺龙旅行网主要通过向酒店、航空公司、风景区提供面向这些用户的广告服务而赢利。

艺龙旅行网通过网络推广宣传与线下活动提高网站知名度，吸引用户使用，使更多的人成为艺龙旅行网的用户。用户通过网站订购机票、酒店等，艺龙旅行网收取一定的佣金，这又是艺龙旅行网的一个盈利模式。

四、核心能力

核心能力主要有丰富的出行服务资源、完善的客户服务、先进的技术支持、强大的营销团队、设计良好的网站等。

（一）丰富的出行服务资源

完善的全国酒店销售预订网络，直接可以预订国内近 430 个城市的近 8700 家酒店及海外 100 多个国家和地区的 10 万家星级酒店。艺龙海外酒店预订系统开始通过 Expedia 向用户提供全球 720 个目的地优惠的国际酒店预订服务。

艺龙旅行网可以提供全球任意一点或多点的机票服务，为旅客量身定制飞行计划及旅行路线。艺龙机票服务网络已覆盖北京、上海、广州、深圳等 80 多个主要商务旅游城市，并推出了免费为客户邮寄机票行程单的服务，使机票服务范围涵盖全国大中小城市。

(二) 完善的客户服务

艺龙旅行网拥有 800 人的电话呼叫中心，是国内旅行服务行业技术最先进、规模最大的呼叫中心之一，先后通过 ISO 9002、ISO 9001:2000 国际标准质量体系认证，并配备了国际上最先进的第三代系统核心技术 CTI。

艺龙以人为本，以客户服务为中心开展工作。管理层首先照顾好员工，让员工满意，并提供工具让员工有能力去更好地服务客户；满意而又有能力的员工会为客户提供优质的服务，让客户满意，客户满意了就会重复购买；随之产生维持企业运转的利润，形成企业的良性循环。

(三) 先进的技术支持

Eravel 系统，是艺龙为合作网站、企业商旅专门打造的高效快捷的酒店、机票预订平台，可以用于合作网站快速开展机票、酒店预订业务，也可以用作企业内部商旅服务平台，使企业的整个差旅流程更加顺畅、便捷，成本控制更加有效。

E-booking 系统，是艺龙依托网络技术，独立开发并运用在电话呼叫中心 (Call Center) 与酒店之间的互动高效的软件平台，可以直接将会员的酒店订单通过这套系统传递到指定酒店，从而实现艺龙与酒店的联机操作。

管理信息系统 (Management Information System，简称 MIS)，是艺龙独立研发的用户数据、市场资源、业绩统计等综合的公司信息管理系统，并引入了国际领先的客户关系管理系统 (CRM)，对所有注册用户的信息及其每一次消费情况都进行了详细的记录，为艺龙更好地根据用户需求、偏好等提供更具个性化和人性化的服务提供了强有力的支持。

(四) 强大的营销团队

营销渠道除了组建庞大的销售队伍活跃在中国 50 多个商务及旅游城市外，艺龙与中国移动、中国联通、中国电信、中国网通以及国航、东航、南航、海航、中国银行、工商银行、建设银行、招商银行、中国平安、中国人寿、中国泰康等合作，为它们的会员提供旅行服务；还与遍布全国的 4000 多家代理商结成战略联盟，代理艺龙的酒店预订及消费旅行卡业务。此外，艺龙还通过网站、平面媒体、市场活动等各种手段来进行艺龙产品的销售和推广。

（五）设计良好的网站

艺龙旅行网网站，是艺龙引入用户体验流程、基于先进的平台架构精心打造的大型在线旅游服务系统，是国内首家采用眼球跟踪（Eyes-tracking）技术和地图搜索方式的在线旅行网站。艺龙网站可以为用户提供在线机票和酒店预订等多种服务，并提供了酒店360度大全景、机票价格动态查询系统、机票七日低价日历等业界领先的功能，帮助用户更好地自主选择酒店及机票服务。艺龙网还与谷歌（Google）强强合作，推出酒店地图搜索功能，为用户的预订提供更好的体验。

五、合作伙伴

艺龙已经与国内著名的网站建立了排他性合作，建立了广泛的网络营销渠道。通过与谷歌（Google.com）、百度（Baidu.com）、腾讯（qq.com）、互联星空（Vnet.cn）、上海热线等国内大型网站的战略联姻，艺龙已经成功为上千万网络目标消费者提供各类旅行产品服务。同时，2002年艺龙隆重推出了"艺龙旅行产品在线分销联盟"（eLong Affiliate Program Online）合作项目，大大加强了自身营销渠道的拓展。在线联盟加盟方法简单，个人或企业均可申请。目前，已有数千家网站加盟"艺龙分销联盟"并从中获利。另外，艺龙依托Expedia的旅游资源、成熟网络及雄厚的技术支持力量，并通过elong.net英文网站平台为世界各地的旅行消费者提供全球的旅游产品预订服务。

2005年初，艺龙又通过与VISA的战略合作，为旅行消费者提供安全、便捷的在线支付管理系统。2008年9月，艺龙携手支付宝，率先推出全面的在线支付方法，客户可以用信用卡、借记卡、Alipay账号在eLong.com实现在线支付。多样化的在线支付手段，让每个消费者都可以放心地在线购买酒店、机票产品，有力地协助了艺龙营销渠道的拓展。今天，艺龙已经建立起立体的、互动的、完善的、覆盖全球的营销服务网络。

六、管理团队

管理团队主要有首席执行官崔广福、首席财务官罗戎、首席运营官谢震、法务部副总裁萨米、首席技术官詹宏勇、人力资源副总裁陈宁、运营副总裁丁浩川、酒店合作伙伴部副总裁夏青宁等。

1. 崔广福

首席执行官崔广福于2007年10月8日加入艺龙，任首席执行官。在加入艺龙公司之前，崔广福担任联邦快递金考（FedEx Kinko's）中国区的董事总经理。在崔广福的领导下，联邦快递金考在4年时间内成长为国内数码印刷领域的市场领导者，全国范围内拥有16家服务中心和300多名员工。在任职联邦快递金考之前，崔广福在宝洁中国有限公司（Procter & Gamble China）工作超过12年的时间，其中包括两年半在美国的任职经历。在此期间，崔广福为宝洁公司在中国的分销商网络和零售覆盖体系的建立，起到了重要的领导作用。

2. 罗戎

罗戎于2013年6月8日加入艺龙公司，任首席财务官。在加入艺龙公司之前，罗戎担任联想集团中国区财务高级经理。在联想集团之前，罗戎还先后担任过微软北京和西雅图公司财务领域的分析师、经理和高级经理。

3. 谢震

谢震（Jason Xie）于2008年1月1日加入艺龙公司，现任首席运营官。在加入艺龙之前，谢震曾相继任职于宝洁公司、花旗银行和联邦快递等跨国公司，在销售和管理方面有多年的工作经验。

4. 萨米

萨米（Sami Farhad）于2008年6月1日加入艺龙公司，任法务部副总裁。在加入艺龙之前，萨米担任通用电气（中国）有限公司医疗集团法律顾问。在此之前，他曾相继担任过美国苏利文克伦威尔律师事务所纽约、北京、香港办事处律师及美国得克萨斯州联邦法院的法官助理。

5. 詹宏勇

詹宏勇（Hongyong Zhan）于2011年1月1日升任首席技术官。詹宏勇2005年11月加入艺龙公司，历任数据管理部总监、BPI总规划师、酒店高级总监职位。在加入艺龙公司之前，詹宏勇曾服务于北京普尔斯马特购物企业集团，任首席技术官。

6. 陈宁

陈宁（Anita Chen）于2012年2月20日加入艺龙公司，任人力资源副总裁。在加入艺龙之前，陈宁曾就职于当当网，担任人事行政副总裁。在此之前，曾先后历任沃尔玛中国有限公司高级人力资源经理、日本英极软件开发有限公司人事管理本部部长等职务，在互联网电子商务人力资源管理方面有多年的工作经验和管理实践。

7. 丁浩川

丁浩川（Gary Ding）于 2011 年 5 月晋升为运营副总裁。丁浩川于 2008 年 4 月加入艺龙，先后担任运营支持部与机票运营部高级总监、售后服务与支持部高级总监。在加入艺龙之前，丁浩川曾就职于联邦快递金考（中国），任中国区运营总监一职，在运营支持与管理方面有多年的工作经验。

8. 夏青宁

夏青宁（Qingning Xia）于 2011 年 8 月 1 日升任酒店合作伙伴部副总裁。夏青宁于 2007 年 12 月加入艺龙，先后担任华东区销售部高级总监以及酒店合作伙伴部高级总监。在加入艺龙之前，夏青宁曾就职于宝洁公司销售及渠道市场部。

七、管理模式

在管理上，艺龙实行的是精英管理理念，聘用高级管理人才和技术人员，带领团队获得成功，帮助企业发展。

艺龙非常重视人员的培训和选拔。艺龙为广大员工提供良好的艺龙文化为基础的入职培训和相应部门的专业技术岗位培训。更有 CEO（首席执行官）个人出资，面向全体优秀员工的"CEO 奖学金"，给员工更多继续深造的机会；艺龙为每一位新进入的员工在工作中安排了"导师"和"伙伴"，他们的真诚帮助使每位艺龙员工快速成长。

艺龙旅行网对待员工以人为本，关注员工的个人成长与发展，重视员工的职业生涯发展。艺龙旅行网把员工的发展和公司的发展及前途联系在一起，实现个人与公司的快速发展。

第三节　艺龙系

一、旅游出行

（一）远方旅行网

远方旅行网（www.sinohotel.com）是由远方网景公司于 1999 年创建的

全英文专业中国酒店预订中心,是中国最早一批在线酒店预订和旅游咨询服务提供商。以服务国际入境游客为主的市场定位,是远方旅行网区别于同行网站的最显著特征。目前,它已经发展成为包括简体中文、繁体中文、英文、日文和韩文四种语言五个版本的多语网站平台。主要业务范围涵盖:全球酒店预订服务、国际公民的中国旅游服务、租车服务和旅游咨询。Sinohotel 凭借强大的在线预订和电话呼叫中心(Call Center)服务系统,可接受信用卡和 Paypal 支付的完善网上信用体系,提供高效专业的客户服务,让客人体验到一个愉悦舒适的完美旅程。

自 2010 年 3 月 1 日起,远方旅行网与艺龙旅行网正式达成战略合作,远方旅行网将获得艺龙旅行网在酒店、机票等旅游产品的优势资源,包括供应商渠道、价格、配额、结算以及相应的支持服务等。此次与艺龙旅行网的合作,一方面能够扩大远方旅行网的产品,更好地服务客户,提高知名度;另一方面,通过借助艺龙旅行网在国内预订的规模和价格优势,远方旅行网可获得产品的持续竞争力。

此次合作远方旅行网将在产品和服务上实现以下的提升:
(1)可预订 1 万多家的国内酒店及覆盖全球 100 多个国家的国际酒店。
(2)能提供覆盖国内 80 多个主要城市以及国际航线的机票预订和送票服务。
(3)可获得更多的酒店机票促销价格及配额保证。
(4)能提供更符合国际国内用户使用习惯的客户服务。

此外,远方旅行网还将同步推出新的客户奖励计划,为用户提供更加丰富的礼品和更为灵活的积分奖励政策。

(二)阳光旅行网

阳光旅行网成立于 2003 年,是西安一家酒店在线预订服务网站,拥有中国领先的酒店预订服务中心,为会员提供即时预订服务。阳光旅行网的合作酒店超过 3.2 万家,遍布全国 750 余个城市,有 2000 余家酒店保留房,涵盖了星级宾馆、经济型酒店、自助公寓、特色客栈、度假村等多种形式的休闲经济住宿。

目前,艺龙已经完成对它的收购,并将其改造成入驻酒店后写点评返现金的模式,不同于艺龙的预订送消费券模式。作为艺龙旅行网旗下的专业预订网站,通过网站(www.sunnychina.com)、24 小时预订热线(400-666-9977)以及手机网(m.sunnychina.com)三大平台,为消费者提供酒店、机票等全方位的旅行产品预订服务。阳光旅行网通过提供强大易用的酒店搜索、国内外热点目的地指南、用户真实点评等在线服务，使用户可以在获取广泛信息的基础上作出最佳的旅行决定。

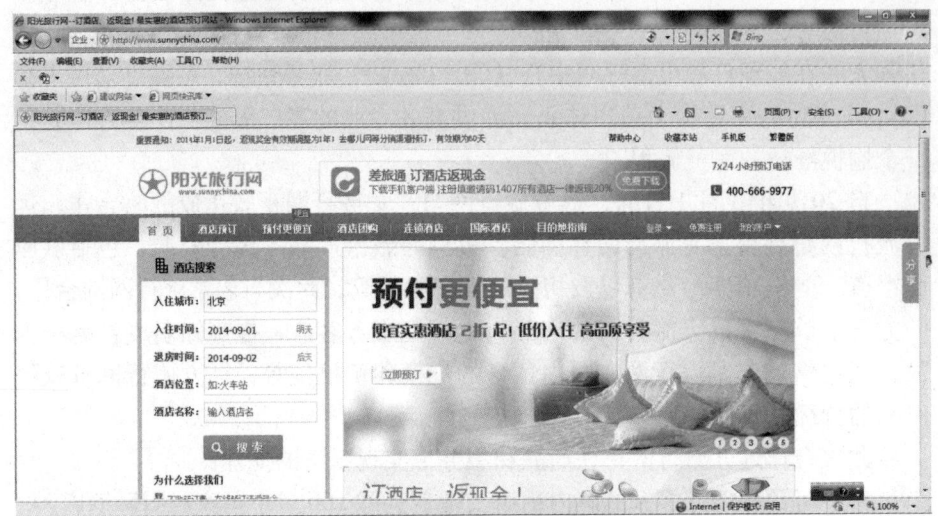

图 2-2　阳光旅行网首页

二、酒店住宿

（一）住哪网

住哪网（http://www.zhuna.cn/）于 2007 年 6 月初正式上线，是目前国内领先的酒店预订网站之一，合作站点达 40 多个，覆盖全国 700 多个城市的 4 万多家签约酒店，涵盖了星级宾馆、经济型酒店、自助公寓、特色客栈、度假村等多种形式的休闲经济住宿。

作为国内首家推出"订酒店、返现金"的网站，住哪网在酒店最低折扣价格的基础上，将一部分利润以现金形式返还给消费者，让客人得到了真正的实惠；作为国内首家将电子地图与酒店预订相结合的网站，住哪网有最精确的酒店定位地图，通过空间定位让客人预订到距离最近、性价比最高的酒店；作为国内率先推出手机预订平台的网站，住哪网成功打造了手机住哪网、24 小时免费预订热线和住哪网站相结合的立体化的预订格局，让消费者随时随地都能预订酒店。

第二章 携程的国内最主要竞争者：艺龙 | 045

图 2-3 住哪网首页

目前，住哪网先后开展了机票预订和租车在线预订，拥有全国各大航空机票最新折扣价格信息，以及国内 100 多个城市的汽车租赁价格数据，为用户提供全面的出行服务与指导。

根据 2011 年 11 月艾瑞监测数据显示，住哪网每月的活跃用户数超过 200 万。截至 2011 年 12 月，住哪网签约国内酒店已达 25 366 家，覆盖全国 700 多个城市，收录的入住客人点评达 285 315 条，客人实拍照片达 131 256 张。

（二）米途

图 2-4 米途网首页

米途（http://www.miot.cn/）能够为用户提供方便快捷的酒店预订服务。
(1) 全国 700 个城市 4 万多家酒店，无须注册，会员价免费预订。
(2) 查询速度飞快，超级省流量，中国移动网络同样顺畅。
(3) 快捷酒店一键筛选，地图操作所见即所得，好评差评一目了然。
(4) 每天高品质酒店 6 折起，限时抢购。
(5) 7×24 小时，中国最佳呼叫中心为您服务。

三、交通出行

2011 年 6 月 14 日，艺龙旅行网宣布已收购 www.huoche.com 和 www.huoche.com.cn 两家火车网站，提前布局高铁旅游市场。

在人们生活水平不断提高的今天，坐飞机已经不是什么新鲜事了，但火车靠着它平实的票价、超高的安全系数，仍然是运载人次最多的交通工具。火车网的创办者发现，在互联网高速发展的今天，人们已经习惯了从网上获取形形色色的信息，而当时网上的类似信息并不多，甚至车站的电话都很难查到，人们最常用的了解方式还是问朋友，问同事。就和互联网的发展一样，我们的铁路也在不断地提速，车次时间变化比较快，无法及时获知信息将使旅客出行不便。

图 2-5　火车网（www.huoche.com）首页

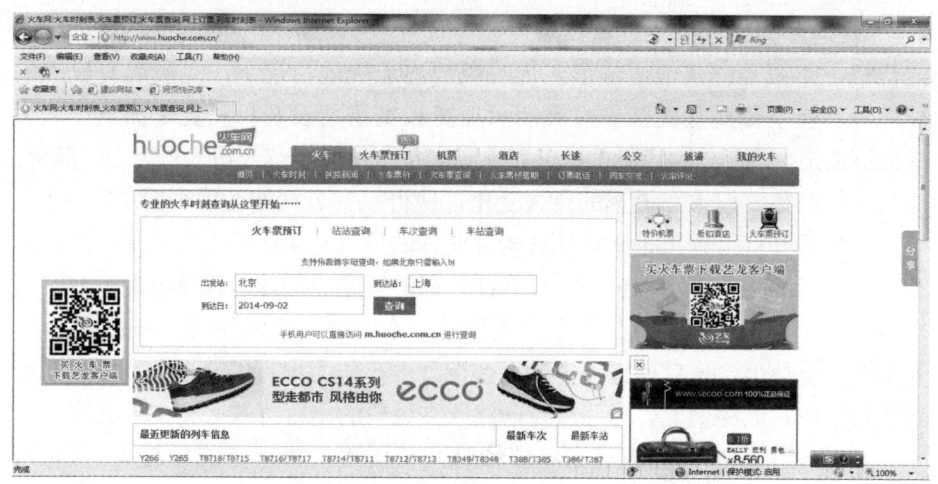

图 2-6 火车网（www.huoche.com.cn）首页

火车网提供准确、全面的火车票信息，提供各大城市火车时刻表查询、火车票价格查询、火车票预订、火车票转让、火车票预订电话等信息，是平民百姓、打工族、商务人士等日常旅游出行必备的查询工具和常用的查询交易平台。

火车网没有专门的编辑，也没有专门的录入人员，站长只是个程序员，从网上收集的电子时刻表也经常会跟不上变化，通过公式计算的火车票价也有太多的不准，旅客的一个邮件，一段评论都可以让无数的访客避免误车/候车的烦恼。

1. 火车网的发展

2004 年 9 月，火车网创建。2008 年 8 月 11 日，火车网通过了百度联盟的绿色认证。2009 年 1～5 月，《互联网周刊报道》发布中国旅游网站竞争力排行榜，火车网排名第十位。

2. 火车网的未来

火车多次提速后，还会不会再提速？没有人会否定。新技术的发展，客户的需求不断发生变化，火车继续提速已成趋势。随着火车第六次提速的开始，航空、公路、铁路之间的客源争夺战已经到了白热化阶段，未来火车的再提速将把矛盾推向高潮，那将是一场的革命，火车将在出行市场上独领风骚。

从 1997 年到 2007 年十年时间，火车历经多次提速，不断冲击航空市场，中短途蛋糕面临瓜分危险，动车组、高铁的出现，对航空市场的威胁显而易见。火车的提速分流了中短途旅行的休闲市场客源。

"提速不提价"是近几次铁路提速一直秉承的一条基本原则。这在国际原油价格一路飙升、其他运输形式征收燃油附加费的情况下,无疑具有较大的吸引力。航空公司代为征收的燃油附加费和机场建设费,无疑是加重了旅客的经济负担,致使航空市场的服务对象局限化。虽然航空公司一再努力对航班、服务进行调整,但火车提速的巨大变化,使得航空公司的各项举措滞后。

机场因其自身需求,必将建在较为偏远的地方,旅客必须花费更多的时间在到达机场的路上。而乘机手续和安检过程的复杂也令旅客深感麻烦。航空市场在国内越来越受累。真是天上"飞"的,不如地上"跑"的。未来的生活,人们更注重休闲,也就使得更多的人会选择火车作为出行的交通工具。火车线路横贯东西,纵穿南北,一路旅行一路欣赏风景的出行方式必将主导潮流。

长途汽车的时代已经过去。那种时间长而累的乘车方式早被人们遗弃,公路交通事故的频发也让人们对公路出行望而却步。将来,乘坐火车跨市工作不再是梦。

无论从舒适度、价格、速度哪一方面讲,火车都有其无可取代的位置。从市场和需求量来分析,铁路都具有较强的竞争优势。随着网络时代的迅猛发展,人们通过火车网订票也逐渐取代排队买票,告别火车站"长龙"现象。

第四节　艺龙的运营评价

作为市场上的追赶者,艺龙在市场上长期与市场领先者携程处于同质化竞争状态,其市场追随者的角色形象明显。在激烈的市场竞争中,艺龙如何立于不败之地,作为上市公司面临盈利压力。

在大多数网络旅游服务商都开始走"线上+线下"资源整合道路时,艺龙提出了走"纯线上型轻公司"路线的战略,将和线下资源联络比较紧密的度假产品砍掉。同时,艺龙还将自己严格定义在"机票酒店在线预订渠道"的角色上,在其网站上只提供机票酒店预订服务,并不提供旅游资讯、论坛等相关服务。艺龙求专的战略主要目的是希望突出优势业务,能够在市场上集中力量发展预订服务。

在用户定位上,艺龙也集中目标定位于商旅人士。同时,艺龙对于企业用户提供更多的优惠措施,希望可以在企业商旅市场有所斩获。

一、优势

作为 Expedia 旗下的企业，具有资金和资源的支持。剥离外围业务，分离出核心业务后，酒店机票预订业务的执行力得到提升。客户差旅过程的一条龙式的全程监督、管理和操作的合作，在节约了客户成本的同时，还保证了质量。艺龙剥离非核心业务、集中攻线上预订市场，是艺龙在盈利压力下采取的正确的措施，避免了艺龙在各条战线上都与领先者进行同质化竞争，可以集中优势资源开拓专业市场，同时使得自己的执行力更好地得到体现。

艺龙采取了和多个合作伙伴进行合作推广的方式。艺龙与中国移动、联通、电信等网络运营商，国航、东航、南航、海航等航空运营商，以及中国银行、工商银行、建设银行、招商银行、中国平安、中国人寿、中国泰康等金融机构合作，为它们的会员提供旅行服务；还与遍布全国的 4000 多家代理商结成战略联盟，代理艺龙旅行网的各项业务。

艺龙旅行网的另一个特点是和网站合作来进行艺龙产品的销售。艺龙与国内著名的网站建立了排他性合作，建立了广泛的网络营销渠道。谷歌、百度、腾讯、互联星空等国内大型网站均为其战略合作伙伴。2002 年，艺龙旅行网隆重推出了"艺龙旅行网旅行产品在线分销联盟"，大大加强了自身营销渠道的拓展。在线联盟加盟方法简单，个人或企业均可申请。数千家网站加盟并从中获利。另外，艺龙旅行网依托 Expedia 的旅游资源、成熟网络及雄厚的技术支持力量，并通过 elong.net 英文网站平台为国内或国际的旅行消费者提供全球的旅游产品预订服务。

二、劣势

艺龙的机票酒店产品仍然和其他供应商属于同质化竞争，并没有特别的明显优势。主要面对商旅人士，受众面比较窄。作为一个大型的网上旅游服务网站，网站的设计显得有点单调、烦琐，要仔细寻找才能找到自己需要的内容，而一个旅行服务公司的页面应让浏览者有一种休闲的感觉和旅游的欲望。对酒店的内景展示不够，不能提供比较清晰的住宿条件，建议酒店提供更多的图片。

三、机会

旅游预订市场上强化专业,可以探索出新的模式。依托 Expedia 的资源,可以考虑开拓海外市场。加强与搜索引擎合作进行推广的力度。

艺龙网与腾讯网强强联手,开展深入合作。作为腾讯网旅游频道的内容运营商,艺龙旅游指南通过权威的景区信息、可信赖的旅游资讯、完善的分享平台,为所有腾讯会员提供旅游信息服务;还可通过腾讯网的影响力及其可用资源,为各地旅游局、旅游企业、旅游景区提供完整的旅游品牌宣传及推广方案。

据世界旅游组织统计,2012 年全球旅游业以 4% 的增幅实现强劲增长,全球旅游人数首次突破 10 亿大关,预计从目前到 2030 年,全球旅游业将以年均 3.8% 的速度持续增长。联合国环境规划署也在 2012 年将旅游业确认为十大促进世界经济发展的关键产业,可见,旅游产业将成为各国拉动经济增长的重要领域,是拥有巨大潜力的上升产业。随着信息技术的广泛应用,旅游企业的传统服务已经不能满足游客日益增长的现代化需求,旅游电子商务创新服务模式不断出现,在线旅游已经成为旅游业的一个发展趋势。

四、威胁

百度投资去哪儿、腾讯拥有艺龙和同程、阿里投资穷游网和在路上,同时有携程、艺龙等大公司霸占市场,这种状况对艺龙来说显然不是乐观的局面。而如何善用巨头资源,不断打磨自身的产品和用户体验,就变成了当务之急。

随着在线旅游市场的不断发展,用户对市场的需求愈发细分化。如何找到用户需求的痛点,并在细分领域进行深耕,对艺龙来说既是一个机会也是一个挑战。每个细分领域都需要足够的资源积累和深入了解,艺龙在大市场下若能做好差异化定位并进行深耕,仍有很大发展空间。

移动旅游市场正在占据市场越来越高的比例,携程、去哪儿等也纷纷开始进行移动端布局,移动渠道正在成为在线旅游业实现增长的主要驱动力,如何抢夺移动旅游市场,成为 2014 年在线旅游市场的发展重点。同时,碎片化趋势明显,个性化旅游的需求愈发强烈,如何在满足标准需求的基础上提供个性化服务,也是值得艺龙思索的重点。

第五节　艺龙的运营建议

艺龙旅行网通过丰富的酒店、机票以及旅行资源服务，吸引和集聚了大量的中高端商旅用户。艺龙旅行网则通过中文艺龙旅行网、英文艺龙旅行网、电子邮件直投，以及线下的机票封套和直邮向国内、国际的酒店，航空公司，风景区提供广告服务。艺龙旅行网具有丰富的推广经验及活动执行力，可为商家提供整套推广解决方案，为商家提供渠道细分的解决方案。

一、提供完善的服务

提供出行周边服务，比如签证、购物引导等，加大出行线下服务，提高用户满意度；提供酒店室内更多的实景图片，把景点旅游区作为与酒店和机票同等的业务位置，因为很多出行者是机票、酒店、旅游点相结合的，这样可以为出行者提供更加完备的服务；增加针对旅客出行全过程的服务，比如中转点的介绍、目的地的介绍，以及路上旅客可能会遇到的其他问题。

作为中国在线旅行服务行业的领导者，艺龙一直热情致力于以先进服务理念及服务技术，为会员提供高品质的商旅特色服务。艺龙旅行网为了更好地服务出行者，提高客户的满意度和市场占有率，提出了四大保障：首先，保障酒店低价。当您的订单经过艺龙确认，到达酒店后却发现艺龙提供的会员价高于相同房型前台标价时，您可拨打艺龙酒店预订热线，艺龙网将赔付3倍差价房费。其次，保障到店有房。当您的订单经过艺龙确认，在您约定最晚到店时间内到达酒店却发现没有房间时，艺龙网将及时协调、安排入住，并为您赔付首晚房费。再次，保障出行赠送保险。会员在艺龙网成功订购国内酒店或机票后，将赠送7天以至全年保额为50万元的交通意外保险。最后，保障7×24小时服务。艺龙旅行网的预订及客服专家将24小时不间断地为您提供机票和酒店产品预订、退改签、咨询及投诉服务。

二、加大与旅游区的合作力度

加大与二线、三线甚至县级城市酒店、旅游区的合作力度，扩大影响，把票务内容扩大到汽车票，扩大线路指导，对出行者目的地比较明确的客户进行比较精确的线路指导。提供高中低档尽可能多的酒店、机票等服务，让更多的出行者成为艺龙旅行网的用户，扩大知名度，以提高与航空公司、酒店、风景区的折扣能力。

三、采取旅游促销业务

艺龙旅行网还在国内首创现金账户返现功能以回馈消费者，艺龙首推的"现金账户"功能是一种全新的回馈客户的方式，让消费者可以轻松得到艺龙返回的现金，返还方式自由灵活，这也相比其他网站送抵扣券更显实惠。该功能引领了行业内新的潮流，具有革命性的创新意义，为业界与消费者之间搭建了更优的沟通桥梁，对国内旅游业的发展有着极其深远的影响。

良好的企业文化成就了艺龙旅行网，而管理科学、人员高效的团队使艺龙旅行网走得更远。艺龙以打造中国最大的、最智能的旅行服务市场为远景，为公司发展的战略目标。以最低成本、最简便的交易、最智能的信息，为客户提供最好的旅行服务为使命。以员工、服务、利润为企业文化。以人为本、关注客户、诚实正直、创新、执行力、可持续发展为价值观。艺龙以让客户每一次都享受到艺龙无与伦比的服务为承诺。相信未来的艺龙旅行网会有更好的未来。

第三章 我国旅游电商垂直搜索的领先者：去哪儿

第一节　发展历程和现状

去哪儿网（http://www.qunar.com/）是目前全球最大的中文在线旅行平台，网站上线于 2005 年 5 月，总部位于北京。去哪儿网为旅游者提供国内外机票、酒店、度假和签证服务的深度搜索，帮助旅游者作出更好的旅行选择。去哪儿网凭借其便捷、人性且先进的搜索技术对互联网上的机票、酒店、度假和签证等信息进行整合，为用户提供及时的旅游产品价格查询和信息比较服务；同时，开辟了专业的旅游类产品团购频道，打造最实惠的旅游类产品团购直销平台。[①]

图 3-1　去哪儿网首页

[①] 去哪儿网．(http://www.qunar.com/)．

一、发展历程大事记

2005年2月，道格拉斯、戴福瑞和庄辰超共同创立去哪儿网。去哪儿网作为中国第一个旅游搜索引擎，使中国旅行者第一次可以在线比较国内航班和酒店的价格和服务。

2006年7月，著名的硅谷风险投资商Mayfield和GSR Ventures（金沙江创投）完成对去哪儿网的第一轮投资。

2007年9月，风险投资商Mayfield和GSR Ventures（金沙江创投），以及Tenaya Capital（特纳亚资本）完成对去哪儿网的第二轮投资。

2009年1月，美国知名的互联网研究公司comScore发布的亚太地区旅游媒体分析报告显示，截至2009年1月，去哪儿网以其广泛的用户数量和质量，被列为中国第一大旅游媒体，在亚太地区排第三。

2009年10月，艾瑞咨询发布的数据显示，在中国旅游网站机票业务的季度总访问次数统计中，去哪儿网以33.7%的市场份额排名第一。

2009年11月12日，去哪儿网在北京宣布完成第三轮1500万美元的融资。该轮融资由GGV Capital领投，之前所有投资人包括Mayfield Fund、GSR Ventures和Tenaya Capital共同参与。

2010年4月，Google Double Click Ad Planner发布网络统计数据，在全球最受欢迎旅行网站中，去哪儿网是前十名的两家中文旅行网站之一，而其他九家网站均为上市企业。

2010年7月，去哪儿网荣获Always On 2010年度全球250强，是唯一获此殊荣的在线旅行网站。

2010年8月，去哪儿网成功打造了全球最大的中文酒店点评系统，用户酒店点评量突破100万条。去哪儿网由单纯的旅游搜索引擎转变成在线旅游媒体。

2011年5月，去哪儿网与中国旅游研究院建立战略合作伙伴关系，双方将在行业发展趋势研究等方面深度合作。

2011年6月，中国领先的旅游搜索引擎去哪儿网（Qunar.com）与领先的中文搜索服务提供商百度共同宣布，双方达成一项深度战略合作协议，去哪儿网获得百度战略投资3.06亿美元，百度将成为去哪儿网第一大机构股东。

2011年11月，美国知名研究机构Experian Hit wise发布的中国月度访问率数据显示，去哪儿网以占旅游类网站42%的访问率继续保持中国旅游网站第一的排名。

2011年12月，去哪儿网无线客户端在苹果中国App Store公布的"2011年最佳产品"（App Store Rewind 2011）中荣膺中国原创旅行类应用软件的冠军。

2011年12月，去哪儿网荣获2011年度中国旅游集团20强。

2012年3月，去哪儿网荣获艾瑞咨询集团颁发的"2011年年度互联网成长力产品服务奖"。

2012年10月，根据中国互联网络信息中心（CNNIC）发布的《2012年中国网民在线旅行预订行为调查报告》，去哪儿旅行是手机旅行信息查询用户安装最多且使用最多的移动客户端。

2012年12月，去哪儿网荣获2012年度中国旅游集团10强。

2013年1月，去哪儿网完成事业部制的改革，建立机票、酒店、无线三大事业部，新业务部及特殊项目部，启动内部创业体系激励计划。

2013年4月，去哪儿网荣获iResearch Awards金瑞奖"2012—2013年度中国移动互联网旅行应用——最佳创新力奖"。

2013年10月，去哪儿网荣获由中国电子商务协会授牌的"中国互联网电子商务首批诚信示范企业"。

2013年11月1日，去哪儿网在美国纳斯达克上市。

二、发展现状

去哪儿网于2014年2月28日发布了2013财年第四季度及全面未经审计财报。① 根据之前速途研究院发布的数据显示，去哪儿网在在线旅游市场表现优越，从酒店、团购、机票预订等频道来看，都成为市场的佼佼者。②

去哪儿网2013年总营收为人民币8.509亿元（约合1.406亿美元），较上年同期增长69.6%。去哪儿网2013年移动营收为人民币1.271亿元（约合2100万美元），较上年同期增长558.4%，占据了总营收的14.9%。去哪儿网2013年绩效营收（Pay-for-performance）为人民币7.497亿元（约合1.238亿美元），较上年同期增长77.6%。

---

① 腾讯网.去哪儿网第四季总营收2.510亿元　同比增长74.2%（http://tech.qq.com/a/20140228/003986.htm）.

② 速途网.速途研究院：图解去哪儿网2013年全年财报（http://www.sootoo.com/content/482150.shtml）.

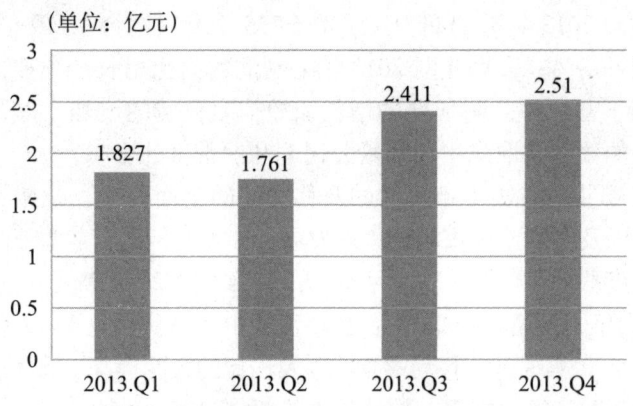

图 3-2 2013 年去哪儿网季度营收概况

资料来源：速途研究院。

在去哪儿网 2013 年的绩效营收当中，机票和机票相关营收为人民币 5.508 亿元（约合 9100 万美元），较上年同期增长 79.0%。去哪儿网 2013 年机票营收的同比增长，主要由于机票出票量同比增长 107.8%，抵消了每机票平均营收下滑 13.8% 带来的影响。

在去哪儿网 2013 年的绩效营收当中，酒店营收为人民币 1.723 亿元（约合 2850 万美元），较上年同期增长 59.3%。去哪儿网 2013 年酒店营收的同比增长，主要由于酒店间夜量同比增长 117.2%，抵消了每客房营收下滑 26.6% 带来的影响。

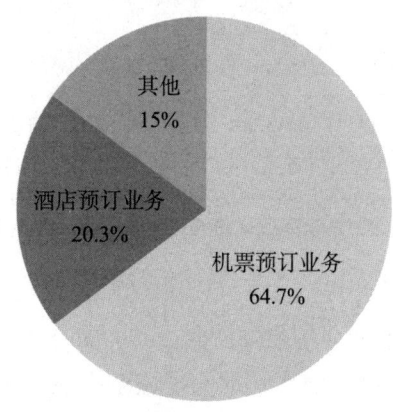

图 3-3 去哪儿网业务结构及占比

资料来源：速途研究院。

去哪儿网 2013 年毛利润为人民币 6.775 亿元（约合 1.119 亿美元），较上年同期增长 66.9%。去哪儿网 2013 年毛利润的同比增长，主要由于营收大幅增长，抵消了营业税、附加费的增长和短信服务费的增加，以及机票搜索流量增加产生的数据获取成本增加给公司毛利润带来的影响。

随着去哪儿网在美上市，网站及移动端的全面覆盖以及旅游相关领域的深度探索，以及在线旅游市场的火爆发展，去哪儿网的营收增长空间很大。去哪儿第四季度移动营收为人民币 4960 万元（约合 820 万美元），季度环比增长 40.5%，比去年同期增长 390.6%；在总营收中所占比例达到 19.8%，相比于上季度的 7.0%，大幅提升。移动端营收以及占比的大幅提高，源于去哪儿网在移动端的产品不断丰富与完善。预计未来的营收和市场份额将进一步增长。从无线运营具体数据来看，去哪儿 2013 财年无线端搜索请求总数已经高达 7.822 亿，同比增长 303.4%。随着去哪儿网对于移动端不断的加大投入，以及大环境的完美配合，预计去哪儿网移动端用户数量 2014 年将会实现进一步的增长。

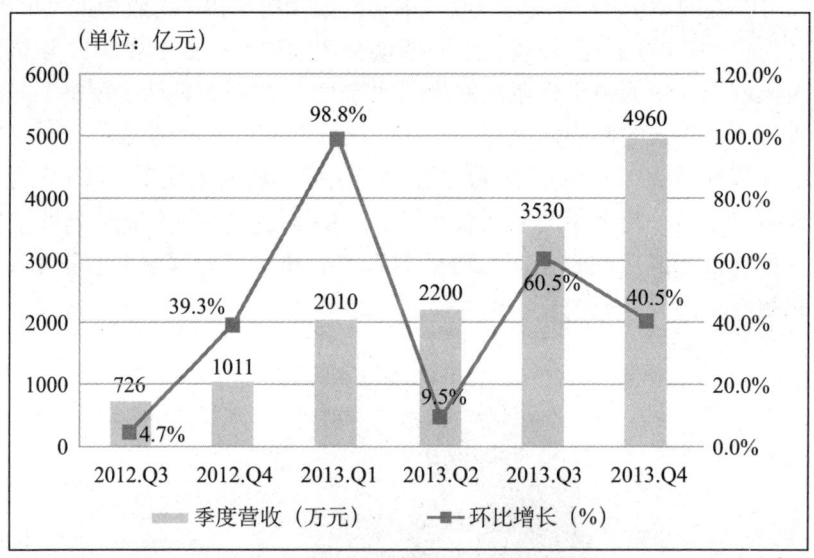

图 3-4　去哪儿网 2012 年第三季度至 2013 年第四季度移动营收变化图

资料来源：速途研究院。

通过对 2013 年财报的分析解读，速途研究院分析，随着去哪儿网在移动端的用户数量增长和去哪儿网不断地完善旅游产品、丰富旅游品类、加强用户体验，以及在线旅游市场的增长，去哪儿网未来的营收和市场份额将会进一步增长，成为该市场的佼佼者。

第二节　去哪儿的商业模式

一个旅游网站的商业模式，具体来说，即旅游网站能为客户提供的是什么样的价值，为哪些客户提供价值，如何提供价值，如何为提供的价值定价，以及如何在提供价值的过程中获得利润并保持竞争优势。

一、目标客户

去哪儿网的目标用户主要定位于爱旅行、对旅行信息敏感且经济宽裕的网民，为广大热爱旅游的网民提供国内外机票、酒店、度假、旅游团购及旅行信息的深度搜索，帮助旅行者找到性价比最高的产品和最优质的信息。主要有以下三类人群：[①]

（1）经常出差的商务人士。对于这类人群，酒店宾馆、机票或火车票是必不可少的，去哪儿网为其提供了良好的平台。

（2）爱旅游的工作人群和大学生。去哪儿网提供了各种省钱游，包括酒店也可以双向对比，制定最优惠的旅游方案。

（3）爱好旅游且经济宽裕的人士。去哪儿网提供了团购游，价格优惠，路线多样；对于特别喜欢自助游的人群，更有度假路线搜索，可以找到各种各样的玩法，应有尽有，满足各种旅游爱好。

二、产品类型及各类型的特色

确定企业的核心业务，即企业能为客户提供的产品或服务，明确网站业务，不仅要为客户带来价值，还要为企业带来利润，去哪儿网能够在行业内产生如此大的影响力，除了精准的目标客户群定位和成功的市场策划外，其提供

[①] 豆丁网.去哪儿网与携程网对比分析（http://www.docin.com/p-738581948.html）.

的核心产品也发挥了巨大的作用。目前，去哪儿网提供的产品与服务都属于免费信息，也无须在其网站上注册就可以使用公司产品与服务。去哪儿网提供的产品包括：核心产品是旅游出行相关产品（机票、酒店），同时还为用户提供签证的服务。

（一）机票销售

去哪儿网提供机票搜索频道：提供全面的国内和国际机票搜索功能，用户能够随时查询国内外各城市之间所有最新航线价格信息，并获得该机票在赠送保险、接送机等服务方面的参考内容。随着人们生活水平的提高以及航空业近几年的快速发展，越来越多的人出行会选择飞机出行。去哪儿网为了能够快速、准确和真实地将航班的机票价格呈现给客户，与国内数百家互联网运营商签订协议，并且为客户提供多种选择：如果客户认为当天机票过于昂贵，网站还会以曲线的形式将半个月以内的同程航班机票价格展现给客户，客户不需要重复搜索机票，就可以轻而易举地决定选择哪家公司购买机票。除此之外，运营商也可以参与到竞争中来，发挥自己的价格和渠道优势。

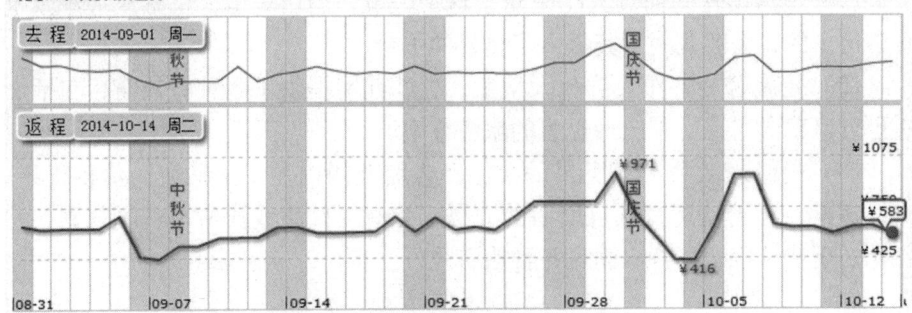

图 3-5 去哪儿网机票价格变化趋势图

随着互联网与航空售票业的结合，人们购买机票的方式主要有以下三种：

（1）官方售票。通过官方专门的售票点购买机票，这是大多数人的选择，其价格较代理商而言要偏高，少则几百元，多则上千元也屡见不鲜，而且营业网点数量有限。

（2）代理商售票。大多数航空公司为了节约成本，拓宽销售渠道，将部分机票出售给代理经营商，留一部分几个区间给代理商，由其自行调整机票出售，而一般代理商为了更好地完成业绩，往往会以低于航空公司机票市场价的价格出售。

（3）互联网运营商。通过互联网即时发布机票行情动态，一般来讲与传统的机票代理商没多大差别。传统代理商主要通过门店直接销售，需要消费者亲自到门店购买；而通过互联网不仅能及时了解最准确的机票价格，还能享受送票上门的便捷服务。

去哪儿网不仅在技术上要求做到最先进、最专业，也要在服务上不断提高网站的核心竞争力。机票业务是去哪儿网站最核心的业务之一，也是发展最快的业务。根据用户调查显示，80%的用户投诉都针对黑代理、山寨网站、假冒网站等。此外，调查数据也显示，在线订票用户遇到的常见问题中，加价出票、退款不及时、电话无法接通也成为用户最为关心的问题。

针对用户的投诉，去哪儿网推出金牌机票服务系统，这个系统包括：首先，100%的CATA认证代理商体系、代理商投诉管理系统、代理商信息查询系统、消费者评价排序体系。其中，100%的CATA认证代理商体系，可以保证通过去哪儿网搜索到的代理商100%都是经过认证的，是合格、有经营资质的代理商。其次，代理商信息查询功能，可以查询所有机票代理商的详细信息，让用户更加放心地使用去哪儿网的服务，提高机票产品服务的核心竞争力。

（二）酒店预订

酒店预订是商务人士和爱好旅游的人出行所必须考虑的问题，去哪儿网与分布在全国不同地区（从一线城市到各个县市）的各种档次的酒店签订协议，并且能够以团购的形式让消费者选择。在酒店经营淡季的情况下，优惠额度可以达6折到4折不等；即使在酒店经营旺季，酒店价格比平常高2倍或是更高的时候，消费者仍然可以享受8折左右的优惠。去哪儿网是全国最大的中文旅游点评平台，在覆盖面上覆盖了600家酒店的点评，同时去哪儿网的系统中有100万条中文点评，除了普通的消费者点评外，还有大量的酒店专家。所以在酒店预订方面，去哪儿网为客户创造的最大价值在于：消费者能够以同等的消费金额享受到更高档的服务或者获得最全面的信息并且节约成本。

2010年3月份，去哪儿网发布了《2010年第一季度中国酒店行业用户点评趋势报告》。去哪儿网结合3500万庞大的旅游消费者的搜索数据行为，经过大量分析、预测、对比，得出用户各项关注点的趋势报告。去哪儿的酒店频道目前可实时搜索121个网站，594个城市，约4万家各种星级与档次的酒店；还包括短期公寓、度假村、青年旅舍等信息，并提供九大类搜索条件（价格、星级、服务设施、品牌、地标、商圈、行政区、酒店特色、酒店名），36种搜索要素以及8种排序方式供用户选择。去哪儿网对各种出游情况进行数据分析，对其影响要素进行综合，给客户提供建议，同时，酒店也可以根据消费需求提高自己的服务水平。另外，新推出的团购频道，也推出了包括全国各地的团购酒店价格，为客户提供了更大的优惠。去哪儿网拥有全球最大的酒店点评系统，为客户外出提供更便捷、更快速的服务。

除此之外，去哪儿网（qunar.com）还创新性地推出一些"新玩意"，如图3-6所示。一些酒店下面出现一个小礼物的红色醒目标识，并配合有一些文字说明，有写送代金券的，有写送免费赠品的。

图3-6 去哪儿网酒店新功能示意图

这些"新玩意"，正是去哪儿网推出的一项全新功能，是其他旅游网站未曾出现过的酒店优惠信息提示功能。去哪儿网集中了国内近8万家酒店的信息，但如何使客户更全面、更有效地了解酒店的优惠信息，一直以来是这家全球最大的中文旅行网站所努力攻克的一道难题。去哪儿网对各种优惠信息进行了归类，不仅方便了消费者进行横向价格比较，而且有利于对优惠券进行充分比较。根据历史数据显示，在美国酒店业，约60%的营业额都是通过优惠券推广所产生的。去哪儿网率先对酒店优惠信息进行整合，开启了酒店业双网联动营销的先河，将大大有助于提升酒店营收水平。

（三）签证

对于要出国旅游的消费者来讲，办理签证是消费者最烦恼的问题。个人亲自去办理由于流程和常见问题的不熟悉，往往心里没把握，经常自己花费了大量时间和精力，结果是无理由被拒签；交给代理机构和旅行社又容易被骗。去哪儿网通过与众多知名服务机构签订协议，提供各种签证服务的专业链接，首先保障了消费者的权益，同时为消费者的签证办理过程节约了成本和时间，这正是消费者所期望的。去哪儿网与佰程旅游网合作，提供全球签证服务，根据用户需求搜索各种签证类型及价格信息，并将第三方的签证服务评论完全公开，只要发现有不良记录，便会影响受理公司信誉，所以与去哪儿签订协议的第三方会努力提高业务质量，从而通过客户评论提高竞争力。

（四）其他产品

1. 旅游度假产品

去哪儿网能够快速为旅客提供各类旅行社及在线供应商的旅游度假产品，主要包括主题度假、国内游、出境游、周边游、当地参团等。为游客提供多种玩法，让游客选择最适合自己的出游方式与线路。去哪儿网能够快速搜索各类旅行社，提供的产品范围包括海外度假、特价周边游、国内特价机票、国际特价机票、国内特价酒店等。对于没确定目的地的客户来说，去哪儿网提供最好玩城市、路线推荐，并根据节假日情况提供主题游以供客户选择；而对于已确定目的地的客户来说，如何选择价格便宜、服务优质的旅行社成为客户最关心的问题，去哪儿度假频道可以根据客户出行的地点提供自由行或跟团游等各种形式，并提供多种玩法，总有一种能打动客户的心，给客户充分的选择。旅行社通过竞争，提高了服务质量并实现市场资源有效配置。

2. 火车票

火车票并不是去哪儿的主营业务，主要与机票服务相配合，供一些经济水平一般的游客查询使用。2010年3月，去哪儿网推出其第四大旅游搜索平台——火车票搜索频道。为了更大程度地方便旅客，去哪儿网首推机票与火车票比较搜索模式。网站在火车票搜索位置前，添加了"搜索匹配"的功能，机票与车票的价格差异在同一平台中一览无余，甚至大多时候机票价格要低于火车票，此项功能的完善，大大满足了普通工薪阶层的出行需求。

图 3-7 去哪儿网火车票搜索界面

3. 旅行

旅行频道主要为旅客提供旅游线路和攻略,方便旅客安排行程,让旅客有个美好的旅程。2011 年 3 月 30 日,去哪儿网低调上线了旅行频道,为用户提供旅行攻略、游记等相关信息搜索。此频道希望能帮助用户更快获得有用的旅游信息,成为最好的游记、攻略、旅游信息搜索平台。此外,该频道还整合了去哪儿网此前推出的行程管理功能,使用户规划出行过程更加方便。去哪儿网通过语义搜索对全网内容进行分析,过滤旅游信息,并对优质信息进行排序,可大幅度减少用户查找时间。

4. 团购

去哪儿团购频道是全国首个以旅游营销为主题的团购平台,主要提供高品质服务和产品的优质酒店、度假村、酒店式公寓、经济型酒店、青年旅舍、特色客栈等团购项目。2011 年 1 月,旅游搜索引擎去哪儿网推出团购频道。

5. 知道

"知道"的最先发起者并搞得有声有色的当属搜索引擎老大百度,百度知道题目范围广,问题种类多,并有专业的知道团队,所以投入市场不久,就受到了大量网民的喜爱,成为网民解决问题的第一选择。去哪儿网沿用这一模式,不过其开发的知道是专为解决客户在日常旅游中遇到的问题而推出的,有票务交通、酒店住宿、旅游攻略,满足了人们出行的各种需求,增加了游客的交流,提高了网站流量。

6. 博客

自从博客进入了人们的视野就得了众多用户的迷恋并快速发展。2009年新浪开通微博，至今品牌价值已飙升到7.5亿。去哪儿网开发的博客频道满足了游客分享旅游经历和心得的诉求，并增加了客户之间的互通性，有效地提高了点击率，也为其他游客提供了借鉴和参考，使客户对网站的品牌更加忠诚，有效地增强了客户黏度。

三、盈利模式

（一）主营业务

一个成功的商业模式必须是赢利的，除了有独特的价值定位，满足客户需求的产品，合理的资源系统，还要能够获得价值。去哪儿网把客户价值最大化作为服务的第一宗旨，盈利自然就成了其经营的必然结果。其收入来源主要有以下几个方面：

去哪儿网主要营收来自于机票预订业务，2013年相关业务营收5.508亿元，占总营收的64.7%。其次是酒店预订业务，2013年相关业务营收1.723亿元，占总营收的20.3%。总体来看，目前去哪儿网的业务结构面临很大的市场竞争，特别是与在线旅游巨头携程网的竞争。两者业务结构非常相似。

广告是去哪儿网公司的主要收入来源，目前在各产品与服务页面上提供的广告包括：

①首页广告：旗帜（Banner）广告、文字广告，适合品牌宣传或促销；图片广告按显示次数收费，文字广告按点击收费。

②机票搜索结果页面广告：旗帜（Banner）广告、文字广告、图片广告三种形式；机票报价网站推广，适合可以提供实时价格信息的机票预订网站，按点击收费。

③酒店页面广告：旗帜（Banner）广告和文字广告，适合酒店相关品牌宣传或促销推广；图片广告按显示次数收费，文字广告按点击收费。

④酒店搜索结果页广告：旗帜（Banner）广告、文字广告、图片广告三种形式；首推酒店广告，有针对性，是订单转换率较高的图片广告。

（二）其他收入来源

（1）竞价排名服务。去哪儿网在搜索结果中提供排名服务，按照用户点击收费。

(2) 企业客户。为航空公司、酒店、签证服务代理机构、旅游景点、度假村等提供广告服务。

(3) 去哪儿网开拓了新的收费方式——酒店预订电话费。当消费者搜索到"酒店直通车"业务的酒店页面时,可以通过去哪儿网站的 400 电话与酒店联系和预订。去哪儿网向酒店收取消费者与加盟酒店通话所产生的电话费用,按每分钟 2 元的标准收取。这样比其他旅游网站收取佣金的模式更为划算。去哪儿官网上提供了一个案例:某酒店直通车获得 107 个用户电话,实际入住 76 个夜间,按每间房 260 元计算,共获得收入 19 760 元。如果按照 15%的佣金来算,该酒店需向传统分销商支付 2964 元费用,但 107 个电话费仅收 428 元,为酒店节省了很多成本。所以此项业务不仅能让中小酒店从中获益,更能成为去哪儿网的重要收入来源。[①]

四、核心能力

去哪儿网作为业内知名度极高的在线旅游品牌,拥有着不可复制的能力,主要表现为以下几个方面。[②]

(一) 资源

去哪儿网可实时搜索超过 700 家机票和酒店代理商网站,搜索范围覆盖全球范围内超过 15 万家酒店、1.5 万条航线、12 万条度假线路、2.5 万个旅游景点、8000 万份游记攻略,并且每日提供逾 1500 种旅游团购产品。用户可以从中选择出最实惠最适合自己的旅游攻略。

(二) 竞争力

(1) 超大规模实时数据搜索技术和强大的数据库。去哪儿网实现了三到五秒的时间从数百个数据源获得大量数据,处理并展现给消费者最新的在线旅游产品数据,并能够同时服务数十万查询而保证服务的速度和效果。

(2) 全面的功能。去哪儿网为用户提供旅游的全程服务,方便旅客旅行。去哪儿开发了移动客户端,以满足广大用户的需求。

---

① 豆丁网. 去哪儿网案例分析(http://www.docin.com/p-724384246.html).
② 王明宇, 刘淑贞. 中国领先的互联网旅游搜索引擎企业——去哪儿网的商业模式分析 [J]. 电子商务, 2013 (12).

(3) 准确的自身定位。去哪儿网总裁庄辰超表示:"去哪儿网站的定位就是为用户提供最完善的信息比较,不仅在技术上做到最先进、最专业,也要在服务上不断提高网站的核心竞争力。"

(4) 金牌服务体系。去哪儿网对所有代理商都做了 CATA 认证,以保障消费者不会受到欺诈。去哪儿开发了机票动态用户跟踪系统,并且提供一系列的工具,让消费者能够在这个过程中间保障自己的消费权益。同时,去哪儿网有点评平台,覆盖了大部分的酒店,让用户更好地选择酒店。

(三)竞争优势

(1) 最低价吸引消费者。通过实时搜索技术,对互联网上所有跟旅游有关的产品,包括机票、酒店、景点等,在去哪儿网都能搜索出最低的价格,还可以让消费者自由组合。

(2) 采用直销模式,减去中间环节。游客可直接与供应商交流,让游客彻底享受"直销一体式"电子商务新服务。

(3) 提供有价值的参考信息。诸如提供产品预订的网站是否能参与某项积分、是否支持信用卡延期支付、每一个航班的误点率等信息,或者是某个航班在最近一个季度或月份的价格走势表等。

(4) 客户忠诚度高。垂直搜索引擎定位于一个行业,服务于一群特定需求的人群。由于用户转换搜索引擎的转换成本非常低,几乎为零,有利于提高用户的转换成本,提高用户忠诚度。

五、合作伙伴

(一) 去哪儿网与腾讯 Web 的合作

2011 年 4 月份,全球最大的中文在线旅游网去哪儿与目前最大的互联网综合服务提供商腾讯,在其 Web 开放平台上合作推出旅游搜索应用。用户在 WebQQ 主页上可以直接搜索机票、酒店等信息,也可以通过微博、QQ 空间等腾讯分享应用工具即时与好友分享自己的旅游动态。

作为第三方开发者,致力于整合旅游信息的去哪儿网,此次与腾讯网合作推出旅游搜索应用,用户不用登录去哪儿网就可以直接在 Web 的主页上即时获取和搜索在线旅游资讯,包括机票搜索、机票工具箱、酒店搜索等内容;同时,通过 QQ 空间和微博即时与好友在线交流个人旅游动态,不仅使获取旅游信息变得更加简单和方便,而且与好友的互动交流更有乐趣。

（二）去哪儿网联手开心网推出旅游搜索组件

2011年1月，去哪儿网（qunar.com）与国内知名社交网站开心网（kaixin001.com）合作推出旅游搜索组件。用户在个人开心主页上添加这一组件后，不仅可以直接搜索机票、酒店等信息，也可以即时与好友分享自己的旅游动态。当下，社交网站的发展壮大受到越来越广泛的关注。有数据显示，社交网站为旅游网站带来的流量比重正在不断上升。去哪儿网与开心网的合作，实现了社交网络与专业旅游的优势互补。

（三）去哪儿网与手机新浪网开展深度战略合作

去哪儿网（qunar.com）机票搜索与手机新浪网（sina.cn）百事通进行机票数据无缝对接之后，去哪儿网与手机新浪网（sina.cn）开展无线领域更深度的战略合作。现在手机用户只要登录手机新浪网（sina.cn）百事通点击酒店查询，就可以通过去哪儿网酒店搜索查询酒店，并可直接拨打400电话完成酒店预订。去哪儿网酒店查询还可向用户推荐特价酒店，并有丰富的用户酒店点评信息和酒店介绍、照片、地图，让用户更聪明地选择酒店。

（四）其他合作方式

除此之外，去哪儿网还采用了其他方式：

（1）广告联盟。在成员网站上做广告，引导客户点击网站链接，积累网络流量。

（2）插件捆绑。将去哪儿网首页捆绑在一些常用软件中，在用户安装捆绑软件的同时，将其首页收藏在桌面，或直接篡改用户浏览器首页。

（3）友情链接。双方利用现有的页面文字链接资源（如：首页文字链接、内页文字链接、新闻、资讯文字链接等）进行免费互换。去哪儿网与各大旅游网站以及一些商业网站进行友情链接，提高彼此的流量和品牌知名度。

（4）媒体互换。去哪儿网与各大媒体合作，为了提高公众认知度，邀请各大网络媒体向公众报道与去哪儿网相关的新闻，并进行各种宣传推广活动。

（5）通过旅游博客来增加点击量，传播品牌影响力。

六、管理团队

去哪儿的高层管理团队中汇集了投资、IT、旅游业的精英人才，其高瞻远瞩的战略眼光和对世界电子商务发展的精深理解、超强的融资能力，对IT技术的应用能力以及超前的决策能力与务实的经营管理能力决定了去哪儿网能够在竞争中突围而出。可以说，精英的存在有时候决定了公司与其竞争者完全不同的历史命运。公司高管主要有以下重要人物组成：

1. 庄辰超

2005年5月，庄辰超与戴福瑞、道格拉斯在北京共同创立了去哪儿网，就任去哪儿网总裁，领导公司整体运营。2011年6月出任首席执行官，全面负责去哪儿网的战略规划和运营管理。如今，去哪儿网已成为全球最大的中文旅行搜索平台。庄辰超毕业于北京大学电子工程系。1999年，曾在著名的中文体育门户网站鲨威（Shawei.com）担任首席技术官。此后，庄辰超曾在美国华盛顿工作4年，担任世界银行系统架构的核心成员，设计并开发世界银行内部网系统；2003年，该系统被专业研究网站和产品易用性的权威公司Nielsen Norman Group评为"最佳内部网"。

2. 首席财务官——孙含晖

孙含晖2010年1月加入去哪儿网，出任首席财务官，主要负责财务运营、兼并收购、投资者关系、法律事务、每千人成本（Cost Per Mille，简称CPM）销售等多项工作。孙含晖毕业于北京理工大学，并获得中国注册会计师资格。他拥有近20年的财务及资本市场工作经验，曾在世界四大会计师事务所之一的毕马威会计师事务所工作多年，先后在中国和美国从事审计工作。曾任马士基中国有限公司财务副总经理、微软中国研发集团财务总监等职务。加入去哪儿网之前，孙含晖曾担任空中网首席财务官，全面负责财务、法律及投资者关系工作。目前，孙含晖还担任搜房网的审计委员会主席和独立董事。

3. 首席技术官——吴永强

吴永强2007年3月加入去哪儿网，出任首席技术官，主要负责技术研发等相关工作。吴永强毕业于北京理工大学，后取得香港中文大学工商管理学金融方向硕士学位。他拥有10余年互联网及电子信息技术领域的工作经验。2005年12月至2007年3月期间，曾任雅虎中国技术总监，为雅虎建立技术运维体系。在阿里巴巴并购雅虎中国期间，成功完成了技术运维和IT方面的拆分与整合。加入去哪儿网之前，吴永强还担任过艺龙旅行网技术总监。

4. 执行副总裁——彭笑玫

彭笑玫2005年6月加入去哪儿网，出任执行副总裁，主要负责搜索业务销售和旅游度假业务发展等相关工作。彭笑玫毕业于哈尔滨工业大学，中欧EMBA高级工商管理硕士在读。她拥有10多年的中国互联网及搜索引擎技术工作经验，积累了丰富的销售、市场、商务运营经验。历任新闻集团旗下网站 ChinaByte 制作人、人民网网络管理员、Agenda 公司项目经理、Suntendy America 纽约公司总经理等职务。加入去哪儿网之前，彭笑玫作为鲨威体坛（Shawei.com）的创始成员之一，初期负责鲨威体坛网站的策划及技术实施，后任职多媒体与互动总监，负责相关商务合作以及技术实施。

七、去哪儿网的融资

去哪儿网的创始资金只有 25 万美元，资金主要来源于融资，先后进行了四轮融资，如表 3-1 所示。

表 3-1 去哪儿网的融资

单位：美元

时间	投资人	投资金额
2006.7	金沙江创投、Mayfield	200 万
2007.9	金沙江创投、Mayfield、特纳亚资本	1000 万
2009.11	纪源资本及第二轮投资人	1500 万
2011.6	百度	3.06 亿

获得融资之后，去哪儿网拥有了充沛的资金流。对于这些资金的投资方向，去哪儿网的首席执行官（CEO）庄辰超进行了简要的概括：

第一是技术人力的投入，旅游搜索未来开发大量的旅游产品。

第二是产品品类，重点加大酒店方面的投入，会进行多种多样的创新，所以人力的投入是很大的投入。

第三是在平台营销方面进行投资，同时还会保留大量现金，当市场中展现出特别有效的机会时，去哪儿网将准备足够的资源并以最快的速度掌握和占领新兴市场。

相对于入行较早，早在 2003 年上市的携程旅游网而言，去哪儿网并没有像携程网那样，通过收购并购等资本扩张的方式壮大资金，去哪儿网依靠着不断上升的网站点击率，渐渐获得了一次次壮大的机会。在短短几年时间已经迅速壮大的去哪儿网，在完成前四次融资之后，也开始准备着踏上自己的上市之路。尤其是 2011 年百度 3.06 亿美元的投入，去哪儿网也将更大程度地威胁着携程网的市场地位。

第三节　去哪儿的运营评价

一、优势

1. 全面的功能

满足需求——中立、智能、全面的比较平台，对用户进行旅游产品选择和决策的作用日渐突出。去哪儿网为用户提供旅游的全程服务，方便旅客旅行。去哪儿开发了移动客户端，以满足广大用户的需求。

使命——整合中国在线旅游产品及提供高价值信息。

2. 技术优势

优化用户体验——专注于为用户提供信息搜索的深度服务，并在数据搜索量、搜索范围、反应速度、价格实时性、数据详细程度、过滤排序功能的易用性等诸多方面确立了深度服务的优势。"去哪儿"（qunar.com）提供了多种技术工具，让用户自行通过排序或者过滤得到所需的数据。其特有的智能比价系统可以帮助用户获得出色的消费体验。选择什么样的价格与服务的权利，完全掌握在用户自己手中。超大规模实时数据搜索技术和强大的数据库，实现了三到五秒的时间从数百个数据源获得大量数据，处理并展现给消费者最新的在线旅游产品数据，并能够同时服务数十万查询而保证服务的速度和效果。

3. 产品优势

三大特色：①快速实时；②广泛搜索；③信息全面。

四大核心产品：①机票搜索频道；②酒店搜索频道；③特惠搜索频道；④签证搜索频道。

4. 丰富的旅游资源

如上面所提到的去哪儿网的核心能力。去哪儿网可实时搜索超过 700 家机票和酒店代理商网站，搜索范围覆盖全球范围内超过 15 万家酒店、1.5 万条航线、12 万条度假线路、2.5 万个旅游景点、8000 万份游记攻略，并且每日提供逾 1500 种旅游团购产品。用户可以从中选择出最实惠最适合自己的旅游攻略。

5. 金牌服务体系

去哪儿对所有代理商都做了 CATA 认证，以保障消费者不会受到欺诈。去哪儿开发了机票动态用户跟踪系统，并且提供一系列的工具，让消费者能够在这个过程中间保障自己的消费权益。同时，去哪儿有点评平台，覆盖了大部分的酒店，让用户更好地选择酒店。

6. 去哪儿网的商业模式不错

与携程、艺龙的 OTA（在线旅游服务商）模式不同的是，去哪儿其实是一家旅游行业的垂直搜索引擎，它是一家技术型公司，没有庞大的线下销售团队，而是通过搜索技术将 28 家航空公司、1240 家 OTA、53 360 家酒店的供给需求集成在一起，提供给消费者最低的价格。

7. 有百度这个超强的大股东支持

作为一家搜索公司，去哪儿网的商业模式与百度、谷歌相似，都是通过搜索引擎来收集用户流量，将这些用户流量与商业客户相匹配，通过基于点击的付费广告来获得收益。但由于去哪儿网只是一家垂直型搜索公司，如何获得足够的用户流量是发展的关键。因为对一家互联网公司而言，如果其流量大部分都要通过对外购买才能获得，就很难建立起持续盈利的商业模式。但去哪儿网偏偏遇上了百度。自 2011 年引入百度作为其大股东后，有了百度流量的去哪儿网如鱼得水，自然流量自 2012 年全年的 56% 上升到了 2013 年上半年的 66%，而购买流量则从 44% 下降到了 34%。

二、劣势

去哪儿网的品牌知名度不够高，没有像携程一样的庞大客户群和被广泛认可的服务能力，没有像百度等所拥有的潜在的技术优势，且网站流量低。

盈利模式才刚刚起步，还没有形成较为完善和成熟的组织管理体系，还没有从实践中总结出一套较为严谨的员工选拔体系，并且市场的认可度不强，品牌知名度需要进一步提高。没有形成优秀的企业文化。

去哪儿网的网络营销方式匮乏。大多数的旅游网站都把关注点放在了网络上进行宣传，譬如说网络广告、搜索引擎的注册和排名、电子邮件列表等这类的传统的营销方式，缺少能够吸引游客的特殊的营销方式，去哪儿网也是如此。在宣传的网页上，没有太多对外国游客以及国外景点的介绍；在网络的主页面上，色彩的搭配、图片的选择上都过于呆板，缺乏应有的活力和表现欲，这在一定程度上大大降低了其感召力。另外，当前的网络营销方式还很单一，众多的网站在选择网络营销时，仅仅只注重在网络广告和网络促销这一宣传层面上进行推广，这就会造成营销在宣传这一层面上的效果不是很理想。营销手段的多样性也是盈利模式多样性的体现。

退款业务不能及时，遭到客户投诉。据中国质量万里行投诉部统计，2013年1月至8月，一共接到消费者投诉去哪儿网共175例。继此前中国质量万里行报道去哪儿网不退机票问题之后，8月份和9月份，去哪儿网不退机票的问题再度升温。9月份截止到23日，共收到38例消费者的投诉。随之而来的，还有酒店和团购消费的问题。[1]

三、机遇

专业比价搜索引擎是像携程这样的在线旅游网站的重要营销渠道。为了避免"一股独大"的议价，生产商和制造商需要增加分销商的数量和形态，因此催生了比价搜索引擎存在的空间。消费者更趋向于理性消费，因此越来越重视方便、快捷、性价比高的产品。

旅游市场的大环境看好：

（1）加入WTO后旅游市场的全面发展。

（2）各级政府对旅游业发展的重视和支持。

（3）人民生活水平的提高，为旅游打下了重要的经济基础。

（4）网络基础条件改善。从2002年中国信息产业统计的发展状况来看，中国互联网发展基础设施的建设能力大幅提高和上网费用的大幅度降低，直接促进了网民人数短时间里的快速增长。

（5）政府对网络的扶持。目前，我国已将信息化带动工业化作为重要的战略来实施，以适应时代进步和世界发展的新形势，从中国现代化建设全局和战略高度出发，大力推进国民经济和社会信息化。同时也由于WTO等因素的影响，全国上下已初步形成政府、企业、城市信息化的热潮。在信息化大旗的指引下，我国加大了对互联网基础设施建设的力度，政府上网、企业上网、家庭上网等三大上网工程深入实施，各行各业纷纷投身到互联网络掀起的信息化浪潮中来。

---

[1] 中国质量万里行网. 去哪儿网投诉激增三大业务遭遇退款难题（http://www.315online.com/tousu/redian/289432.html）.

四、挑战

主要的竞争压力来自大型综合搜索引擎服务提供商，此类综合搜索引擎提供商积累了大量的资源优势。去哪儿网的挑战在于，开拓数据库资源必须要和上游航空公司、旅游网站建立良好的合作关系，并通过业务拓展逐渐增强对上游市场的控制能力。

第四节　去哪儿的运营建议

一、加强企业自身管理建设

根据麦肯锡 7S 模型分析：结构（Structure）、制度（System）、风格（Style）、员工（Staff）、技能（Skill）、战略（Strategy）、共同的价值观（Shared Vision），对去哪儿网的发展提出以下建议。[①]

（1）结构（Structure）。构建网络型的企业组织结构。2011 年 6 月 24 日，去哪儿网获得百度公司 3.06 亿美元的战略投资，这使企业发展获得了充足资金支持，同时也对完善企业组织结构提出了新的要求。作为虚拟程度较高，并为消费群体提供交易机会的互联网企业，机会型网络组织的构建显得尤为重要。建议去哪儿网围绕顾客需求，健全完善企业相应的机构，具体可借鉴亚马逊、eBay 等电子商务平台企业的做法，将消费者与产品（服务）提供商联系起来，共同构成机会网络，实现相关各方的合作共赢。

（2）制度（System）。建立规范化的管理制度体系。建议根据实际情况，制定适合自身特点的、适用于企业的规范化管理制度体系，包括员工规范、绩效考核、服务承诺等方面，并根据发展需要，不断完善相应的组织运行规则，形成相对稳定的管理制度体系。通过该体系的实施和不断完善，达到管理工

---

① 道客巴巴.基于7S模型的去哪儿网发展建议（http://www.doc88.com/p-0002023323634.html）.

作井然有序、协调高效，提高整体效益的目的。

(3) 风格 (Style)。将企业文化建设寓于考核激励过程中。好的企业文化可以有效指导员工行为，改变一些不良的习惯，但习惯的改变不是一蹴而就的，需要不断进行强化。强化手段中最有效的就是考核激励，员工对企业文化最深刻的认识往往来源于企业对其的考核激励，这也是让企业文化落地的重要方式。为此，建议在考核指标设置上，加入文化塑造因素，进而推动特色互联网企业文化的形成和完善。

(4) 员工 (Staff)。大力实施人才战略。建议树立"以人为本""重用人才"的理念，着力吸引四类人才：一是具备敏锐市场洞察力和全局驾驭能力的职业经理人；二是具备丰富网络平台企业运营经验的专业人才；三是精通市场业务的营销人才；四是计算机等专业技术人才。同时，通过强有力的激励措施和富有吸引力的事业发展机会，留住人才、培养人才，逐步建立起一支结构合理、素质优良的员工队伍。

(5) 技能 (Skill)。不断提升员工技能。创建良好的学习氛围，不断鼓励和督促员工提升技能，建立健全有效的激励机制，鼓励员工进行岗位创新；建立健全培训与教育的长效机制，开展企业、研究中心和消费者的良性互动等。

(6) 战略 (Strategy)。制定科学合理的战略规划。随着中国在线旅游业的日益成熟和旅游消费群体的日趋庞大，建议去哪儿网将发展战略定位在成为中国旅游媒体行业的佼佼者上。在发展举措上，进一步了解消费者需求，协助消费者搜索到最有价值的机票、酒店、签证、度假线路和其他旅游服务。同时，帮助广告主针对消费潜力大的高端旅游者，提供个性化、有吸引力的广告服务，更精准地把握市场定位，从而在竞争中赢得先机。

(7) 共同的价值观 (Shared Vision)。共同的价值观是企业文化的核心，不仅决定了企业发展的方向和企业的特征，而且直接影响到企业和员工的行为以及企业战略目标的实现，进而影响着企业竞争力的提升。

二、营造更好的市场环境

从市场角度，去哪儿网应该加强以下方面的工作：

(1) 继续依托先进的技术和强大的资源整合能力，专注旅游搜索引擎服务，推进传播渠道的多样化和全面性，继续提高知名度和市场地位。

(2) 以客户为导向，以服务为旗帜，加强用户服务管理和业务风险管理，提升品牌价值，提高客户依赖，不断推出创新性服务，如针对节日推出的特色服务。对服务不到位的,应该向客户公开道歉,加强与客户之间互动平台建设,做到诚信服务。

(3) 加强上游产品与服务供应商业务管理,降低价格,以提高其市场竞争力。

(4) 发展移动搜索,抢占移动互联市场。

三、拥有一个好的用户体验平台

(1) 加强技术管理,提高网页加载速度。因为有些页面由于图片原因加载速度相对缓慢,影响客户体验以及对品牌的忠诚度。

(2) 针对相关链接要更加专业化和精准化。有些页面提供的链接与旅游相关信息相差甚远,这会影响搜索者对信息准确性的获得,浪费用户时间。

第四章

去哪儿的旅游搜索竞争者：酷讯

第一节 发展历程和现状

酷讯旅游网（www.kuxun.cn）是中国领先的在线旅游媒体和专业的旅游搜索引擎，是全球最大在线旅游媒体 TripAdvisor 旗下企业。公司创立于2006年初，总部位于北京。酷讯旅游凭借国内领先的垂直搜索技术，为旅行消费者提供国内外机票、酒店、火车票、度假和旅游指南的专业搜索服务，并利用先进的数据挖掘和智能推荐等技术手段，通过实时整合、辨识、处理海量旅行产品数据，为用户提供最新最准确的旅行产品价格和信息，从而帮助用户高效地比较选择适合自己的旅行产品。

酷讯旅游可以实时搜索全部航空公司官网，超过2000家专业机票、酒店、火车票以及度假产品供应商网站，帮助用户一站式获取全方位旅游产品信息。目前，酷讯旅游月访问量已突破5500万。

伴随着互联网应用以及中国旅游产业的蓬勃发展，酷讯旅游作为中国领先的旅游搜索引擎，已经被亿万旅游消费者广泛接受并喜爱，逐渐成为众多旅行人士的首选互联网站点，帮助用户得到更好的旅行体验。同时，作为中国最具影响力的在线旅游媒体之一，酷讯旅游同样得到来自航空公司、大型

图 4-1 酷讯网首页

酒店集团、各地旅游局及景区的广泛赞誉，它们将酷讯旅游视为其拓宽业务以及吸引消费者最有效的平台。①

一、发展历程

2006年1月，Kooxoo上线，推出第一个产品"火车票转让信息搜索"。
2006年3月，成立北京酷讯科技有限公司。
2007年7月，Kooxoo推出国内第一个全旅游搜索引擎。
2007年12月，与北京大学共同合建"中国人生活搜索行为研究中心"，这是继微软、Intel、TCL、百度之后，北大的第五位合作伙伴，也是中国垂直搜索第一位代表，至此全面奠定了酷讯在中国垂直搜索即生活搜索领域不可动摇的领军地位。
2009年3月，酷讯仅花20万人民币就购得酷讯.com域名，同期发布新logo。
2009年6月，酷讯全新旅游互动社区：一起玩，正式上线。
2009年10月，酷讯网成为全球最大的在线旅游服务公司Expedia及全球最大旅游社区TripAdvisor旗下企业。
2011年1月，酷讯改版，启用了新的游鱼logo，使用了"酷讯旅游"的品牌名称，旨在强化酷讯的在线旅游媒体定位，帮助用户更轻松地识别和使用酷讯的产品与服务。
2011年4月，首家推出新兴职业——旅游体验师，体现构建意见领袖为核心的社会化价值。
2011年12月，酷讯旅游网母公司TripAdvisor在纳斯达克成功上市。
2012年1月，在线旅游网站酷讯正式推出旅游SNS手机客户端产品——"一起玩"。
2013年7月，酷讯借助"酷讯机票"强势杀入手机客户端。"酷讯机票"手机支付活动。
从7月15日开始到10月底结束，用户通过下载微信公众账号"酷讯机票"获取优惠码，并通过支付宝支付，就可以直接在购买特价机票的基础上再减价15元。

---

① 酷讯网．(http://home.kuxun.cn/about/)．

二、发展现状

酷讯旅游自成立以来先后获得了如下多项荣誉：
——2006 年
- 酷讯网荣获"最具商业价值网站"；
- 酷讯网荣获"最酷的搜索引擎"；
- 酷讯网荣获第一届全球外博奖"最具投资价值网站"；
- 酷讯网荣获互联网发展调查中心"最值得关注商业网站"。

——2007 年
- 酷讯网荣获《互联网周刊》"中国商业网站排行（旅游）"第一名；
- 酷讯网荣获"中国互联网最具潜力项目奖"；
- 酷讯网荣获"中国创业投资价值榜最具投资企业 TOP50"。

——2009 年
- 10 月，酷讯网荣获《新周刊》网络生活价值榜"年度最有价值网站"提名；
- 11 月，酷讯网荣获 2009 中国旅游电子商务大会暨目的地网络营销论坛"2009 优秀目的地营销平台奖"；
- 11 月，酷讯网荣获互联网年会"2009 中国互联网最具价值项目奖"；
- 12 月，酷讯网荣获 2009 中国搜索颁奖盛典"2009 最佳互动性旅游搜索"奖。

——2010 年
- 中国互联网产业年会授予酷讯"最具人气旅游搜索·资讯网站奖"；
- 在中国互联网产业百强中，荣获"最具人气旅游搜索网站"奖；
- 在第三届中国（温州）网络旅游节中，酷讯荣获"2010 年度中国优秀专业旅游网站"奖；
- 在中国旅游互联网年会中，酷讯荣获"2010 年度中国优秀旅游搜索引擎网站"单项奖；
- 在第二届中国电子商务文化节中，酷讯荣获"2010 中国电子商务百强企业"称号，并获得"电子商务营销服务奖十强"；
- 酷讯旅游荣获互联网大会"最具价值产品服务奖"；
- 酷讯旅游是中国互联网协会理事单位。

——2011 年
- 酷讯旅游荣获艾瑞主办的年度互联网成长力产品服务奖；
- 酷讯旅游荣获芒果网 2011 年度优质合作伙伴；
- 酷讯旅游荣获"中国互联网产业百强"；
- 酷讯旅游荣获"2010 年度最佳媒体大奖"中国互联网市场领先旅行 & 预订网站；
- 酷讯旅游荣获"大学生旅游节最受大学生欢迎的旅游网站钻石奖"。

——2012 年
- 酷讯旅游中国酒店业最佳在线营销合作伙伴（星光奖）；
- 酷讯旅游荣获 Adworld Awards 2011 年度金赢销大奖。

第二节 酷讯的商业模式

酷讯商业模式主要包括目标客户、产品类型及各类型的特色、盈利模式、核心能力、合作伙伴、管理团队等。

一、目标客户

酷讯旅行网通过先进的网络技术，强大的线上线下整合能力，丰富的机票、酒店、火车票、度假等国内外出行旅游资源，为广大国内出行者提供服务。目标用户有商务出行者、旅游者、住宿者等。通过为这些目标用户提供便捷、经济的出行，可以收取酒店、航空公司、风景区一定的佣金，而面向这些企业又可以向它们提供精确度比较高的广告服务。

二、产品类型及各类型的特色

酷讯网面对在线旅游市场，以提供"机票""酒店""火车票""度假""一起玩"等旅游信息搜索为主，向用户提供体验式服务，覆盖国内 200 多个城市，月均访问量达 5500 万。

酷讯旅游搜索的核心是利用技术优势，帮助用户在互联网海量信息中发掘有价值的、可节省成本的旅游产品信息。通过酷讯旅游搜索，用户能轻松购买到特价机票，快速找到特惠酒店，即时搜索到满足个性化的旅游度假产品。酷讯旅游搜索真正实现了为用户的旅游出行提供一站式的比较信息服务。

酷讯旅游网以不断创新的产品和技术，凸显旅游新媒体的价值定位；以"人人都是旅游体验师"构建意见领袖为核心的社会化媒体价值，坚持垂直搜索，围绕用户需求，提供机票、酒店、度假等旅游信息服务。

（一）机票

酷讯机票搜索是一款国内领先的搜索引擎，独创的实时搜索数据处理平台——SWIFT系统，搜索范围覆盖3000多条航线、上百家机票代理商网站，用户能够实时查询国内外各城市之间的最新航班价格信息，为用户提供最低价、最省钱和最安全的出行方案。低价、省钱是酷讯机票搜索最大的特色。

此外，近1个月的机票价格往返趋势、特价机票预约、航班动态跟踪系统、机票服务保障联盟、机票预订往返打包等各种服务，让用户在线预订机票省时、省心，更省钱。

价格趋势：帮您预先掌握未来机票价格走势。

特价预约：随时随地告诉您最便宜的价格。

服务保障联盟：保证让您买票过程安全顺利。

航班动态跟踪：随时掌握航班动态变化。

（二）酒店

酷讯酒店搜索凭借强大的全网搜索技术，打造了国内最大最全面的酒店信息数据库，酒店搜索范围突破8万家，用户可以根据价格范围、星级标准、经营类型、特色设施、特殊优惠和酒店所处周围地区的情况，进行更为精准、便捷的选择。

特惠酒店搜索，涵盖国内外近8万家酒店资源，酒店搜索的范围可以覆盖到全国县一级城市的大部分酒店，并且会以最低价格及时呈现。酒店地图，地图搜索展示入住酒店的交通及周边更多低价酒店信息，方便用户出行。酒店价格，最新价格时时抓取，为用户提供最新报价，随时了解预订情况。酒店点评，从关注酒店服务的角度出发，为用户提供入住最客观的参考。360度全景图，可以让用户最直观、最真切地观察和体验酒店环境。

酷讯网酒店搜索已成为用户在线预订酒店必不可少的工具。酷讯酒店体验师会在酒店方面，重点从两个领域来做：第一，将旅游体验方式多元化，酒店概念模糊化，结合旅游六要素吃住行游购娱等旅游资源，形成以酒店为旅游目的地的旅行新方式。例如，2014年酷讯网已经和国内各大景区的景点门票合作，形成一个酒店旅游的打包产品，提供给酒店体验师体验。第二，酷讯会在国内合作的基础上，增加国外旅游目的地资源，融入国外目的地通票资源。目前，酷讯已经和国外景点通票网站玩途自由行网达成全年战略合作协议。①

（三）火车票

2006年初，酷讯推出火车票产品，火车票搜索一经推出，引起了轰动。当时有媒体称，酷讯火车票搜索，打破了"春运帝国"中最缺少的东西，就是信息的不对称。每年有近千万人利用酷讯火车票获得火车票、列车时刻表等出行信息。

2010年7月1日，酷讯火车票2.0版正式上线。改版后，酷讯火车票的票价准确性大大提高，并且有了很多智能化的功能，如用户只要输入出发和目的城市的同时，不用点搜索结果，页面就可以即时告诉用户有哪些车次可以乘坐。用户还可以在首页看到自己出发城市的热门车次和本市的火车票新闻，为用户出行提供信息服务。

火车是目前客运市场最主要的运输工具，而买火车票难是一个社会问题。酷讯火车票将列车时刻、火车票转让等信息整合到网上，为用户买票提供了一个重要的参考。

（四）酷讯一起玩

酷讯"一起玩"社区全方位整合了机票、酒店、度假等旅游资源，在制定旅行计划的同时，还能让拥有旅游经验的酷讯旅游体验师给您的旅行提供旅游建议，充分体现社会化媒体价值。"一起玩"社区倡导人人都是旅游体验师的理念，构建意见领袖为核心的社会化价值，传播旅游文化，通过旅游基金、免费住宿、免费门票，甚至全程免费旅游的支持，鼓励网友分享旅游行程，给更多旅游爱好者提供最真实最有价值的参考。每天，60万用户在"一起玩"社区查看旅游攻略、制定旅行计划；可以一键备忘重要信息，还能让旅游体验师提供专业建议。有超过两万名用户通过一起玩社区制定了超过1.4万份旅

---

① 新浪网.酷讯酒店体验师体验多元化 一站式旅游全覆盖（http://news.sina.com.cn/o/2014-02-25/120229559667.shtml）.

行计划,有超过两万名网友在一起玩社区分享了超过 1.6 万份非常实用的旅游攻略。这里已经认证 2000 名旅游体验师,向游客分享他们的旅游智慧;这里每年有 1000 万的旅游基金,等待游客的参与。

(五)酷讯旅游指南

酷讯旅游指南实时搜索数百万驴友的旅游日志以及旅游攻略,可以让用户最直接、最深入、最真实地了解国内外旅游目的地的风土人情,从而帮助用户更好地计划和设计自己的旅行。从出行到酒店,再接下来看酷讯的产品线,最终到异地怎么去玩,怎么才能玩好,这是酷讯作为旅游搜索需要帮助用户解决的一个问题。到哪个地方怎样才能玩好,玩的这种东西实际上是更个性化的东西。有些人认为最好是在海边上晒太阳,有人认为最好的旅游休闲方式是游山玩水,每个人对旅游理解不一样,他的个性、他的文化趋向会决定他对不同风格的目的地产生不同的爱好,或者有不同的需求。这个时候酷讯的目的地搜索,也就是旅游指南,可以帮助用户解决这样的问题。

旅游指南是结合数百万驴友感受的一种搜索引擎。酷讯把几百万驴友对不同目的地,不同的感受挖取过来,用先进的技术把它辨识出来。如果酷讯让用户和旅行者产生所谓的共鸣的时候,就会认同这样的一个旅行的安排。

目的地排行——分析数百万驴友感受的真实榜单。

每日游礼——天天送出去的惊喜。

(六)酷讯度假

酷讯度假汇集了数百家知名旅行社的最新旅游线路信息,包括自由行、旅行团路线。数千条各具特色的旅游线路为用户提供了丰富的选择。酷讯度假还为用户提供线路筛选和比较工具以便锁定最适合自己、性价比最高的旅游线路。

旅游流行趋势——为用户提供最新潮、最好玩的旅游趋势。

游特惠——提供最后库存、反季节、促销等特价旅游产品。

主推线路——提供旅行社主推线路,享受最佳旅游体验。

(七)酷讯手机客户端

酷讯手机客户端致力于为手机用户提供更便捷、更有效的旅游外出软件,支持 iPhone、Android 两大手机平台。目前的产品有:旅游宝典、酷讯机票、超级火车票、一起玩客户端、经济连锁酒店等。

图 4-2 无线客户端产品及服务

酷讯从一个垂直搜索引擎,然后酒店搜索,然后转型到整个旅游搜索,经历了一个很曲折和复杂的过程。酷讯最初做火车票就是一种完全的创新,没有模仿任何一个国外的所谓的一种成功模式。创新过程中肯定会有很多风险。

酷讯不是一个作了很多宣传的一家互联网公司,但是酷讯现在每个月大概覆盖 4000 多万的用户,都是靠这些用户使用了酷讯产品以后,更多地去向自己的朋友推荐。酷讯每个产品特别注重它的核心价值本身的彰显,就像机票一定要做到低价覆盖,而且真实准确的,看得到,一定买得到,而且是可靠安全的。对酒店作更多纬度分析,要更广泛覆盖,让任何一个很细小的需求都能够抓取到数据里面去。

三、盈利模式

盈利模式就是企业赚钱的渠道,即通过怎样的模式和渠道来赚钱。盈利模式是建立企业所处生态圈中各类主体参与价值循环的合理价值链,盈利模式的功效就是让企业家和投资者一眼就可以看出公司是做什么的以及如何赢利。

酷讯网通过为广大出行者提供便捷的酒店、机票、旅游服务以及出色的线上线下推广,使自己已经成为国内著名的出行资讯网站,聚集了大量的网络用户，其中包括 1000 万中高端、稳定的商旅用户。酷讯网主要通过向酒店、航空公司、风景区提供面向这些用户的广告服务而赢利的。

通过网络推广宣传与线下活动，提高网站知名度，吸引用户使用，使更多的人成为酷讯的用户。用户通过网站订购机票、酒店等，酷讯网收取一定的佣金，这又是一个盈利模式。中国在线旅游非常有前景，做大这个市场后，能够为用户提供更快捷方便的服务，提高服务质量。

国内分类广告市场是一个非常大的市场。这个市场主要在平面媒体。国内大部分报纸的盈利都来自于分类广告。酷讯从国外看到这样一个趋势。国外新闻集团巨头默多克说，现在报纸上的分类广告已经急剧萎缩了，中国也会经历这样一个状况，分类广告市场会完全搬到线上来，这个可能是几十亿甚至上百亿的市场。酷讯在这个分类网上会占据一个比较独特的位置，可以提供一种最好的寻找信息的体验。这里面有很大的一个价值：酷讯上面每一个查询，下一步都是交易。找工作，下一步要应聘；找餐饮，下一步要消费、吃饭；买火车票，下一步可能是转账、交易。这种交易行为都会产生广告或者是排名这种业务在里面。另外，交易的行为还会产生间接的价值，因为有人可能通过订阅或者其他的方式优先得到这种信息。信息是有价值的。

四、核心能力

酷讯的核心能力体现在完善的客户服务、技术优势、对旅游行业的理解等方面。

（一）完善的客户服务

以用户为核心，围绕用户需求进行产品研发。用户的需求就是网站经营者努力的目标。作为搜索类网站，特别是垂直搜索类网站，如果提供的信息与通用搜索公司提供的答案一致，那对用户而言是没有任何价值的。垂直搜索在市场的蓬勃发展，恰好是由于通用搜索的技术暂时不能够触伸到的地方。用技术改变生活，互联网没有诞生前，有人就提过这个想法。随着互联网的出现，这种趋势越来越明显。以酷讯为代表的生活搜索类网站，用自己的技术手段在帮助人们加速这种改变。

酷讯旅游首页，简洁、清晰的页面设计旨在为用户提供核心信息价值，创造轻松、友好的使用体验。页面将列表式的产品搜索改为平行方式的特色产品推荐，以协助用户在各种出行工具及方式之间轻松切换。对于平日忙于工作的白领一族来说，则可以参考当月的景点排名及驴友推荐，制定完善的自助旅行方案。经过酷讯旅游专家精心挑选的精品度假线路也在首页一目了然，点击进入即可获得最准确、翔实的项目介绍，用餐标准、自费项目、是否有购物安排等信息一应俱全。为了完善一站式旅游服务，酷讯旅游还在新版首页引入了电子地图、签证信息和租车服务等链接，以在最短时间内满足用户的各种旅游出行需求。

酷讯同时与国内领先的门户网站网易与新浪的春运专题合作，为数以千万的春运大军提供低价、安全、方便的出行选择。酷讯旅游独家提供网易春运专题的特价机票信息、机票搜索及火车票转让信息搜索。新浪春运专题的显著位置是由酷讯旅游提供的铁路票务查询和时刻表信息，用户只需将车次信息输入，即可直接链接到酷讯火车票频道，获得国内最专业的火车票搜索及转让信息。

（二）技术优势

旅游搜索本质还是搜索。搜索已经被谷歌、百度证明是信息爆炸时代不可或缺的工具。而在旅游领域，不管是海量的信息，还是旅游产品的时效性，只有旅游搜索能解决信息的动态发现和获取问题，它处于用户解决旅游问题的第一步，决定了旅游搜索在产业链里的位置。

"一个互联网产品或应用在产业链里处于何等位置，归根结底取决于它在用户需求环节所处的位置。"旅游用户的需求是先要去获取更多信息，而旅游搜索是最有效率帮助用户获取信息的环节。所以旅游搜索在在线旅游产业链里的工具性的作用，是帮助用户第一步解决信息获取问题。信息获取之后会有评判、选择、购买、体验产品服务、分享。旅游搜索站在在线旅游产业结构的最前端，跟百度在通用信息领域的位置本质上没有太多区别。

"作为一个垂直搜索类的网站，访问速度是首要的用户体验。"酷讯旅游首席执行官（CEO）张海军对用户访问网站的感受十分看重。酷讯旅游的首页罗列很多的资讯信息，较大的图片和其页面元素会对网站的访问速度造成影响。同时，旅游行业具有时段性的特点，每逢周末假期等旅游高峰时期，网站就会出现流量暴增的现象，对网站的承载压力来说是巨大的考验。如何改善页面结构以优化网站性能，如何全面了解网站在全国各地各个时段的访问效果，基调网络提供的网站性能监测及优化服务给酷讯一个完美的答案。

酷讯会对网站的性能数据进行技术获取，但是由于技术能力的局限性，不能满足对网站性能的全面掌握。使用基调的监测服务后，酷讯旅游可以做到对全国各地区访问网站的性能情况进行实时了解。基调提供的大样本的监测方式、监测节点在全国广泛的覆盖率，以及对数据的科学的计算和分析方法，使反馈出的网站性能最大程度地接近真实用户的访问体验。这些核心的服务理念和技术实力让酷讯旅游得到极高的认可。

（三）对旅游行业的理解

旅游搜索行业最大的核心竞争力优势不是技术，而是对于整个旅游市场的理解。张海军坦言，在这么多年摸爬滚打以及走弯路过程中，对行业深层次理解以及行业积累，让酷讯很多技术高超的工程师变成真正懂行业、懂用户、懂机票酒店各个领域的复合型人才。别的公司想要做旅游搜索领域，就必须要经历酷讯的这个过程。但互联网的先发优势很明显，等这些公司将行业摸清楚之后，酷讯已经进入另外一个层次，而且用户在一个领域只会记住一两家网站，其他网站要想超越现有的旅游搜索公司，机会不是很大。

虽然旅游搜索的盈利模式按点击付费（Cost Per Click，简称CPC），其客户是代理商及直销的运营商。但商业模式不是旅游搜索里最重要的一块，最重要的是产品服务能让旅游用户感兴趣和感觉有价值。所以张海军一直排斥通过竞价的方式来获得收入。除CPC模式外，当国内在线旅游环境变得成熟之后，每行动成本（Cost Per Action，简称CPA）、以实际销售产品数量计算成本（Cost Per Sales，简称CPS）都是可以值得尝试的盈利模式。而目前，CPC能够起到维护整个生态链平衡，保证利益链条各方各负其责。旅游搜索将用户吸引过来，产生有价值的点击，而用户到旅游电子商务网站上是否能够达成购买，取决于很多因素。旅游搜索坚持CPC为旅游电子商务的各方构建公平的竞争机制。一个产业发展需要所有的公司在公平的体制里竞争。旅游电子商务企业在同样的竞争环境下获得发展，取决于自身的服务水平及产品价值。旅游搜索引擎的责任是让更多优秀的企业快速发展起来，在公平的环境里提升电子商务能力。

面对中国未来庞大的在线旅游市场空间，国际巨头都按捺不住。2009年，全球最大的在线旅行服务商Expedia旗下旅游社区TripAdvisor以5000万美金开拓中国市场，收购酷讯、到到网，加上Expedia之前收购的艺龙，这个在线旅游国际巨头已初步完成对中国在线旅游市场的布局。酷讯收获最多的不是资金，而是Expedia 10多年来对于在线旅游行业更深刻的认识和理解。Expedia一路见证了美国在线旅游的成长，同时它也是伴随着美国在线旅游市场的成长而实现自身的成长的。它过去积累的经验价值连城。

五、合作伙伴

2009 年 10 月，酷讯达成和百度生活的大型合作。

2009 年 12 月，酷讯达成和中国最大的电子地图网站图吧的合作。

2010 年 1 月，酷讯达成和欣欣旅游、极品时刻表的合作。

2010 年 2 月，酷讯携手搜狐、网易、凤凰、TOM 四大门户网站共建春运专题。

2010 年 4 月，酷讯达成和 MSN 中国旅游频道的合作，酷讯网和央视国际网站共建 CCTV 世博专题。

2010 年 5 月，酷讯网顺利达成和国内最大的社交网站（Socical Network Site，简称 SNS）开心网的合作。

2010 年 6 月，酷讯网和索尼达成合作。

2011 年，酷讯旅游与新浪、网易两大门户网站共建春运合作专题。

2011 年，酷讯旅游携手职场招聘类节目《非你莫属》公开招募"首席旅游体验师"。

2011 年，酷讯旅游与《时尚旅游》杂志合作"酷讯旅游体验师"首发团。

六、管理团队

张海军，酷讯网创始人以及现任首席执行官（CEO），先后在中广数据广播网络公司、神州在线公司、奇虎网、奇酷生活搜索负责技术开发和管理类工作。有着十几年互联网领域的工作经验，见证了互联网在国内的发展，专注于推动垂直搜索引擎在国内互联网领域的发展。在其推动下，酷讯网成功完成和全球最大的在线旅游服务公司 Expedia 的并购，成功转型为国内最领先的在线旅游企业之一。

第三节　酷讯的运营评价

酷讯经历了转型、创新、成长等过程。目前，酷讯网的"一起玩"旅游社区已发展成为广大"驴友"交流的家园。

随着酷讯越来越壮大,面对未来的成长,酷讯必须走更加商业化的道路,也就是必须找到一条有更多价值,并且能够跟产业结合得更紧密的一条路。当生活搜索作为酷讯核心的时候,酷讯更注重的是职能平台级的,但是技术、市场、产品都是条块分割的;直到进入旅游搜索行业后,酷讯的多个专业团队才成为整合统一的状态。所以,进入旅游搜索行业后,酷讯对整个的组织形态模式作了很大的调整,形成了一个很专业化的团队。如果良好的搜索技术不能够跟行业的知识和经验相融合的话,酷讯网产品的价值是极其有限的。酷讯的发展既有优势,也有劣势,既有机会,也有威胁。

一、优势

目前,酷讯强有力的对手不多,它的经营模式使其拥有更好的价格优势,优秀的性价比使它取得了较高的市场份额。酷讯目前已经与大量的酒店、航空公司的内部数据实现关联,而这些实力需要大量的时间积累起来,在短的时间里不能被复制,并且酷讯拥有强大的数据库和大规模的实时数据搜索技术。

酷讯旅游搜索拥有先进的技术优势,可以帮助用户在互联网海量信息中发掘有价值的、可节省成本的旅游产品信息。用户可以通过酷讯旅游搜索,轻松地查找网页,购买到特价机票,快速找到特惠酒店,即时搜索到满足个性化的旅游度假产品。酷讯旅游搜索真正实现了为用户的旅游出行提供一站式的比较信息服务。

二、劣势

酷讯网的盈利模式刚刚起步,还没有形成较为完善和成熟的组织管理系统,并且当前酷讯在实践中总结出的员工选拔体系,还不够成熟,并且它的市场认可度不高,品牌知名度也需要进一步的提高,还没有形成优秀的企业文化。

三、机会

目前的机会在于中国在线旅游的数量迅速增长,并且这个市场相对酷讯来说还没有强有力的竞争对手,而且新竞争对手的进入必须依赖于用户资源的积累。因此，对于酷讯来说，在短时间内开拓业务具有一定的优势，还有旅游市场业务的互联网化，特别是机票、酒店、度假等旅游产品的查询业务，将更多地在互联网得到应用，这也是酷讯网发展的机会。另外酷讯的组织管理偏重于数字相关的高科技领域的开发与完善，公司开创的优越的数字服务可以给消费者带来高质量的享受，这也为酷讯的进一步发展创造了机会。

酷讯在 2009 年被全球最大的在线旅游网 TripAdvisor 全资收购，酷讯可以从母公司那里得到一些产品方面的经验和技术方面的支持，通过对在线旅游的理解的加深，可以准确地把握在线旅游未来发展的一些趋势，对公司的运营发展进行合理的规划。

而未来在线旅游行业的发展，有以下三个方面的发展趋势：第一个趋势是平台模式和传统的在线旅游商（Online Travel Agent，简称 OTA）模式之间会产生更多的竞合，平台会越来越成为更多消费者选择旅游产品的第一站。第二个趋势是无线互联网。现在有 15%～20% 的用户用手机完成旅游产品的预订，未来的三到五年这一份额会快速增加。第三个趋势是整个在线旅游市场的市场集中度在未来几年也会越来越高，特别是离散的一些中小型企业的生存空间会越来越小。因为一些大公司进入在线旅游这个行业，它们会利用自己的品牌、用户资源和产品技术资源的能力快速地占领市场、扩大市场份额。但是，专业公司与大公司间的融合也会加快，这也是专业公司的机会所在。酷讯应该从未来在线旅游发展趋势中，去寻找更多的机会。

四、挑战

（一）竞争激烈的市场环境

主要的竞争压力来源于大型综合搜索引擎服务提供商。此类综合搜索引擎提供商积累了大量的用户资源和数据库资源，其垂直的搜索服务、转型壁垒较低，同时又具有较强的资源优势，这对酷讯网是潜在的竞争威胁。另外，来自同类企业的竞争威胁也不容忽视。为了防止同类企业的竞争，酷讯网在开拓数据库资源方面必须和上游航空公司、旅游网站建立良好的合作关系，通过业务来控制上游厂商。

在线旅游发展迅速。2013 年中国在线率媒体案例研究显示，酷讯旅游排名第四，面对携程旅游网、去哪网和淘宝旅行网等前三名的激烈竞争，酷讯需要提升自身技术水平、服务水平，提高用户量等来提升自身竞争力，在竞争中占有一席之地。

（二）复杂网络环境的信息质量存在疑问

作为垂直搜索的一个行业分支，旅游搜索引擎的关键因素之一是要把广泛的行业内的信息搜集起来，并对这些信息进行分析对比，从而形成有价值的数据结构，传递给用户，满足用户获取个性信息的需求。所以，对信息质量的深度追究，更是其不可或缺的使命与优势所在。尽管大部分的消费者都认为旅游搜索引擎简化了他们对在线旅游产品的比较和选择过程，但是也会存在搜索结果的不够及时、不够准确的情况。同时，各旅游搜索引擎在"数据采集"的时候，并没有清楚标明所搜寻到的价格是挂牌价、市场折扣价、会员价、协议价还是给携程和艺龙等在线旅游网站的价格，只是初步地"采集"起来，让浏览者自己琢磨，这些都会影响消费者进一步达成交易，也会降低旅游搜索引擎的转换率。①

第四节 酷讯的运营建议

2013年许多互联网巨头都在进军在线旅游，面对这些挑战，酷迅的优势还在于对旅游行业深入的理解，因为在线旅游这个行业是一个互联网技术和传统行业密切结合的行业，它不仅需要有互联网的技术和把握的能力，同时也需要对整个旅游行业深入的理解和专业的知识，只有这两者的结合才有可能把在线旅游做好。

从酷迅的角度讲，大公司的进入既有好的一面，也带来了不好的一面。好的一面，大公司的加入可以快速推动整个在线旅游业的发展，培育更多的消费者和用户，用线上的方式获取旅游信息，采购旅游产品更为便利。不利的一面，大公司的进入给公司带来了更多的竞争压力，需要酷讯更专注于自己的领域，把自己的事情做好。②

---

① 武茂枝，郝晓玲. 旅游搜索引擎的盈利模式及SWOT分析[J]. 情报杂志，2011（12）.
② 新华网. 酷讯张海军：以专业能力应对挑战（http://news.xinhuanet.com/info/2013-08/16/c_132635247.htm）.

一、学会创新

对于酷讯来说，竞争者除了大公司还有同业者。所以酷讯的应对之策是"创新"。酷讯拥有更多的是模式的创新。比如，在中国在线旅游的龙头老大是携程网，携程网本身是一个代理人的模式，而酷讯从更准确意义上讲是一种平台模式和搜索模式。也就是说，携程也是酷讯的合作伙伴，携程的产品信息也在酷讯的搜索平台里可以被用户搜索到，酷讯有数百家产品信息提供商，它们的信息也可以被酷讯搜索到，这对用户的价值是不一样的，当用户订机票和酒店时可以使用酷讯一站式搜索工具获得中国数百家的产品。

二、充分利用技术优势

酷讯的领先能力来自于其母公司，上文曾提到，酷讯在2009年被全球最大的在线旅游网TripAdvisor全资收购，酷讯从母公司那里学到的不只是产品和技术方面的经验，还包括了对在线旅游的理解，对未来发展趋势的一些判断，以及在一些精细化运营、更高水准运营上的经验。

在线旅游类网站目前被划分为三类，包括信息提供模式类、OTA的预订模式类和旅游分享类。搜索本身也是一种媒体，是提供信息和数据服务的，并帮助用户选择。它在媒体之外还有社交媒体，这种媒体主要代表另外一种方向。其实从酷讯的角度讲，酷讯比较专注于做这种基于引导交易的搜索媒体的定位，所以酷讯更大的价值是帮助用户，当消费者计划旅行的时候，要去采购的时候，在这个环节上酷讯起到更大的作用，酷讯把国内最优秀的产品呈现给消费者看，帮助消费者作更快速的选择。

三、提升服务水平

互联网业的激烈竞争，在今天已经形成了"产品、体验、服务"三位一体的竞争，只有在这三方面都有所突破和领先，才会赢得市场。酷讯想要让自己的产品和服务脱颖而出，就必须提升服务水平。

为用户提供价值，是酷讯最看重的。酷讯最看重两点：一是产品质量和价格一定要有竞争力；二是产品服务要有保障。因为酷讯是一个平台，背后对应几百家供应商，这个时候平台的价值就在于酷讯用第三方的技术手段和运营的一套体系，保证让这几百家供应商用相似的、稳定的水平向消费者提供服务，而且一旦产品出了任何问题，酷讯会站在消费者的立场上帮助消费者解决所有的问题，提供一个完全平等、安全的交易体验。

为了应对移动互联网的挑战，酷讯将其一半的资源投入移动互联网的研发和运营方面。到 2013 年 8 月，酷讯已经打造了五六款客户端产品，主打的有酷讯机票、酷讯酒店和酷讯旅游的全功能的产品，未来在移动端的业务更要保证能够不断提升用户使用的便利度和应用性。

酷讯今后的工作中心还是在机票和酒店两个产品线上，但同时酷讯也会向度假市场投入更多力量。但显然度假这块市场比机票酒店难度大很多。因为相对酷讯来说，它的度假市场的线下基础不够，而且非标准化程度不高，这就使得其在用户购买决策中存在很大变数。开拓线上度假旅游产品，关键在于选择一个比较好的切入点，能够把互联网的作用发挥到极致，这样才比较容易成功。

四、塑造旅游搜索引擎的品牌形象，提高品牌效益

追求产品丰富和时尚成为供应商有效增强用户关注的手段。特别是在线旅游消费人群的年轻化和个性化特点，对供应商的品牌形象塑造提出了挑战，更增强了未来出现百花齐放局面的可能性。搜索引擎出现之后，信息不对称的优势已不再是获得并留住老客户的有效手段。毕竟，消费者对价格更加敏感，谁提供低价优质旅游服务谁才能保持竞争优势，这种价格杀手的效应就显现出来了。而这种价格竞争要求网络旅游服务商加强产品开发，扩大客户群，提高服务质量。

第五章 互联网巨头的新视野：阿里巴巴之旅游

第一节　发展历程和现状

1999年，以马云为首的18人，在中国杭州市创立阿里巴巴集团，旨在让小企业通过创新与科技扩展业务，并在参与国内或全球市场竞争时处于更有利的位置。自推出让中国的小型出口商、制造商及创业者接触全球买家的首个网站以来，阿里巴巴集团不断成长，成为了网上及移动商务的全球领导者，2013年营业收入达到404.73亿元。

阿里巴巴集团及其关联公司目前经营领先业界的批发平台和零售平台，以及其他多项基于互联网的业务，当中包括广告和营销服务、电子支付、云端计算和网络服务、移动解决方案等，具体业务包括：淘宝网、天猫、聚划算、全球速卖通、阿里巴巴国际交易市场、1688、阿里妈妈、阿里云、支付宝、菜鸟网络。

图5-1　阿里巴巴集团网页首页

一、发展历程

1998 年 12 月,马云和其他 17 位创建人在中国杭州发布了首个网上贸易市场,名为"阿里巴巴在线"。

1999 年 6 月,阿里巴巴集团正式运营。

2000 年 10 月,公司推出"中国供应商"服务,以更好地促进中国卖家进行出口贸易。

2001 年 6 月,公司推出国际站"诚信通"会员,以更好地服务国际卖家。

2002 年 3 月,公司推出中国站"诚信通"会员计划,以更好地服务从事中国国内贸易的卖家和买家用户。

2003 年 10 月,公司推出交流软件工具"贸易通",它可以使买方和卖方通过网络进行实时沟通交流。

2005 年 3 月,阿里巴巴中文网站推出关键字竞价服务。

2007 年 4 月,阿里巴巴推出香港"中国供应商"服务,以促进出口贸易。

2007 年 8 月,阿里巴巴向香港证券交易所递交上市申请。

2007 年 11 月,阿里巴巴成功上市。

2007 年 12 月,公司推出更新版阿里巴巴日本网站。

2008 年 4 月,中国交易市场推出"旺铺(Winport)"服务,为中小企业提供企业建站服务,帮助中小企业迈开网上生意第一步。同月,阿里巴巴战略级产品"旺铺(Winport)"正式开放体验,该产品是企业级电子商务基础平台,帮助中小企业迈开网上生意第一步。

2008 年 5 月,与软银在日本成立合资公司,经营阿里巴巴在日本市场的业务。

2008 年 6 月,"诚信通个人会员"服务正式上线,帮助企业发展中国国内贸易。

2008 年 11 月,在国际交易市场推出新一代出口产品——"出口通"。

2009 年 2 月 14 日,阿里巴巴旗下公司阿里妈妈成功与返还网合作。

2009 年 3 月,在中国市场推出按效果付费关键词竞价系统"网销宝"。

2009 年 9 月 28 日,阿里巴巴网络有限公司发布公告,与中国万网已达成股权投资协议,阿里巴巴将支付人民币 5.40 亿元的现金,分两期获得中国万网的股权。

2010 年 4 月,在中国淘宝网站推出 1688 体验版诚信通,在阿里巴巴中国站发行诚信通限量版（同期推出精准营销试运行）。

2010 年 12 月，成功收购已经破产的汇通快递，使阿里巴巴进入物流行业。

2011 年 5 月 26 日，支付宝经中国人民银行批准，获得第三方支付牌照，成为首批通过的 27 家企业之一。

2011 年 6 月 16 日，阿里巴巴集团拆分为三个独立的公司：沿袭原 C2C 业务的淘宝网、平台型 B2C 电子商务服务商淘宝商城和一站式购物搜索引擎一淘网。

2012 年 1 月，淘宝商城更改中文名为天猫，加强其平台的定位。

2012 年 2 月 21 日夜间，阿里巴巴集团向旗下子公司上市公司阿里巴巴 B2B（阿里巴巴网络有限公司）提出私有化要约。

2012 年 3 月 29 日，阿里云新一代手机工程机对外曝光，增加了手机与电商的紧密度。

2012 年 4 月 13 日，阿里巴巴重启一搜域名，用于"淘视频"产品。

2012 年 5 月 25 日，阿里巴巴网络有限公司股东大会通过私有化要约。

2012 年 6 月 8 日，正式停止股票交易。

2012 年 6 月 15 日，阿里巴巴私有化计划获批。

2012 年 6 月 20 日，阿里巴巴退市港股市场，正式实现私有化。

2012 年 7 月 23 日，阿里巴巴集团宣布调整淘宝、一淘、天猫、聚划算、阿里国际业务、阿里小企业业务和阿里云为七大事业群，组成集团 CBBS（消费者、渠道商、制造商、电子商务服务提供商）大市场，加速推动 One Company 的目标。

2012 年 8 月，阿里资本投资 4000 万美元于陌陌，B 轮融资估值 2 亿美金。

2012 年 9 月 18 日，阿里巴巴集团宣布，雅虎 76 亿美金的股份回购计划全部完成。这也标志着阿里巴巴集团在过去 12 个月中总额超过 120 亿美金的并购和融资宣告成功。

2013 年 1 月 10 日，阿里巴巴宣布，根据淘宝上的各个重点领域，整个阿里巴巴集团除支付宝、阿里金融、阿里云等业务外，整个集团被拆分为物流事业部、商家业务事业部、航旅事业部等 25 个事业部。

在这次架构调整中，阿里巴巴成立了专门的无线事业部。再加上此前阿里巴巴在云计算、阿里云操作系统等方面的布局，阿里巴巴正在探索无线互联网的发展之路。

2013 年 4 月 23 日，阿里巴巴集团宣布和国家"五部委"联手打击假冒伪劣商品。阿里巴巴董事局主席马云说，网络假货已成为经济领域的毒瘤和癌症，如果放任不管，对整个电子商务行业会产生很大的负面影响。马云说："我也不希望被人说淘宝假货太多和虚假繁荣。"

2013年4月29日，阿里巴巴与新浪微博正式联姻。双方将在用户账户互通、数据交换、在线支付、网络营销等领域进行深入合作，并探索基于微博用户与阿里巴巴电子商务平台的消费者的有效互动的社会化电子商务模式。

与此同时，阿里巴巴获得了新浪的一项期权，允许阿里巴巴在未来按事先约定的定价方式，将其在微博公司的全稀释摊薄后的股份比例提高至30%。

根据新浪公布的数据，新浪微博拥有约5亿活跃用户，日活跃用户为4700万，75%的活跃用户通过移动终端登录微博。分析人士认为，阿里巴巴此举正在为其无线布局增添有效的社交类产品。

2014年5月7日凌晨，阿里巴巴向美国证券交易委员会提交了在美国进行首次公开募股（IPO）的申请。

2014年9月19日，阿里巴巴在美国纽约交易所上市，每股从68美元发行价涨到收盘价93.89美元，上涨约38%，市值达到2314亿美元。

二、阿里巴巴的融资情况

1999年起，阿里巴巴获得多次风投机会，风险投资商的注资投入使阿里巴巴获得了充裕的现金支持，使其在成本投入方面没有遇到很大障碍。

表5-1 阿里巴巴获取投资的情况

时 间	投 资 者	投资额
1999年10月	高 盛	500万美元
2000年1月	软银+孙正义	2500万美元
2004年2月	软银+富达	8200万美元（其中软银6000万美元）
2005年8月	阿里巴巴收购雅虎中国全部资产，杨致远出资10亿美元获得阿里巴巴40%股份和35%投票权	10亿美元
2007年11月	香港上市	—
2011年9月	云峰基金和新加坡淡马锡组成的投资团花费约20亿美元购买约5%的管理层及员工持股	20亿美元

第二节 阿里巴巴与旅游业的结合

近几年来，阿里巴巴逐步开始涉足旅游行业，主要包括淘宝旅行，其中投资入股的有穷游网、在路上、快的打车等网站。

一、淘宝旅行

淘宝旅行是淘宝网旗下的综合性旅游出行服务平台。淘宝旅行整合数千家机票代理商、航空公司、旅行社、旅行代理商资源，为旅游者提供国内机票、国际机票、酒店客栈、景点门票、国内国际度假旅游、签证（通行证）、旅游卡券、租车、邮轮等旅游产品的信息搜索、购买、售后服务的一站式解决方案。全程采用支付宝担保交易，安全、可靠、有保证。

（一）淘宝旅行的发展

淘宝产品主要有机票产品、旅游产品、特色客栈、旅行团购等。这是一个成长的路径，淘宝旅行2009年只有2亿的交易额，到2013年年底做到100亿交易额。2012年5月份淘宝旅行平台上线，2013年的3月份团购业务上线，8月份手机客户端上线。

目前，在淘宝旅行平台上的每一天大概是这样几组数据：机票2.6万张、酒店是2万间、旅游3.5万笔。业务模型有一部分已搭建完，还有一部分没有完成。已搭建三个模式——常规性DIY、B2C、C2B的频道，且搭建一个社区的平台。

现在的运营结构，淘宝旅行的店铺已经完全上线，除了店铺里面可以卖很多东西，现在也做很多直连的项目，为所有的企业提供一个直销的频道。

淘宝旅行上的用户和整个淘宝全网的用户结构有别：在旅游的板块里面有行业的特点，使用的人群也不一样；性别的比例和淘宝的全网也不同，女性多于男性；地区的分布主要为渤海湾、长江三角洲、西南等。

淘宝旅行朝着一个开放的平台开放一些资源，主要有七个方面：数据、店铺、商品（通过淘宝的联盟）、用户、产品（ISV引入）、交易（OPNE的

ID 和 ALIPAIY)、服务器。

淘宝旅行平台，在社区性的网站上面可以植入。现在这个平台和一些地区性的官网如旅行局打交道，比如与山东观光网结合。

这个平台上有一些企业级的用户。2013 年 2 月份刚刚上线的中青旅，到 2013 年底在这个平台产生的交易额超过 5000 万，现在正在植入的是南航。无线业务，淘宝希望做一些和别人不一样的。目前，在淘宝旅行上的团购平台，中青旅的马尔代夫线路成为经典案例，这个产品一开始做得非常成功，现在基本上每个月都有一个六日的马尔代夫旅游。

（二）淘宝旅游的服务模式

淘宝旅行采用直销模式，为众多互联网旅游企业提供产品销售平台，其盈利来源是佣金，特点如下[①]：

1. 差异化的产品定位

淘宝旅行第一次在在线旅游市场实现了一个可能，即："个性化定制"的团购，这意味着以消费者需求为中心、网络定制的个性化时代已经到来。消费者参与数量越多，最终形成的旅游线路越多元化，并采取"人越多越便宜"的模式进行团购。

2. 突出的低价优势

淘宝旅行是网店平台，各大旅游公司都可以直接在淘宝建立旗舰店销售，由于摒弃了中间环节，通过平台买家时常可以获得其他代理商渠道无法提供的最低价格，具有价格竞争优势。

3. 安全的支付系统

在目前国内信用保障体系不完善的情况下，阿里巴巴集团重要的第三方支付产品——支付宝的诞生为 C2C 买卖双方提供了安全保障，也是淘宝旅行等网站得到快速发展的重要原因。淘宝网开创了电子商务新时代，淘宝旅行在此基础上通过旅游团购等的创新，实现了旅游大众化的目标。

（三）淘宝旅游的核心能力

淘宝网依托阿里巴巴在企业网上交易市场服务的经验、能力及对中国个人网上交易市场的准确定位，迅速占领了国内个人交易市场的领先位置，创

---

① 李文娟，周怡. 旅游电子商务营销模式初探 [J]. 邵阳学院学报，2013（1）.

造了互联网企业的一个发展奇迹，真正成为有志于网上交易的个人的最佳网络创业平台，它的核心能力主要体现在以下几个方面：

1. 第三方支付平台——支付宝

支付宝是阿里巴巴公司针对网上交易而特别推出的第三方支付平台，专门提供安全付款服务，其运作的实质是以支付宝为信用中介，在买家确认收到商品前，由支付宝替买卖双方暂时保管货款的一种增值服务。它是淘宝网安全网络交易的核心保障。旅游电子商务网站引进像支付宝这样的第三方支付平台，解决了游客在线预订最关心的问题，通过诚信的第三方作为中间人，从而确保交易的顺利完成。

2. 沟通方式

在双方无法当面交易的情况下，有效的沟通方法就显得特别重要，旅游电子商务网站可以借鉴淘宝模式，引进像"淘宝旺旺"之类的通信工具，这样不仅可以使用电脑屏幕及时显示双方对话内容，也可以通过麦克风、耳机、摄像头进行声音、图像等更加直观的交流，弥补无法当面交易的各项短处。最重要的是，也可为日后处理纠纷提供部分历史记录。

（四）淘宝旅游的营销模式

1. 优化淘宝网旅游网店的页面

百度推广、淘宝旅游频道等网络营销方式已成为当今大多数旅游公司获得客源的主要手段。电子商务不受区域和时间限制，更直接面对消费者的特点，让更多旅游企业看到公司发展的一条新道路；网页便捷的产品展示的特点，让大多数的旅游公司更便捷地去做一些副产品开发的提前预订；隔日发货的网购特点，让更多的旅游公司减轻了压货的风险。

在中国，淘宝网作为电子商务交易最为频繁的网站，支付宝每日的交易量占中国第三方支付交易量的90%以上。90%以上的旅游公司，有需要通过网上支付的，都通过支付宝来完成交易。中国的旅游公司电子商务的营销，更多的是在淘宝上营销的。

要做好淘宝的营销，关键是必须做好对消费者需求的把握，以及怎样吸引消费者；而要在淘宝网上吸引消费者，最基本的是优化网店的界面（店铺装修、宝贝详情描述、宝贝分类）。店铺装修是网上营销的一个最基本要素，旅游网店尤为明显。网上的店铺和线下的实体店一样，是一个公司的脸面，而B2C模式的旅游网店不同于B2B模式，主要是靠产品的低价格吸引渠道商，由渠道商来做面对消费者终端。B2C模式是直接面对旅游消费者，所以旅游网店的页面，就是消费者对你的第一印象。淘宝店铺的装修，是按照其划分的模块分别进行装修的，一般要进行五部分的装修，包括商品店标、公告模板、分类、导航和商品描述。而店铺产品装修的精髓主要在于商品照片的处理和美化，要尽量把每一个产品的图片做得精细，与众不同，做到一种让消费者过目不忘，有极强购买欲的效果。

2. 巧用淘宝网旅游网店的工具软件促进营销

淘宝网作为中国目前发展最为成熟的电子商务平台，给旅游企业提供了很多便利的营销工具，我们可以利用这些工具软件促进旅游网店的营销。

量子统计软件是淘宝开发的功能强大的数据分析系统，它可以实时统计店面的访问量、平均访问深度、受访宝贝、访客来源、访客区域等，让旅游企业节约大量营销效果分析时间，节省大量数据搜集统计费用，提高企业生存竞争力。通过宝贝被访排行系统，可以轻松地了解旅游产品的受众程度；根据旅游产品的受众程度不同，合理地调配囤货的比例；利用旅游产品的转化率（成交用户数占产品访问数的百分比），可以测算出哪些旅游产品浏览的人数多却成交少，而哪些产品浏览的人数少却成交率高。再通过与其他一些旅游网店的比较，归纳出旅游产品销售产量多少的原因，是因为价格问题，或者是因为客服问题，从而改善企业的内部环境，提高服务品质、产品质量，提升企业的核心竞争力。

同时，量子统计包含的实时客户访问系统也是可以被利用的一个非常好的营销工具。通过系统，可以提前预知客户的来源渠道（本地、外地），客户查看的产品，在消费者咨询前，客服已对消费者所需有大概的了解，通过与消费者的交流，挖掘出消费者潜在购买的旅游产品，提升与消费者的默契度，达到销售量的提升。①

合理利用淘宝的搜索引擎，提高旅游产品搜索率。消费者如何通过淘宝网去寻找心仪的旅游产品，在旅游大类目下在哪种小类目下才能找到旅游企业销售的产品，是每个把消费者作为终端的旅游企业需要了解的。

3. 开展旅游网店线上活动营销

2012年5月，淘宝网旅游频道正式启动淘友团丽江活动，2013年凭借聚划算（团购）、淘宝VIP、淘宝天天特价等多个活动版块的宣传，活动共提

---

① 张晓玲，李东，赵毅. 商业模式构成要素间的匹配性对企业绩效影响研究——以创业板及中小板企业为例 [J]. 中大管理研究，2012（7）.

供100多个展位,多家旅游公司参与其中,活动取得了丰厚的效益。类似的这种新型团购或者促销活动,已经成为了淘宝网旅游网店的一个新型营销手段。凭借淘宝网大量的用户基数,这种先行预订,后根据人数消费的活动形式,已经得到大多数旅游企业网店的欢迎,让企业旅游网店的接待人数得到飞速提升,很多也许是大型旅游公司通过数以百计的线下门店才能达到的业务量,通过活动的形式,小型的旅游公司也在短期内达到同样的量。等活动结束后,又可以策划新一批的活动,这样使淘宝网上一些旅游网店(公司),把营销的重点放在了电子商务的售后服务和产品更新上,别出心裁,避免了与大型的旅游公司在线下市场激烈的火拼。通过长期对消费者数量的积累,还可以将线上的新的活动传递给老的顾客,提升消费者对企业淘宝旅游网店的忠诚度。

4. 推出即时的消息营销

好的产品依然需要后期的宣传与营销,特别是类似于旅游产品这种即时消费产品,很多时候消费来源于客户看到活动产品的冲动。而怎样才能把活动有效直接地传递给消费者,一个不错的方法就是运用我们现有的聊天工具。首先,我们想到的是淘宝的即时聊天工具阿里旺旺。通过阿里旺旺的指定发送功能,可以把自己想要宣传的产品,通过链接图片、文字等形式传达给消费者。其次,还可以应用与旅游相关的QQ群、MSN论坛、手机短信等,通过软文、电子邮件等形式进行宣传。不同的消息方式有不同的特点,还可以通过微博这种新型营销方式,赚取活动的噱头,引发广大消费者踊跃参与淘宝宣传的旅游产品。

二、快的打车

快的打车由杭州快智科技有限公司研发,是中国首款便民打车的智能手机应用,也是国内最大的手机打车应用。该软件为打车乘客和出租司机量身定做,乘客可以通过APP快捷方便地实时打车或者预约用车;司机也可以通过APP安全便捷地接生意,同时通过减少空跑来增加收入。快的打车现已覆盖到全国45个城市,用户数超过2000万,司机数量超过35万,市场占有率超过50%,是目前国内最好用、人气最高的打车软件,被誉为打车"神器"。

2014年2月17日下午,支付宝和快的打车宣布,从18日起升级补贴方案:使用快的打车并用支付宝扫码支付的乘客每单返现11元,司机用APP收款,北京、杭州、合肥三地首单奖励50元。

2014年2月18日,快的表示从15点开始,用快的打车并用支付宝付款每单最多给乘客减免 13 元，每天 2 次。

（一）发展历程

2012 年 5 月，杭州快智科技有限公司成立。

2012 年 8 月，快的打车在杭州上线。

2013 年 4 月，快的获得阿里巴巴、经纬创投 1000 万美金的 A 轮融资。

2013 年 6 月，快的打车开通全国 30 个城市。

2013 年 7 月，快的打车与去哪儿、高德地图、百度地图、支付宝形成战略合作伙伴，为其打车功能提供服务支持。

2013 年 8 月，快的打车接入支付宝，成为全国唯一一家可以通过支付宝在线支付全部打车费用的打车 APP。

2013 年 8 月底，快的打车在北京召开快的打车 2.0 版本发布会，首创起点精准定位、即时追踪距离、智能推送机制、用户积分等级和 VIP 功能。

2013 年 8 月，快的打车用户下载量超过 1000 万，其中司机使用量超过 20 万。

2013 年 9 月，快的打车进军香港，成为国内首家进入香港市场的打车 APP。

2013 年 10 月，易观国际发布数据显示，快的打车占全国打车 APP 行业整体市场份额的 41.8%，位列行业第一。

2013 年 11 月，快的打车城市数量达到 35 个，用户量突破 2000 万，司机数量达到 35 万，居行业榜首。

2013 年 11 月，快的打车宣布收购大黄蜂打车，收购完成后，快的打车在上海、广州两个一线城市的市场份额超过 80%，全国市场份额超过 50%。宣布收购的同时，作为投资方的阿里巴巴宣布，将连同其他财务投资人一起注资近亿美元支持快的打车的发展。

2013 年 11 月底，快的打车与支付宝联合推广线下出租车市场，不到 1 个月的时间里，北京市内支持支付宝付车费的出租车已超过 2 万辆。

2013 年 12 月 18 日，快的打车旗下大黄蜂宣布推出商务车服务。

2013 年 12 月，快的打车城市覆盖数量超过 40 个，稳居行业第一。

针对"快的打车补贴活动即将结束"的传闻，快的打车 2014 年 1 月 10 日则发声明辟谣，并无结束活动的打算，补贴政策仍将继续。快的打车宣布，活动期间，全国日均订单量已达 128 万，单日最高订单量突破 162 万，其中使用支付宝钱包付车费的日订单数最高突破 60 万。

（二）管理团队

陈伟星，杭州泛城科技董事长兼首席执行官（CEO），快的打车移动APP应用创始人，泛城文化创意产业基金创始人。

（三）核心能力

操作更简单，男女老少都会用，简洁、清爽的操作界面，完全不受广告侵扰。操作功能一目了然，打车信息发布推送一气呵成，像微信一样简单容易。35万司机用户，覆盖全国45个城市，60秒应答率达80%以上。发布打车需求后，司机一秒接收，乘客最短时间打到车，司机不再满街空跑。

GPS自动定位，智能推荐目的地，拒绝烦琐输入。同时支持语音发单，只需说出要去的地方，软件就会识别要去的位置，定位目前位置，并显示附近出租车信息，随时随地轻松打车。

语音、图片、文字三重交流，双方实时顺畅沟通，还能查看司机位置和预计到达时间，乘客不再被拒载，司机收入更直观。

乘车之后双方互评，完善的信用评价体系，打车出行更放心。

三、穷游网

穷游网是中国一家运用互联网电子信息技术，提供跨国多目的地（以海外为主）的中文旅游资讯和在线增值服务的网站。网站2004年诞生于德国中国留学生宿舍里，2008年正式成立公司运营，倡导以"节省费用"的方式自助旅行，提供关于旅行目的地、交通及住宿等资讯服务，并通过酒店、机票等佣金获取收入。为消费能力强且追求旅游品位和质量的全球旅游者提供旅游一站式服务。网站的服务宗旨是："改变亿万中国人的旅行观念，提高亿万中国人的旅行质量。"

"穷游"精神是一种"背上行囊，清爽上路，简朴行走，自由心灵，穷尽天下美景"的潇洒生活方式。有两层含义：①节省费用。如何在享受自助旅游带来的尽兴和自由的同时，做到最大限度地省钱一直是其核心主题。②游遍。立志花最少的钱，最少的时间，靠自己的力量自助游遍整个世界。

（一）发展历程

2004年2月，穷游网由一位在德国汉堡市留学的中国留学生创办。开始网站的名称是"穷游欧洲"。主要内容只是涉及在欧洲的自助游,主要用户来自欧洲华人。

2006年2月,穷游网改版,名称改为"穷游",加入了其他各大洲的自助游板块,使其旅游信息量覆盖到了全球,而且开始受到中国内地旅游爱好者的关注。

2006年7月3日,中国中央电视台国际频道的《环球360》栏目对"穷游"作了专题报道,"穷游"在中国内地的影响力进一步扩大。

2006年9月4日,在中国《三联生活周刊》2006年第33期中,被推举为对华人"最有用的旅游网站"之一。

2007年2月5日,在中国《互联网周刊》2007年第3期中,被评为中国30个酷网站之一。

2009年2月26日,中央电视台财经频道《财富故事会》对穷游网给予了详尽的报道,以创办者肖异的创办经历来启示人们在网络上寻找商机的灵感。

2012年3月20日,穷游网启用更简短、更易于记忆和传播的全新域名qyer,原域名作为穷游的副域名将以跳转的方式一直存在下去。

穷游锦囊是由穷游网策划并组织网友集体编写的一份最精练、最实用、最新鲜的免费迷你城市系列旅行指南。

特色1:穷游锦囊是全免费的。

不让网友多花一分冤枉钱,也符合穷游网一贯的宗旨。

特色2:可以做到速度最快的更新。

由于不涉及印刷以及递送,电子版的穷游锦囊更新频率以分钟计。

特色3:穷游锦囊是穷游儿们集体贡献的结果。

只有用户自己才最了解用户最需要什么样的信息。只有用户最清楚什么样的信息才会在用户的旅行中起到最大的作用。

特色4:穷游锦囊最环保。

穷游锦囊系列是以城市来划分的。仅仅10页左右的穷游锦囊可以最方便快捷地存放在笔记本电脑、手机里。如果要打印,记得一定要双面打印。

特色5:穷游锦囊的交友、应急、打折功能。

穷游网推出了长老手牌,可以随时在世界的任何一个地方下载,打印后带着它们一起去旅行。穷游锦囊还会摇身一变成为一个拥有打折功能的打折卡。

(二)优势与挑战

优势:专注海外自助游,多年来积累了不错的分享氛围以及丰富的实用锦囊。

劣势：整站用户体验不好。用户生成内容（User Generated Content，简称UGC）网站，如何留住核心用户，如何保证源源不断的游记内容，需要进一步加强。佣金模式、利润还不够丰富。

机会：海外自助游的年轻人会越来越多，社会化电子商务正火，可以好好利用。

威胁：战线拉得太开，很多方面将变得很难做细、做深。

第三节　阿里巴巴旅游的商业模式

阿里巴巴之所以会取得如此骄人的业绩，究其原因在于其良好的、明确的商业模式。其出色的赢利模式符合：赢利的强有力、可持续、可拓展的特点。

一、产品及产品特色

阿里巴巴旅游的主要产品有机票产品、旅游产品、特色客栈、旅行团购等，即淘宝旅行产品。

（一）机票产品

和航空公司、机票代理商合作，量身定做适合机票行业的支付宝担保交易流程，保障资金安全的同时节省资金到账时间。无须买家确认收货，系统可自动判断票号是否有效，确认后将资金转入卖家账户，保证买卖双方资金安全。

目前，淘宝旅行平台，已有东方航空、深圳航空、中国联合航空、昆明航空、幸福航空5家航空公司开设了旗舰店，向会员直接提供机票预订服务，航班信息第一时间与航空公司航班信息同步，24小时支持快速自动出票，同样可使用支付宝进行在线交易。

（二）旅游产品

沿用淘宝现有担保交易流程，买家确认收货以后，资金转入卖家账户，买家可对卖家服务作出评价。

（三）特色客栈

平台拥有3万余家酒店、经济连锁、客栈、青年旅舍、个人公寓、家庭旅馆等。

（四）旅行团购

淘宝旅行联合聚划算，推出了旅行团购服务。每天提供特价周边游、长线游、国际游等旅行信息。

从以上产品不难看出，整个淘宝致力于打造一个在线商圈。淘宝旅行是淘宝网旗下的一个综合性旅游出行服务平台。截至2014年4月份，有2万家旅行行业为买家进行服务。

二、核心能力

阿里巴巴集团包括阿里巴巴B2B公司、淘宝网、支付宝、阿里软件和雅虎口碑等5家公司，每一家公司都以服务为核心，其服务能力延伸至电子商务的多个环节，以客户、用户和合作伙伴为核心的开放思想，构成了完整的商业生态系统。

（1）阿里巴巴所独创的B2B模式。它可以把企业及供应商、制造商和分销商紧密联系在一起。

（2）极具凝聚力的企业文化。阿里巴巴的使命是，让天下没有难做的生意，在此基础上凝练了阿里巴巴的价值观。

（3）坚固的管理团队。马云是公司创始人、首席执行官。他一直倡导在中国企业要讲究团队精神，平凡的人在一起做一些不平凡的事，因此手下云集了大量的精英。

三、管理团队

从2007年底以来，阿里巴巴频繁进行组织架构调整，每一次调整都是对前一次调整理念作出大幅修改。2013年阿里巴巴集团的原有业务决策和执行体系发生变化，新体系由战略决策委员会（由董事局负责）和战略管理执行委员会（由CEO负责）构成，成立25个事业部，集团战略管理执行委员会成员中的姜鹏、张勇、张宇、吴泳铭、张建锋、陆兆禧、王坚、叶朋、吴敏芝代表集团层面，分别分管相关联的业务事业部。具体事业部的业务发展将由各事业部总裁（总经理）负责。25个事业部具体分工如下：

- 姜鹏（三丰）分管：共享业务事业部、商家业务事业部、阿里妈妈事业部（展示广告、P4P、淘客联盟）、一淘及搜索事业部；
- 张勇（逍遥子）分管：天猫事业部、物流事业部（天网）、无线事业部、航旅事业部；
- 张宇（语嫣）分管：类目运营事业部、数字业务事业部、综合业务事业部、消费者门户事业部、互动业务事业部；
- 吴泳铭（东邪）分管：无线事业部、旺旺与客户端事业部、音乐事业部；
- 张建锋（行巅）分管：聚划算事业部、本地生活事业部；
- 陆兆禧（铁木真）分管：数据平台事业部、信息平台事业部、云OS事业部；
- 王坚分管：阿里云事业部；
- 叶朋（傲天）分管：B2B中国事业部（CBU）；
- 吴敏芝分管：B2B国际事业部、B2C国际事业部。

2013年3月7日，阿里巴巴成立阿里小微金融服务集团，首席执行官（CEO）由彭蕾担任。2013年3月11日，阿里巴巴集团宣布任命陆兆禧担任集团CEO，负责除阿里小微金融服务集团（筹）以外的所有业务，并于2013年5月10日淘宝十周年之日完成所有工作的交接。

（一）阿里巴巴集团执行主席

马云为阿里巴巴集团的主要创始人，毕业于杭州师范学院外语系。

自1999年集团成立以来，马云一直担任主席兼首席执行官，负责集团的整体策略及方针。2013年5月10日，马云辞去首席执行官，但保留执行主席一职，专注于制定集团的策略方针及培养企业人才。

马云现担任日本软银公司的董事，该公司为领先的数码信息公司，于东京证券交易所挂牌交易。他亦为华谊兄弟传媒股份有限公司的董事，该公司在深圳证券交易所上市。马云于2009年成为美国大自然保护协会（TNC）的中国项目托管人，于2010年加入该组织的全球董事会，并于2013年5月11日起担任中国TNC理事会主席。马云于2013年9月出任生命科学突破奖基金会董事。

（二）阿里巴巴集团首席执行官

陆兆禧于 2000 年加入阿里巴巴集团，于 2013 年 5 月 10 日接替马云，出任阿里巴巴集团首席执行官。

2000 年至 2004 年，陆兆禧曾担任阿里巴巴多个领导职位，并负责管理华南销售大区。2004 年 9 月，陆兆禧带领团队创建支付宝，并任支付宝总裁。2008 年 1 月转往淘宝网，2010 年 1 月出任淘宝网首席执行官。在他任职期间，淘宝网的交易额增加了 8 倍。

2011 年 2 月，陆兆禧出任阿里巴巴首席执行官，负责带领当时上市的 B2B 公司持续升级业务模式，提升用户体验。阿里巴巴于 2012 年中成功私有化后，陆兆禧被委以领导集团两个新战略项目的重任，出任阿里巴巴集团首席数据官并负责阿里手机操作系统（前称"阿里云OS"）业务。

（三）小微金融服务集团首席执行官

彭蕾于 2013 年 3 月被任命为即将成立的小微金融服务集团（筹）的首席执行官，此集团业务范畴面向小微企业以及消费者个人的金融创新业务。

彭蕾为阿里巴巴集团创始人之一，历年来领导过多个部门，包括市场部和服务部，在提升客户满意度及维持企业文化方面拥有丰富的经验。担任现职前，彭蕾为阿里巴巴集团首席人力官，在过去 10 余年肩负着持续发展集团架构以及保存集团价值文化的重任。2010 年 1 月至 2013 年 2 月，她兼任支付宝首席执行官，负责加强支付宝与阿里巴巴集团旗下业务的合作、整合，并协助支付宝增强客户体验，努力打造中国最先进的电子支付平台。

（四）阿里巴巴集团资深副总裁兼副首席技术官

姜鹏于 2000 年 1 月加入阿里巴巴集团，现任阿里巴巴集团资深副总裁，并自 2013 年 5 月 10 日起，兼任副首席技术官，负责管理多个技术团队及数据事业群，全面配合首席技术官王坚打造支撑集团未来创新发展的技术基础。姜鹏于 2013 年 9 月出任阿里云计算总裁。

加入阿里巴巴集团初期，姜鹏曾担任阿里巴巴技术研发部的领导职位，之后于 2003 年 5 月加入淘宝筹备小组，研发淘宝网；2005 年至 2009 年 8 月担任淘宝网技术研发负责人，领导技术团队；于 2009 年 8 月担任淘宝网消费者事业部副总裁，负责淘宝网集市的产品及运营工作。姜鹏于 2012 年 7 月至 2013 年 1 月担任淘宝网总裁，并于 2013 年 1 月至 9 月分管阿里巴巴集团旗下的共享业务事业部。

（五）阿里巴巴集团首席运营官

张勇现任阿里巴巴集团首席运营官，分管集团旗下的阿里巴巴国际事业群、1688事业部B2C事业群（包含天猫事业部、聚划算事业部和本地生活事业部）、淘宝事业群、一淘及搜索事业部、物流事业部以及航旅事业部等。

张勇自加入阿里巴巴集团后，担任过数个不同的管理职务，包括2007年8月出任淘宝网首席财务官、2008年天猫（前称"淘宝商城"）成立后出任该B2C平台的总经理。天猫于2011年6月独立于淘宝网之后，张勇被任命为天猫总裁。从2013年1月至2013年9月出任现职为止，张勇为阿里巴巴集团资深副总裁。

加入阿里巴巴集团之前，张勇于2005年8月至2007年8月担任在线游戏开发和运营商盛大互动娱乐有限公司的首席财务官，该公司在美国纳斯达克上市。2002至2005年，张勇在上海普华永道会计师事务所审计及企业咨询部门任资深经理。在此之前，他在安达信会计师事务所的上海办事处工作7年。

第四节 阿里巴巴旅游的运营评价

淘宝依托阿里巴巴强大的资源、客户量以及支付宝等优势，进军在线旅游搜索，一定会对去哪儿这类在线旅游搜索产生重大的竞争影响。阿里巴巴对在线旅游业务板块的野心越来越大。在之前进入机票预订、成立淘宝旅行，并将淘宝旅行及支付宝航旅统称为阿里巴巴航旅之后，阿里巴巴又开始进入在线旅游搜索领域，启动酒店搜索比价服务，还投入千万元建立用户成长计划。

一、优势

依托阿里巴巴强大的资源、客户量以及支付宝等优势，可以吸引大量的客户。阿里巴巴目前在国内电子商务领域已发展为国内规模最大的电商企业，在品牌推广、客户服务、信誉保护、物流建设等方面已非常成熟，其建立的以阿里巴巴、淘宝为中心的"生态系统"，均以服务商家与消费者为中心。从目前的子公司布置来看，其体系建设已接近完善。坚持电子商务的专业化，并在外围构筑相关体系，使得目前的阿里巴巴旅游可以发展迅速。互联网企业普遍的有形资产优势使得其不用过多考虑在有形资产上的成本，而将精力集中于技术、服务提升等方面。

二、劣势

淘宝旅行网刚刚起步，其盈利模式也刚刚起步，并且市场认可度不高，在短的时间内不能开拓业务，品牌知名度需要进一步的提高，没有得到广泛的认可。以去哪儿网、酷讯网为代表的在线旅游平台近几年的崛起，已令更多的用户在订机票时养成了先比价再订票的习惯，而去哪儿网占据着酒店垂直搜索领域最大份额，对淘宝旅游造成巨大的威胁。

三、机会

目前的机会在于中国在线旅游的迅速增长，还有许多线下旅游没有开发出来，旅游市场业务的互联网化，特别是机票、酒店、度假等旅游产品的查询业务将更多地在互联网上得到应用。其组织管理偏重于数字相关的高科技领域的开发与完善，公司开创的优越的数字服务给消费者带来高质量的享受，这都为阿里巴巴的进一步发展创造了机会。阿里巴巴可以通过电商平台和比价搜索的优势，与携程、去哪儿等分庭抗礼。

四、威胁

相比携程、艺龙和去哪儿等专业的传统在线旅游服务商，阿里巴巴是后入行的门外汉，但是凭借其在电商平台和比价搜索领域的资源，正在不断打开进攻的缺口。近两年来迅速升温的在线旅游市场，巨头之间的对抗也将进一步升级。

第五节　阿里巴巴旅游的运营建议

自 2010 年 5 月推出淘宝旅行平台以来，阿里巴巴围绕在线旅游市场持续发展。2013 年 1 月，阿里集团整合旗下旅游业务成立了航旅事业部；2013 年 5 月，宣布战略投资旅行记录及分享应用"在路上"；2013 年 7 月，一淘网高调进军旅游垂直搜索领域；阿里巴巴集团又发布公开消息，称将战略投资旅游资讯和在线增值服务提供商穷游网，为淘宝旅行提供旅游中的分享、决策和旅游产品预订等服务。阿里巴巴采用了一系列措施来发展淘宝旅游。

一、收购一些具有细分市场特色的旅游产品

2013 年阿里收购的各类和旅行有关的互联网产品已经达到 4 家，如在路上、穷游网、旅行资讯等，未来还将继续收购更多的移动互联网上的旅行产品。阿里巴巴集团旗下购物搜索淘宝网宣布，联手携程、艺龙、同程、住哪儿、芒果网、青芒果等 6 家在线旅游代理商进军酒店垂直搜索领域。

事实上，以去哪儿网、酷讯网为代表的在线旅游平台近几年的崛起，已令更多的用户在订机票时养成了先比价再订票的习惯，而去哪儿网占据着酒店垂直搜索领域最大份额，对各大在线旅游服务商（OTA）的发展造成极大威胁，尤其是在百度注资之后，去哪儿网和众多 OTA 的矛盾越来越激化，"TTS 系统"事件便是最好的例子。

淘宝也正是抓住了去哪儿网的"弱点"，拉拢"背叛"去哪儿网的 OTA 合作伙伴。一淘网的出现，让包括携程、艺龙、同程在内的各大 OTA 看到了打破行业垄断格局的机会，纷纷与一淘网展开合作。淘宝旅行相关负责人也表示，淘宝旅行会全力支持淘宝酒店垂直搜索，和一淘共享酒店的一些基础的数据库，还会在流量、市场上面有大的合作。淘宝涉足在线旅游是为了提升阿里在旅游板块的利润率，虽然没有采用去哪儿网的点击付费模式，但将会与合作 OTA 之间根据有效订单做结算分成，并在广告营销上获得不菲收入。

作为平台提供商，淘宝旅行能在短时间内异军突起，与其低价的竞争力

密不可分。比如，在机票业务上，除了淘宝本身收取的服务费用低，其开放平台战略也为其积聚了大量的资源，包括入驻的不夜城航空、网逸航空等多家一线机票代理商，能够从航空公司拿到较高的代理费返点，因此在机票价格上也很有竞争力。

阿里集团此前公布的数据称，淘宝旅行已拥有800多个IATA认证的航空企业卖家、10万间可预订酒店、200万条旅游商品信息，携程、艺龙、同程、驴妈妈等旅游网站也悉数入驻。对于携程、艺龙、同程等OTA来说，淘宝网庞大的用户覆盖量和电商流量是吸引其入驻的因素。

二、整合被收购企业和阿里现有的资源

在这一点上，阿里内部存在分歧，即整合到什么程度，如果不整合，如何避免对这些新收购的产品造成业务冲击，目前仍然在讨论中。目前，内部有一个不成熟的草案是：

1. 定型期——升级"在路上"这款产品

一种是将在路上旅行网团队和产品原型纳入事业部，并申请一个新的名字。另外一个方案是，研发制造一款新的产品，模式和体验接近在路上这款产品；唯一不同的是，可能会以国内市场为主。为了便于大家理解，我们姑且称新产品叫"云游"吧。

用户通过云游可以实现在路上APP过去的全部功能，如上传和分享旅游地照片、私信沟通交流等。另外，还增加了支付功能，便于用户通过它购买穷游网、淘宝旅行乃至淘宝网的业务。另外，还要邀请旅游达人入驻（这是些可以提供旅游服务的个人或组织）。

2. 充实期——提供多种增值服务

道具购买、网盘空间、交流表情。线下则可以开展大量的同城会和交流会，促进旅行产品的集体展销。另外，由于移动互联网定向的特征，阿里希望"云游"都能开展广泛的商务合作（如和高德地图合作），共享某些线下的服务商资源，让世界充满"亲"的声音，将本地化服务做扎实。

3. 成熟期——成为旅行信息银行

打通几款产品之间的数据界限，便于淘宝更精准地推荐商品和服务。同时，也能给所有的旅行服务提供商提供数据服务。

三、未来的可能

移动互联网改变了人们获取服务的方式。一款产品是否足够移动，直接决定了它是否能在移动互联网条件下满足用户的需求。这些旅游产品对于 PC 端产品的冲击都是显而易见的。可以肯定，未来在 PC 端下订单的订票和开房的人会更少，OTA 模式将面临更大的考验。另外，用户直接可以通过云游和各种提供旅游服务的达人与企业接触，OTA 不再是唯一通路。

相比百度去哪儿的比价、携程的在线预订（其实还包括线下品质保证）仅仅满足一瞬间的需求外，阿里可以或者需要做的更多，它能在用户旅行时帮助用户解决所有困难，也可以帮助用户在非旅行时期分享别人的旅行乐趣，定制自己的旅行计划。

"细分市场"这一点决定它不可能彻底颠覆现有的所有旅游行业的商业模式，自然包括携程、艺龙、去哪儿，乃至 QQ 旅游。纵使未来阿里的云游做大做强，它也没打算通过这个产品颠覆谁，也不可能彻底取代谁。但是，如果它确实做好了服务，满足了它想要服务的白领和年轻家庭的话，它成为隐形冠军未必不可能。

第六章 国内优秀旅行社的电商化：春秋旅游网

第一节　发展历程和现状

上海春秋国际旅行社（集团）有限公司（以下简称春秋国旅）是春秋航空的母公司，成立于1981年，目前已拥有4000余名员工和导游，年营业收入60亿元，业务涉及旅游、航空、酒店预订、机票、会议、展览、商务、因私出入境、体育赛事等行业，是中国第一家全资创办航空公司的旅行社。

春秋旅游网（http://sh.springtour.com/）1999年正式建立。初期运营模式为春秋国旅的企业网站，以发布企业最新动态及线下产品的线上展销为主，属于"旅游传统企业信息化"的典型案例。春秋旅游网组建以来，一直作为春秋国旅的一个经营部门来发展，并通过其发展推动企业信息化改造。从2000年下半年起，春秋旅游网开始尝试电子商务运作模式，成立专门部门操作网上业务。经过1年多的探索与尝试，2002年起，网上业务交易量开始迅速攀升，网站以旅游包装产品的订购为主，兼营宾馆和机票的预订业务。

2004年5月，春秋旅游网尝试推出新型旅游预订模式——旅游电子票，即专门开辟出部分旅游线路，以"网上支付即可享受30至500元优惠"的做法来吸引游客网上订购旅游。此举旨在提供游客足不出户、从预订到支付的"一站式"旅游预订服务。

2005年7月11日，春秋旅游网与春秋航空网合二为一，成立春秋航空网，并使用对外统一域名（www.china-sss.com）。

2011年，春秋航空网，一分为二，分别使用春秋航空网（www.china-sss.com）与春秋旅游网（www.springtour.com）的域名。

图6-1　春秋旅游网首页

一、发展历程

春秋旅游网的发展历程可以概括为三个阶段，分别是：艰苦初创建设探索，网络+包机+批发商阶段以及航空+旅游阶段。

（一）艰苦初创建设探索（1981—1993）

1981年从2000元、2平方米的铁皮亭起家。在上海西藏路开设了第一家门市，现成为旗舰店，建立了规章制度。

1983，首创质量监控机制。

20世纪80年代中期，打破"大锅饭"，完善劳动分配机制。

1987年"春秋国旅"成为二类社，获准经营国际旅游业务。

1992年"春秋国旅"成为一类社。

1993年，在美国洛杉矶成立了美国分公司，打入美国主流市场，打破"华资旅游公司在美没有成功的先例"的历史。

（二）网络+包机+批发商（1994—2003）

1994年，成立了"中国春秋旅游联合体"，在全国各省会城市设立分社。

1997年，把原票务部门扩建成了春秋票务中心，成为国际航协会员，经营国内外几十家航空公司在全球各条航线的机票业务。同年，"春秋国旅"建立了春秋会议展览服务有限责任公司，承办国内外各类会议、展览业务，为它们提供会议策划、订房订票、会展布置、礼仪接待、广告宣传、口笔翻译和会后组织旅游观光等各项活动。

1998年，国内部门市员工率先使用由"春秋国旅"自己研制开发的NOVEL散客售票软件系统，告别了票板操作的传统，在国内首创科技兴旅先河。同年底加入了国际大会和协会联盟（ICCA），成为中国大陆同业中第一个正式成员。

1999年，在上海各区县铺设门店。

2001年，开始运作系列旅游包机，年包机4000余航次，客座率达到99%以上。

（三）航空+旅游（2004年至今）

2004年5月26日，经国家民航总局批准，春秋航空注册资本8000万元人民币在上海正式筹建，就此全面打通旅游业上下游产业链，保障整个旅游业网络的全面铺陈和顺畅，形成独一无二的春秋模式。

2005年5月，"网上支付即可享受30至500元优惠"的做法普及到春秋旅游网每一条旅游线路。一时间，网上支付总量较以前呈现10倍以上的攀升态势。

2005年7月11日，春秋旅游网与春秋航空网合二为一，成立春秋航空旅游网，并对外使用统一域名。

2006年，春秋航空机队规模不断扩大，春秋航空旅游网的影响力也不断增强，越来越多的客户选择在网上进行支付，快速便捷的预订模式受到更多客户的认可。

2007年，春秋随着其电子商务的快速发展，入选2007年度"中国商业科技100强"，获得多项荣誉，并且充分利用电子商务信息系统，提升核心竞争力，实现单机营运成本最低，收益率最高，网上BTC销售比例高达70%。

2008年5月，由国内最大的旅游搜索引擎"去哪儿"主办的"第二届中国在线票选最佳旅游供应商"盛会在北京国际艺苑皇冠饭店隆重召开，春秋一举获得"最佳民营航空之票价最具竞争力奖""最佳民营航空之乘机手续最简便奖"和"最佳民营航空之搭乘体验最舒适奖"，这些成就与大力发展电子商务、完善网站内容密不可分。春秋的目标是：做最好的航空旅游电子商务网站，并将持续努力。

2010年4月，春秋航空旅游网被中国互联网协会评定为AAA级企业信用等级网站。

2011年4月1日，春秋航空旅游网正式一分为二：春秋航空网、春秋旅游网。其中春秋航空网偏重于春秋航空的在线机票的电子商务；而春秋旅游网则偏向在线旅游的电子商务，包括国内游、出境游、周边的跟团游、自由行等旅游产品、机票、酒店、景点门票的电子商务以及旅游咨询等服务内容。

2013年5月15日，世界航空小姐协会和世界城市合作组织航空专业委员会在香港发布了"第四届世界航空公司竞争力排行榜"。春秋航空入选亚洲最受欢迎航空公司的TOP10。

2013年12月1日，春秋航空再次开设第二条两岸航线——上海浦东直飞台北桃园。每周一、二、四、五、日共五班往返，采用180座的空客A320执飞。

二、发展现状

目前"春秋国旅"在全国各地拥有35家全资子公司,在境外拥有7家全资子公司,全国联网销售网络成员4000多家,专业导游900多名。"春秋国旅"旗下拥有"春之旅""中外宾客同车游""贵族之旅纯玩团""自游人""爸妈之旅"等高品质旅游产品,为全国最大规模的民营旅行社、上海市用户满意企业和上海旅行社业中唯一拥有著名旅游商标的企业,高端旅游产品"贵族之旅纯玩团"被评选为上海市首批服务类名牌产品。①

(一)业务分布②

春秋国旅在北京、广州、西安、沈阳和三亚等34个国内大中城市设有全资公司,境外有美国、加拿大、泰国、香港等7个境外全资公司。

(二)透明服务

春秋国旅针对跟团游涉及的食、住、行、游、购、娱、导等细节,推出"透明团"这一概念,明确规定所有透明团产品均需做到以下九点:

(1) 全部景点介绍;
(2) 行程透明;
(3) 详尽告知酒店资讯;
(4) 购物店信息预先告知,看得清楚买得明白;
(5) 航班信息提前公示;
(6) 行车里程清楚说明;
(7) 预先公布推荐项目;
(8) 告知团餐比例;
(9) 确定游玩时间。

---

① 春秋旅游网(http://www.springtour.com/Advantage/About)。
② 春秋旅游网(http://www.springtour.com/Advantage/Map01)。

(三)科技创新[①]

2013年,春秋航空的电子飞行包(简称"EFB"),获得民航华东地区管理局的批准,进入飞行运行验证阶段。

春秋航空成立以来,一直采取低票价的策略,以让百姓都能坐得起飞机为使命,致力于降低除安全以外各个方面的运营成本。以低票价的方式回馈广大旅客,达到旅客和春秋航空公司的双赢。通过科技和创新手段,进一步降低公司运营成本。

表6-1 春秋航空历年单位票价与行业对比

年 份	2007	2008	2009	2010	2011	2012
春秋票价比行业平均值低(%)	31	26	37	35	43	31

数据来源:民航局财务司。

春秋航空的每座碳排放量只有行业平均水平的75%左右,意味着选择春秋航空出行,在享受低票价的同时,还可以降低出行的碳排放量,为改善世界环境做出积极的贡献。EFB投入实施后,将降低春秋航空飞机的运营重量,使旅客的出行变得更加绿色、低碳和环保。

表6-2 春秋航空A320单位油耗与行业对比

单位:千克/千米

年 份	2006	2007	2008	2009	2010	2011	2012
春秋航空	0.256	0.254	0.255	0.249	0.242	0.244	0.241
行业平均	0.336	0.326	0.327	0.322	0.311	0.303	0.308
行业比春秋高(%)	31	28	28	29	29	24	28

数据来源:民航局统计处。

[①] 春秋航空网.春秋航空电子飞行包(EFB)获批进入验证期(http://www.china-sss.com/intospring/express_detail?id=850).

第二节 春秋旅游的商业模式

目前，春秋旅游网已拥有 30 余家国内子公司及 7 家境外全资子公司。除提供线路预订、酒店预订、机票预订之外，还提供性价比较高的产品和旅行社。由于春秋国旅强大的资源支撑，线路预订成为了春秋旅游网的主营业务。春秋旅游网的收入主要由以下几个方面构成：线路预订代理费、酒店预订代理费、机票预订代理费、春秋国旅提供的发展基金。

一、目标客户

春秋旅游网主要以观光进而度假游客为主。市场定位是以强大的传统旅游资源为依托，以丰富的旅游信息和产品吸引消费者。

二、产品类型及各类型的特色

（一）自由行

春秋推出的"自由行"理念，倡导自由享受与深度体验的旅游度假休闲方式，在国内传统旅行社成功开启了自由行模式，打破了国内旅游的跟团模式，引导客人自由出游，开创了新的旅游方式。

春秋国旅整合了全资子公司及境外公司的丰富资源，在全国乃至海外设有出发地和目的地。出境、国内、周边不同地域级别的三大系列度假产品，涵盖三至五星级丰富酒店选择和飞机、火车、巴士、轮船等灵活交通工具，还提供丰富可选项目，供客人打造个性化的旅游度假线路。为客人解决"住"和"行"的问题，旅行过程由客人自己决定。

（二）国内游

2009 年共有 7 个全国名牌产品，覆盖北京、海南、桂林、张家界、华东五市、重庆、香港纯玩团，2010 新增全国名牌产品 3 个，分别是成都、青岛、云南纯玩团。

(三)出境游

港澳产品:全国十大港澳线批发商,拥有最优惠的价格,最优质的服务。春秋航空直达香港、澳门,香港、澳门连游不再走回头路。

柬埔寨吴哥达:柬埔寨吴哥达人工作室,上海春秋国际旅行社旗下的专属品牌,致力于以柬埔寨吴哥窟为中心,涵盖整个中南半岛(柬埔寨、越南、老挝、缅甸)的专业策划和操作团队,拥有多年长假包机经验,已经有100多个架次包机航班成行,出游人数达5万人。

(四)周边游

立足于对城市周边景点的深度开发及对客人短途旅游需求的理解,春秋开发了多样丰富的周边游产品,全程选用优质巴士,将客人送往城市及周边的精华景点,让客人可以自由安排游览时间。当地游行程简单灵活,能满足不同客户的多种旅游需求。

(五)邮轮游

春秋国旅与皇家加勒比、歌诗达、丽星等近10家邮轮公司强强联手,打造时尚新潮的邮轮旅游方式,为客户提供近30条邮轮产品,满足客人对不同行程、多样消费的全面需求。还着手与邮轮公司展开深度合作,为中高端客户量身定制个性化的特色邮轮产品。

(六)特卖线路

春秋国旅一直坚持旅游特卖线路,众多境内外热门旅游线路最低降至三折,最高不过七折,出发地覆盖包括北京、上海、广州、深圳、青岛、南京、杭州、成都等多个全国主要大中城市。每月有2~3个香港特价游名额,并会陆续增加名额和目的地。春秋国旅的特卖线路是一种旅游营销模式,具有折扣领先市场、持续时间长、以热门主流产品为主、数量多等特点。特卖线路每期推出的产品线路都不相同,但均是市场热门的线路,且折扣力度也非常诱人。

三、盈利模式

春秋的盈利模式是由网站、春秋国旅总社及各个网点、上游旅游企业、春秋国旅各地分社以及合作社、航空票务代理商、目的地酒店和网民市场构成。这种模式将各种传统资源与网络资源很好地整合起来，实现春秋与传统旅游业的"双赢"。春秋旅游网推出的所有线路价格均与春秋国旅总社和分社一样。因此，众多的路线选择和实惠的价格无疑成为了春秋旅游网的最大卖点。在线路预订上，春秋旅游网还采用旅游线路竞拍的方式，尝试由市场来决定价格的办法。同时，春秋旅游网页经营酒店及机票预订的业务，但大多数是通过旅行社来完成的。网站的信息提供和社区的营造基本上是围绕自己的预订业务来设置的，并没有建立一个庞大的目的地信息库。春秋旅游网的收入主要是由以下几个方面构成的：[1]

（一）线路预订代理费

这是春秋旅游网的主要盈利来源，它是在春秋国旅的组团盈利中形成的，通过春秋国旅以盈利返还的形式获得。

（二）酒店预订代理费

顾客可以有两种支付方式：一种是预付的方式，由春秋国旅来向目的地酒店预订；另一种就是前台支付的方式。相应网站也就有两种盈利渠道，前者是春秋国旅以盈利返还的方式获得，后者则是以目的地酒店盈利返还的形式实现。

（三）机票预订代理费

这也通过春秋国旅的订票差价以盈利返还的形式实现。

（四）春秋国旅提供的发展资金

网站本身也是春秋国旅的一个营销渠道和宣传窗口，有相当数量的网民在浏览了网站的信息后选择了到春秋国旅的各旅行社进行实地交易。因此，作为对网站盈利漏损的补偿和未来发展的支持，春秋国旅总社会向网站提供一定数量的发展资金。

---

[1] 张军．大型旅行社开展旅游电子商务的成功案例分析[J]．技术经济与管理研究，2005（6）．

四、核心竞争力

春秋旅游网的核心优势主要表现在以下几个方面：

（一）网站的功能

春秋旅游网一直作为春秋国旅的一个经营部门，从集团内部的整体运作考虑，其运营的目的就包括了为旅行社及其产品进行网上推广和实现自身盈利两部分。在目前的情况之下，前者的重要性甚至在某种程度上超过了后者。因此，春秋旅游网的功能就包括了宣传推广和预订两部分。春秋旅游网的主要目标市场以观光和度假游客为主。

（二）主营业务

春秋旅游网依托于全国规模与效益最大的旅行社集团——春秋国旅，在团队旅游线路的数量及价格方面拥有比较优势。因此，线路预订则是春秋旅游网的主营业务。

（三）营销的投入低

依托强大的旅行社资源作为品牌支撑，春秋国旅的规模优势、品牌知名度和美誉度以及顾客忠诚度都转化成了春秋旅游网的品牌优势，同时也为网站节省了大量的线上及线下的营销支出。

（四）对市场规模的依赖程度低

虽然网络经济具有规模经济的特点，但是在利润率相当的前提下，产品的单价成为了市场规模依赖程度的决定因素。依托传统的旅行社资源，春秋旅游网以线路为主营业务。作为组合旅游产品，旅游线路的平均价格要大于酒店的平均定价。因此，单位产品实现的盈利要大于酒店预订的单位盈利。

（五）价格优势

春秋旅游网的产品具有一定的价格优势。由于市场的不规范，网上酒店虚假预订的事情时有发生。因此，国内酒店给网站的报价普遍要高于传统旅行社。春秋旅游网依托旅行社，其酒店预订价基本上都可以拿到旅行社报价，因此具有价格优势。

五、合作伙伴

（一）与旅游景点（区）的合作

2009年4月23日，宜昌市旅游局与上海春秋国际旅行社有限公司在由上海市政府合作交流办公室、上海市旅游局、宜昌市人民政府联合主办的三峡宜昌旅游宣传推介会上签订旅游战略合作协议。

2011年3月，南通市旅游局与上海春秋国旅在由南通市人民政府主办，南通市旅游局、上海春秋国际旅行社有限公司承办的"2011第八届南通旅游风情展"活动中签署了2011年战略合作协议。

2011年3月19日，张家界旅游开发股份有限公司与上海春秋国旅签订战略合作协议，就自由行产品创新研究结成战略合作联盟。同日，上海春秋国旅与张家界股份公司旗下的宝峰湖景区、十里画廊观光电车事业部签订全年旅游接待协议。

（二）与旅游城市合作，建立较健全的网络服务系统

为克服网络经营和地方化服务之间矛盾，春秋旅游网利用春秋旅行社在北京、西安、广州、郑州、沈阳、杭州、南京、桂林、三亚等主要旅游城市均有分社的优势，形成了以上述城市为中心的网络服务系统，同时又以这些地方分社为基点，将春秋旅游网的服务辐射到全国。春秋旅游网上设立了在线服务城市栏目，发布相应地区春秋合作旅行社的产品内容和服务范围。正确的战略使春秋旅行社的网络成员迅速发展。

六、管理团队

王正华，1981年创立上海春秋旅行社自任社长，1987年至今担任春秋国旅董事长。2004年创立春秋航空公司并担任董事长。他是中国民营航空第一人，所创办的春秋航空是中国首批民营航空公司之硕果仅存者，是国内唯一一家低成本航空公司。

第三节　春秋旅游的运营评价

一、优势

（一）品牌优势

春秋旅游网是以上海春秋国际旅行社有限公司（简称春秋国旅）为实体基础，以互联网（Internet）技术为手段，整合公司实体资源优势，围绕客户提供方便快捷的旅游、度假、自由行、酒店等产品的在线预订服务电子商务网站。

春秋旅游网依托春秋国旅强大的旅行社资源作为品牌支撑。春秋国旅的规模优势、品牌知名度和美誉度以及顾客忠诚度都转化成了春秋旅游网的品牌优势，同时也为网站节省了大量的线上及线下的营销支出。

（二）价格优势

春秋旅游网的产品具有一定的价格优势。由于市场的不规范，网上酒店虚假预订的事情时有发生。因此，国内酒店给予网站的报价普遍要高于传统旅行社。春秋旅游网依托旅行社，其酒店预订价基本上都可以拿到旅行社报价。春秋旅游网的旅行社集团背景使其在旅游线路和机票价格上的报价相对来说也必然具有一定的优势。

（三）优良的企业文化

春秋国旅十分注重企业文化的培养，重视精神的价值。奋斗、节俭、远虑、感恩，是当前阶段春秋的企业文化核心。春秋国旅的办公条件不能与其他大型旅行社相比，公司从上至下都在倡导资源的最大节约，尽可能地节省，用最小的成本，争取最大的利润；春秋国旅的股东、高管、董事会成员身体力行做到奋斗与节俭，用艰苦奋斗、勤俭节约的精神为员工树立好的榜样，将利润的大部分用于再生产，这也使春秋能够持续盈利。强调战略管理，是春秋经营管理的本质特色。同时，由于春秋的总部在上海，良好的地理区域位置也为春秋的发展创造了很好的条件。

春秋文化是春秋国旅最重要的资产，可以将整个公司的员工队伍紧紧凝聚在一起。

二、劣势

（一）资金模式单一

春秋旅游网的现有资金模式是运用春秋国旅的发展资金。虽然现有的资金模式有力地保障了春秋国旅对春秋旅游网的控制权，但是与其他几大旅游电商相比，春秋旅游网的资金来源过于单一，春秋旅游网资金的多少完全依赖于春秋国旅的资金是否充裕，从而降低了网站的创新能力。

（二）信息沟通不及时

从企业信息沟通的及时性来看，春秋旅游网的信息沟通除了企业与上游企业和市场的沟通之外，还需要在企业内部与企业其他各部门之间进行信息沟通，沟通层次的增多会降低信息传递的速度，进而影响服务的及时性并提高沟通成本，还会在一定程度上影响顾客满意度和网站运营效率，势必影响赢利的实现。目前，春秋旅游网的网络系统反应慢，层次多，降低了沟通速度。

三、机会

（一）政策保障

"十二五"是全面建设小康社会的关键时期，是深化改革开放、加快转变经济发展方式的攻坚时期。随着全球旅游业的稳定增长和中国旅游业的持续高速成长，旅游消费需求将日趋旺盛，旅游业将保持良好的发展态势并迎来战略性、历史性发展机遇。同时，中国未来旅游市场的发展，对旅游服务的质量、品牌、产品等提出了更新和更高的要求。

（二）消费者日趋成熟

随着消费者专业知识的积累，旅游经历的对比，未来的消费者判断服务企业的优劣的标准将更加理性和成熟，不会再以价格作为唯一的判断标准，而是以服务感知质量的好坏来作为其下一轮消费的根据。春秋旅游网可以依托其多年积累起来的业界口碑以及服务的专业程度，在客户购买其服务产品、消费其服务产品以及评价其服务产品的不同阶段赢得更多消费者的信赖。由于春秋旅游网提供的旅游产品是围绕其旅行社的资源而定，一方面和其他旅游电商相比不存在受制于人的情况，另一方面消费者在出现问题时能够更加便捷、合理地寻求解决渠道，这一点是其他旅游电商目前不能比拟的优势。

四、威胁

（一）旅游电商竞争激烈

市场准入门槛不高，以及商业模式的可模仿性使得越来越多企业正在进入旅游电子商务领域，这些竞争者不仅是已经在市场中厮打的互联网行业、传统旅游行业，一些其他行业也已经开始分割旅游电商的一杯羹，比如电信行业、邮政行业、金融行业等。虽然它们在经营模式和市场细分上与春秋旅游网有所区别，但是这些旅游网站对春秋旅游网的威胁显而易见，或多或少会对其经营造成影响。

（二）网站创新缺乏动力

我国的游客市场正在经历着一个深刻的变化，散客市场正在逐渐增长，个性化服务的需求也正在不断增加，这将造成传统线路需求比例下降，这不可避免地对春秋旅游网的赢利造成影响。作为对春秋国旅的传统旅行社业务极其依赖的春秋旅游网而言，它与单纯的成长于互联网行业的其他旅游电商相比，创新的主动性和多样性未免不足。

第四节　春秋旅游的运营建议

如何应对未来发展中可能遇到的国内外旅游电子商务市场竞争的冲击和风险，整合线上线下资源，打造国内旅游电子商务品牌优势，提高服务质量和水平，是春秋旅游电子商务网站可持续发展的关键。

一、加快春秋旅游的信息化进程

与其他大型旅游电商相比，春秋旅游网尚未建立起庞大的目的地信息库，在技术和互动反馈及旅游服务方面仍然有提升的空间。因此，完善信息管理系统的建设，对企业内部及合作伙伴旅游资源进行整合 E 化，才能更好地保证旅游信息的全面性、准确性以及及时性。另外，要更多地开展网上旅游个性化定制服务，制定出符合旅游者个人兴趣的旅游方案，让游客享受称心如意的旅游服务。

重视消费者的旅游信息评价习惯。现在愈来愈多的消费者已经逐步培养起参考他人评价，分享自己的评价的习惯，很多大型的旅游电商网站也日益关注在互联网环境下这些评价通过口碑的力量所带来的强大后果。因此，春秋旅游网应该建立互动反馈的机制，让消费者有更明确的地盘表达自己的感知与评价，一方面督促企业服务质量的改进与提升，一方面增加网站的关注程度。

目前部分旅游电商，只考虑了知名度以及会员数量，没有更深层次地考虑企业品牌的建立，而春秋国旅在品牌的积累上已经非常厚实，所以要更好地借助春秋旅游网宣传以实现其美誉度、可信度、忠诚度以及依赖度的升级与扩展。

二、加强与其他企业的多样化合作

（1）加强与旅游景点合作。企业为旅游景点提供旅游市场调研和消费者需求调研以及培育资金。景点则根据调研有针对性地进行设计和组织旅游线路，挖掘潜在的旅游景点并对已有的景点进行完美化，一起抓住目标市场，扩大市场份额。

（2）与金融业合作。银行可为旅游企业提供更有利的电子商务支付系统和电子商务安全技术，为旅游的电子化交易提供安全的网络后台服务。

（3）与酒店和交通业合作。与更多资质优良的酒店合作，为消费者提供更多的住宿选择；除了提供集团自有的春秋航空的票务预订外，尝试与其他交通业合作，为消费者的出行提供更多交通工具的对比与选择，毕竟在互联网时代屏蔽其他竞争者所带来的影响越来越负面。

三、因地制宜选择企业的盈利模式

春秋旅游网可以凭借自身的特色服务吸引特定用户群,立足地方旅游信息、自然资源优势,作为地方的代理商、中介商,成为大型旅游企业的终端、合作伙伴。在选择合适的商务模式前提下,开发旅游电子商务增值服务,打造春秋旅游企业的品牌优势,为企业可持续发展与扩大打下坚实基础。[①]

四、积极推动旅游产品的升级

上海春秋国际旅行社(集团)有限公司常务副总经理谢元宪曾在上海市旅游行业协会学习贯彻《旅游法》工作交流会上指出,旅游产品转型升级,需要用"求新求变,人无我有,人有我新,人新我优"的产品理念去设计能够满足不同层次、不同特点的旅游者需求的高性价比产品。[②] 而上海春秋也正在旅游产品转型升级上作出努力。利用春秋航空等资源优势,将最便宜的机票和最具特色与品质的目的地酒店打包,开发出的"行简住优"春秋自由行品牌获得了良好的市场反响。今后应该更积极探索旅游产品的升级。

---

① 郑亚琴,胡成杰. 携程和春秋旅游电子商务模式比较 [J]. 安庆师范学院学报:社会科学版,2011 (4).
② 张斌. 上海:积极推动产品转型升级 [N]. 中国旅游报,2013-9-9.

第七章

中国的国外旅游电商巨头：到到网

第一节 发展历程和现状

到到网（www.daodao.com）是全球最大的旅游网站 TripAdvisor 的中国官方网站。到到网于 2009 年正式上线，旨在帮助人们计划并实现完美旅行。目前，TripAdvisor 在全球 39 个国家均设有分站、覆盖 22 种语言。每月来自全球的直接访问者近 2.6 亿人，同时收录逾 1.5 亿条来自世界各地旅行者对酒店、餐馆、景点的评论和建议。TripAdvisor 到到网在中国的使命是服务于中国旅行者，用更符合中国用户需求的方式带来全球旅游爱好者所贡献的最具参考价值的评论及建议。目前，TripAdvisor 到到网内容已经覆盖全球 190 多个国家，包括：13.9 万个旅游目的地，全球 77.5 万家酒店住宿，40 万处景点和 200 万间餐馆信息。截至 2014 年 2 月，到到网的中文点评信息已达 300 万条之多，超过 2/3 的点评来自中国本地用户，半数以上的点评文字超过 100 个汉字，且每条都经过工作人员审核。这些点评对于中国用户而言，很具参考价值。根据 iResearch 2013 年 8 月的最新统计，到到网月度访问人数近 762 万，在旅游 UGC（User Generated Content，用户生成内容）类网站排名第一。到到网与国

图 7-1 到到网首页

内外的旅游预订网站已建立紧密合作，用户可根据地理位置、酒店星级、销售价格等任意纬度设置酒店查询条件；新推出的多方比价功能更是结合了最先进的元搜索技术，用户可通过智能搜索快速获得同一家酒店在不同预订平台的最低报价，比价的同时结合用户评分，让选择酒店到决定预订变得更简单有效。①

一、TripAdvisor 发展历程和现状

2000 年，TripAdvisor 以提供旅游点评起家。

2004 年，TripAdvisor 被互联网巨头 IAC 以 2.19 亿美元收购，并将其整合到 IAC 的在线旅游公司 Expedia 旗下。

2009 年 4 月，TripAdvisor 中国官方网站到到网正式上线，TripAdvisor 进军中国市场。

2009 年 10 月 30 日，IAC 的在线旅游公司 Expedia 通过其旗下公司 TripAdvisor，与中国在线旅游搜索引擎酷讯网（www.kuxun.cn）达成了并购协议，继续扩大对中国市场的投入。酷讯网作为 TripAdvisor 的成员将继续保留独立品牌与运营实体。

2011 年 12 月 21 日，TripAdvisor 从 Expedia 分拆并在纳斯达克上市。

在 2011 年上市后，TripAdvisor 拥有了更大的发展空间。

截至 2013 年第三季度，TripAdvisor 旅游社区的月均独立访客数量为 2.6 亿以上，点评和评论数量达到 1.25 亿条，其市值已经超过其老东家 Expedia（截至 2013 年 11 月 27 日，两家公司的市值分别为 125.5 亿和 82.5 亿美元）。

2012 年和 2013 年，TripAdvisor 动作频频，TripAdvisor 不仅在社交旅行计划、旅游预订和度假租赁等领域进行轮番收购，还于 2013 年正式上线酒店元搜索服务，并推出用于加强酒店直销的解决方案 TripConnect，不断构造其旅游生态系统。

截至 2013 年 7 月，来自谷歌数据统计服务（Google Analytics）的统计信息显示：TripAdvisor 在全球 34 个国家均设有分站、覆盖 21 种语言。每月来自全球的直接访问者超过 2.6 亿人，同时收录逾 1.5 亿条来自世界各地旅行者对酒店、餐馆、景点的评论和建议。

---

① 到到网（http://corp.daodao.com/%e5%85%ac%e5%8f%b8%e7%ae%80%e4%bb%8b/）．

136 | 旅游电子商务企业案例分析

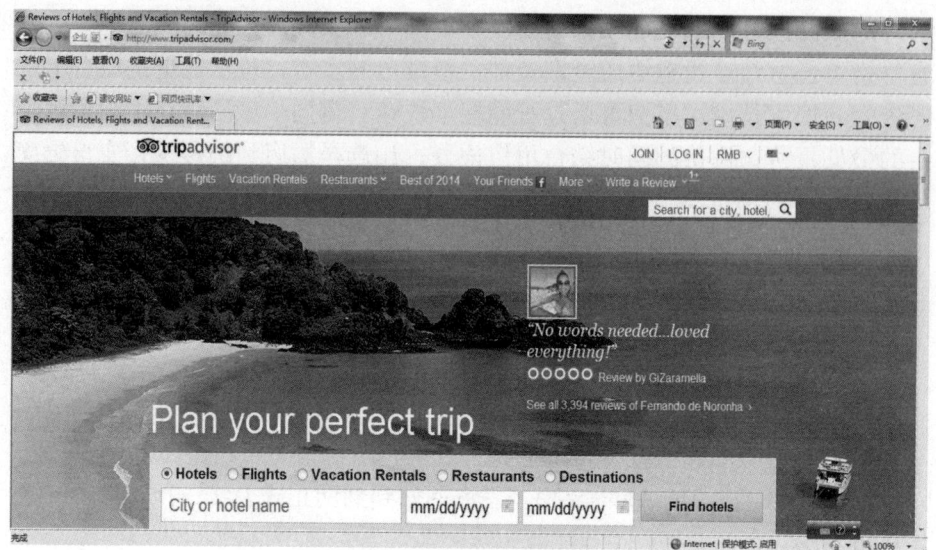

图 7-2 tripadvisor 首页

二、到到网的发展历程

TripAdvisor 中国官网——到到网在 2009 年 4 月成立。到到网的上线运营表明，TripAdvisor 公司正式进军中国市场。到到网在中国的使命是服务于中国旅行者，用更符合中国用户需求的方式带来全球旅游爱好者所贡献的最具参考价值的评论及建议，旨在帮助人们计划并实现完美旅行。

2009 年，在到到网上线之后，到到网首席执行官（CEO）吴皓和其团队首先致力于到到网会员的发展。到到网陆续与当当网、豆瓣网、一些门户网站进行了战略合作和市场推广，甚至一度启用了线下拦截的方式，如派人专门赴酒店、机场、景点等通过访问、问卷等方式收集相关的点评，会员绝对数量出现大幅度提升。

2010 年 3 月，到到网推出了一项名为"到到绿卡"的营销活动。只要消费者在到到网上注册并贡献一条酒店点评，即可获得绿卡，这些会员便可以享有多家旅行服务机构的优惠服务。到 2010 年 10 月 30 日，到到网会员总量中绿卡会员比例接近 20%。

2010 年 7 月，到到网推出酒店全球通和酒店中国通服务，2010 年 7 月至 10 月有超过 2000 多家的酒店签署了此项产品推广服务。此举创新了旅游网站的发展模式，不仅展示酒店的网址、电话及电子邮件，甚至还提供即时交流工具；同时，酒店可以将优惠促销信息发布到网站。

2010年10月，到到网联合亚运酒店发起体验活动。活动通过筛选，选出百名酒店临时试住员对酒店进行体验评价。

2012年12月，到到网携手国航知音共同推出里程奖励活动，无论住酒店、逛景点，还是品美食，只要通过手机登录到到网APP（iOS/Android）或手机浏览器成功分享相关照片或点评，即可轻松获得国航里程奖励。

2013年3月，TripAdvisor到到网与三星电子达成全球战略合作，到到网APP成为三星Galaxy S4的唯一预装旅游软件。

2013年第二季度，到到网推出了元搜索服务，简化了用户比价流程，大大提升了用户体验。从广告商的角度看，到到网的客户点击付费竞价在稳步增长，到到网的元搜索服务为客户带来了更高的预订转化率和投资回报率。

截至2013年12月30日，到到网旅游大全板块的流量相对于2012年10月提升了6倍，从2013年1月到12月30日，已经有超过3000万用户使用过到到网旅游大全的板块，超过80%的访客在此页面会一直通过下拉垂直滚动条来浏览更多的内容。

第二节　到到网的商业模式

一、目标客户

任何商业模式都必须首先解决目标客户问题，一个企业商业模式生命力有多久，最重要的是对目标客户群的定位要精准。到到网作为综合旅游网站，其客户群与网络关系密切。到到网的目标客户细分如下：爱好旅游的人士和经常出行的商务人士。

对于爱好旅游的人士，到到网上有景点点评、美食点评、酒店住宿点评等大量的用户评价信息，以及旅游攻略、酒店住宿等各种旅行综合资讯，为用户提供旅游的建议与参考，帮助用户作出旅游选择。

对于经常出行的商务人士，到到网提供了查询酒店和机票的业务，为用户搜索不同时间、不同地点、不同折扣的酒店和机票，通过比价来增加客户选择的范围。

二、产品类型及各类型的特色

到到网的产品主要有旅游大全、结构化攻略、酒店搜索和比价、问答、手机和平板电脑应用、旅行者之选、业主中心。以下具体说明。

(一) 旅游大全

旅游大全覆盖全球超过 190 个国家的旅游胜地；图片丰富，让旅行者可找到最热门的去处，规划自己的旅行；旅游信息包括住宿、美食、购物、休闲娱乐和导游服务推荐，旅游资讯丰富多样。国内如青岛、丽江、哈尔滨、大连、苏州等，国外如普吉岛、东京、巴厘岛、首尔、曼谷、长滩岛、巴黎等，每个景点都有景点的美丽图片、基本信息、联系电话、社区里已有的评论等信息。展览的图片是到到网用户上传的关于景点的图片，真实而又具有说服力；用户可以查看已有的点评信息或者自己写点评；用户可以对旅游大全中的景点进行"想去"或"去过"的收藏。

同时，为了有效地防止部分网友对商家的恶意攻击和商家用虚假信息来误导消费者，到到网相关负责人表示，到到网将会汲取 TripAdvisor 多年来审核经验，采取多项措施对网友的评论进行严格的审核，避免部分网友和部分商家的不良行为。

(二) 结构化攻略

随着越来越多的中国游客踏出国门，去往海外旅行，到到网了解到很多用户需要更多指导信息来帮助他们计划旅行，但传统的攻略或游记也存在一些问题，比如要在出行前花很多时间阅读，还要把那些必去的地方记录下来。针对用户的这项需求，到到网已经开发了一个新产品结构化攻略。这个新产品不仅包含传统游记里丰富的内容，同时还与到到网产品数据库里的数百万个兴趣点（Point of Interest）进行关联，用户可以更方便地查看攻略中提及的那些好去处，了解更实用的信息，并通过阅读更多旅行者的点评来获取更详细的内容。当用户阅读攻略的时候，所有重要信息都被重点画出，只需点击链接就能看到地址、电话号码、价格、预订方式、照片和点评等一系列关于酒店或景点的信息。

(三)酒店搜索和比价

到到网与国内外的旅游预订网站已建立紧密合作,用户可根据地理位置、酒店星级、销售价格等任意纬度设置酒店查询条件。覆盖全球超过120万家酒店和客栈;展示各国旅行者针对酒店发布的点评与实拍照片,让用户在预订前了解到最真实的信息;展示酒店业主对旅行者点评的回复,让用户参考酒店的服务态度;提供酒店智能搜索功能,方便用户进行价格比较及查询房态信息,并提供在线预订酒店的合作伙伴链接;利用酒店业主在到到网直接发布的"特惠信息",用户可在预订时享受更多实惠。

(四)问答

到到网的问答为用户提供了一个交流沟通的平台,用户可以借助这个平台来提出自己的问题,大家可以一起交流讨论。到到网中有对中国热门目的地问答、世界热门目的地问答、旅游精华问答等分类,涉及景点、美食等。世界热门目的地问答中有美国问答、加拿大问答、加勒比问答、墨西哥问答、中美洲问答、南美洲问答、欧洲问答、中东问答、非洲问答、亚洲问答等。用户可以通过目的地或者旅游中的问题关键字来进行精确搜索。问答有利于收集客户的需求,有利于解决客户们的疑惑,同时也有利于在到到网中建立网上用户交流的场所。

图 7-3 到到网问答网页

（五）手机和平板电脑应用

手机和平板电脑应用除了在 PC 上能够访问到到网的丰富旅游信息，通过手机浏览器访问或 iOS 和 Android 系统的 APP 也能够随时随地计划旅程。在移动设备上使用到到网应用程序，可精准定位用户所在位置，获取周边热点信息，支持用户搜索周边的旅馆、餐厅、景点等信息，同时软件更支持在地图上标识并收藏。

到到网手机版全面覆盖全球，随时随地分享点评。其中"我的附近"可轻松搜索附近酒店、餐厅及景点信息；"我的保存"可快速收藏酒店、餐厅及景点页面；"发表点评"随时随地提交点评及照片。

（六）旅行者之选

"旅行者之选"与其他任何酒店奖项不同，入选酒店均基于上一年度全球数百万真实旅行者们贡献的点评，综合了多个考评度而产生的口碑排名，给游客以参考。如世界最佳酒店、中国最佳酒店、最佳小型酒店、经济型酒店、家庭式酒店民宿、奢华酒店、最具浪漫气息的酒店、家庭旅行酒店等，一些旅游城市不能错过的景点提示等。"旅行者之选"采用全球真实旅行者的感受来进行评比，十分重视用户体验。

（七）业主中心

酒店、度假租屋、餐厅及景点的经营者，可在到到网申请免费账户，登录业主中心进行业务推广；业主可通过跟踪自己的业绩与竞争对手进行比较，查看有关业务排名等项目的最新统计资料；获得新点评及收到电子邮件通知，回复用户点评、更新资讯、上传照片；下载"旅行者之选"及"卓越奖"插件或其他插件，应用到业主自己的网站上，提升酒店人气。

三、盈利模式

以对旅游行业中的酒店或景点进行评论来吸引用户，并以用户吸引广告主，是目前到到网盈利的主要方式，这也是众多点评类网站的主要盈利模式之一。到到网主要靠点评信息的真实性吸引用户，增加网站的点击量和流量，从而吸引商家投放广告，如引入关键字广告和精准广告模式，为商户开展关键字搜索、电子优惠券、客户关系管理，网站的广告费成为旅游点评网的主要收入来源。主要是到到网的内容合作与广告投放方案处获得利润。到到网广告投放方案是针对酒店集团、旅游局、航空公司、消费者品牌公司等的 CPM/CPS 广告方案；是针对酒店集团与在线旅游预订网站的 CPC 广告产品。

到到网商务合作包括到到点评和旅游内容输出及相关内容合作、广告销售等。

到到点评和旅游内容输出及相关内容合作：如果客户是在线预订网站、酒店集团（包括单体酒店）或者任何与旅游业务相关的机构，希望在线上或者线下引入展示到到网的旅游内容，例如，旅行者最新的酒店或景点点评、评分或排名以及其他旅游信息，又或者有兴趣双方联合采集点评，并分享使用，到到网可以提供全球的旅游内容资源支持。

广告销售：到到网可以为在线预订代理商提供提高网站流量及增加预订机会的广告销售，可以为酒店管理者提供提高酒店品牌和预订量的广告销售。广告上的销售可以是主页上广告，可以是景点介绍处的广告，可以是攻略处的内置广告等。到到网的商务合作中的广告销售是主要盈利模式，通过到到网网站的点击量和流量，吸引商家投放广告，如引入关键字广告和精准广告模式。

四、核心能力

到到网的核心能力主要是酒店元搜索服务和旅游点评，为旅行者提供更完善的多方比价功能和周到客观的旅游点评。

（一）酒店元搜索服务

新推出的多方比价功能更是结合了最先进的元搜索技术，用户可通过智能搜索快速获得同一家酒店在不同预订平台的最低报价，比价的同时结合用户评分，让选择酒店到决定预订变得更简单有效。

2013 年第二季度到到网推出了元搜索服务，这对用户体验是一个重大提升，因为元搜索大大简化了用户比价流程。尤其在用户计划出境游时，国外有很多在线旅游服务商（OTA）网站针对一些目的地提供优惠的价格和库存。例如，中国旅行者青睐的泰国、马来西亚和澳大利亚等，而这些国外预订网站很多都是国人之前没有听说过的。现在通过到到网的元搜索比价功能，计划出境旅游的用户能用最短的时间找到由到到网的合作伙伴提供的性价比更高的旅游产品。

从广告商的角度看,到到网的客户点击付费竞价在稳步增长,这证明了到到网的元搜索服务为其客户带来了更高的预订转化率和投资回报率,于是客户更愿意将它们所获得的收益继续投入到到到网当中,以获取更多流量。

(二)旅游点评

对旅游供应链上游企业而言,旅游点评网站能够对旅游者的信息进行充分的整合,为其提供参考。对旅游者而言,旅游点评网能够通过点评信息来影响他们的购买决策,进而影响整条供应链。从国内最大的酒店点评网到到网来看,根据 Alexa 的数据,除了通过百度等搜索引擎转跳到到到网,7.52%的用户通过在线预订网站携程和艺龙转跳到到到网,3.76%的用户通过垂直搜索网站去哪儿和酷讯转跳到到到网,这说明到到网约 11% 的访问用户是在旅游产品的购买和查询过程中需要参考相关的点评信息,所以主动访问到到网,可见到到网的信息可以对这部分用户产生比较重要的影响。同时,9.98%的用户从到到网转跳到携程、艺龙和阳光旅行网,4.14% 转跳到去哪儿和酷讯,这说明约 14.12% 的到到网访问者,在访问到到网后有购买行为,远高于中国购物网站平均 4.4%的转化率(艾瑞:2010 年第三季度 EcommercePlus 中国电子商务网站监测数据)。①由此可见,到到网和众点评网这类旅游点评网站对消费者和中间商及供应商的决策均发挥着重要的影响力,到到网致力于旅游点评有着一定的作用。

到到网点评信息丰富。到到网母公司 TripAdvisor 丰富了到到网国际酒店的点评。这样的补充使到到网对于国外的酒店、景点的了解更充分,资讯更多,更有竞争力。同时,到到网对点评信息进行了很好的管理,避免出现故意破坏的恶性信息,保证评价的真实性。

五、合作伙伴

(一)与在线旅游品牌的合作

到到网的在线旅游电商合作伙伴有:携程(Ctrip)、艺龙(eLong)、一起游(17U)、住哪网(zhuna)、快乐 e 行(Etpass)、Hotels.com、Booking.com、Agoda.com 及 HRS.cn、TripAdvisor。

---

① 刘丽敏,吕兴洋,曲小毅.浅议旅游点评网存在的问题及发展趋势[J].旅游论坛,2012 (5).

第七章 中国的国外旅游电商巨头：到到网

表 7-1 到到网的在线旅游电商合作伙伴

Logo	介绍
携程 ctrip	携程：中国领先的在线票务服务公司，创立于 1999 年，总部设在中国上海，员工超过 1 万人
艺龙 eLong	艺龙：中国领先的在线旅行服务提供商之一，为消费者提供酒店、机票和度假等全方位的旅行产品预订服务
17u 一起游	一起游：拥有国内外近 8 万个旅游目的地，超过 200 万篇旅游攻略与旅行游记的专业旅游媒体网站
住哪网 www.zhuna.cn	住哪网：国内领先的在线酒店预订服务提供商，创立于 2007 年 6 月，总部位于北京
快乐e行 www.etpass.com	快乐 e 行：成立于 2005 年 4 月，由 10 余家世界 500 强企业巨头联合打造，注册资本 1500 万美元
Hotels.com	Hotels.com：专业的酒店预订网站
Booking.com 缤客	Booking.com：Priceline 集团旗下的全球酒店预订网站，纳斯达克上市公司，总部在荷兰阿姆斯特丹
agoda	Agoda.com：全球酒店预订网，Priceline 旗下成员
HRS.cn 全球订房网	HRS.cn：全球订房网 HRS，有 40 多年酒店在线预订经验，拥有超过 25 万家不同类型的酒店
tripadvisor	TripAdvisor：全球最大最受欢迎的旅游社区，也是全球第一的旅游评论网站，月访问量达 3500 万人

除此之外，到到网还与三星电子达成全球战略合作，到到网 APP 成为三星 Galaxy S4 的唯一预装旅游软件。到到网与酷讯在机票方面合作，到到网机票全部来自于酷讯，为到到网的机票业务提供了强有力的支持。

（二）与许多酒店、景点、航空公司有合作

如到到网与国航的一项长期合作，用国航的奖励里程答谢那些曾经贡献点评和照片的忠实用户，并以此来让他们有更多的飞行机会和创造更多旅行体验。此外，到到网还为用户创造了更简化的活动参与方式：除了通过 PC 电脑提交点评或图片，用户使用"到到无线"应用同样可以参与活动。如果用

户通过APP提交包含一张照片的酒店点评，那他们就可以获得国航的150里程的奖励。

六、管理团队

到到网是全球最大的旅游网站TripAdvisor的中国网站，是TripAdvisor全球30多个国家分站之一。到到网虽然在资金方面完全依靠母公司TripAdvisor，但在运营上到到网的团队全都由中国本土员工组成，到到网团队具有完全掌握决策权、快速作出决定的权力。

到到网首席执行官（CEO）是吴皓。在2009年4月到到网上线之后，吴皓和到到网团队首先致力于到到网会员的发展。

TripAdvisor中国区总负责人、到到网总裁郑嘉丽女士，自小在中国香港铜锣湾长大，大学就读于剑桥大学工程系，在硕士期间与同学研发的无线充电技术申请了20多项专利。2013年9月12日参加了由环球旅讯主办的"2013中国旅游分销高峰论坛"盛会，并作了《移动终端用户要什么TripAdvisor经验分享》的报告；于2013年12月30日接受环球旅讯专访，分享了TripAdvisor到到网如何建立成功的本土化策略。

第三节 到到网的运营评价

一、优势

在众多旅游在线的网站中，到到网具有一定的优势。到到网具有较强的国际背景优势，母公司TripAdvisor为到到网提供有利的支持，对到到网的发展起着重要的作用。到到网一直积极致力于中国本土化的发展，挖掘用户的需要，满足用户的需要。

（一）到到网具有较强的国际背景

母公司TripAdvisor为到到网提供有力的支持。在产品层面，母公司TripAdvisor丰富了到到网国际酒店的点评，有利于信息的共享；同时，到到网在国内平台上的结构与 TripAdvisor 完全同步，排名是 TripAdvisor 整合全世界的点评而算出来的，排名更具说服力。

在资源层面，TripAdvisor 作为全球最大的旅游评论网站，拥有着很好的企业资源、客户资源等，会为到到网提供一些合作伙伴；拥有世界众多的酒店、景点等信息，可以为到到网提供信息支持；母公司关于网站所设计的产品等，到到网只需要花 10% 的资源就能本土化，就可以直接把代码拿过来调整，产品就可以很快在国内上线，提高了速度和节省了资源。①

在资金层面，到到网资金有固定的支持来源。母公司 TripAdvisor 在许多国家拥有子网站，公司经济实力雄厚，公司整体效益很好。母公司 TripAdvisor 从 2009 年到到网建立以来一直都为到到网提供资金的支持，让到到网不必担心来自资金方面的压力，具有充足的财政来源。

在公司运营方面，母公司成功发展为最大的旅游评论公司，有着多年的运营经验，能指导到到网的发展。网站如何提升知名度、如何开拓市场、如何开展商务合作等方面母公司的经验可以引用，这都是宝贵的经验。

（二）到到网一直积极致力于中国本土化的发展

到到网一直积极研究用户的需求，不断推出新产品。为了便于用户分享它们的旅行体验，到到网官方微信账号增加了晒照片功能；输入城市名或通过搜索附近功能，可以快速查找餐厅、住宿和景点娱乐；酒店价格跟踪，可帮助有旅行计划的用户即时更新他们所关注的酒店价格；结构化攻略，当用户阅读攻略的时候，所有重要信息都被重点画出，只需点击链接就能看到地址、电话号码、价格、预订方式、照片和点评等一系列关于酒店或景点的信息。

二、劣势

到到网存在着一定的竞争劣势，影响着到到网的发展。主要的问题有网站功能仍需改善以满足用户多样化需求，移动客户端需要改善。

（一）网站功能仍需改善以满足用户多样化需求

旅游网站模式增多，给客户提供了更多选择空间。许多网站在有自身核

---

① 环球旅讯．TripAdvisor 到到网：如何建立成功的本土化策略（http://www.traveldaily.cn/article/76658_2.html）．

心业务的同时，功能仍在不断全面化。到到网目前的业务主要是在旅游攻略、景点、酒店等综合资讯方面，有些功能不具有特点。在到到网本土化的过程中，仍需要完善功能及中国人的用户体验。用户对旅游相关的需求越来越多，全面化且实用的旅游网站更能吸引用户的体验，更能受到用户的青睐。

（二）移动客户端需要改善

随着移动互联网的快速发展，智能手机的功能越来越完善，客户对手机的需求也越来越多，加强了与互联网进行及时的互动。2013年5月，到到网和三星达成了战略合作，TripAdvisor和到到网专门针对三星系统优化了手机程序，包括直接使用三星账户ID登录，将在TripAdvisor和到到网搜索到的酒店及航班信息加载至手机日历，以及将酒店或景点的联系方式添加至手机通讯录等功能。但是，对于到到网其他平台的客户端，界面和功能方面仍存在问题。如界面设计色彩单一；相对电脑版，移动端的到到网在功能方面明显不足，如机票查询业务、到到活动等未上线。移动客户端的到到网需要注重改善，提高用户体验。

三、机会

目前，从事在线旅游的公司很多，各个网站都在竞争中寻求机会。在线旅游市场的发展前景是好的，到到网应该抓住发展的机会，把握好发展的时机。

（一）在线旅游仍会有相当大的提升空间

据世界旅游组织统计，2012年全球旅游业以4%的增幅实现强劲增长，全球旅游人数首次突破10亿大关，预计从目前到2030年，全球旅游业将以年均3.8%的速度持续增长。联合国环境规划署也在2012年将旅游业确认为十大促进世界经济发展的关键产业。可见，旅游产业将成为各国拉动经济增长的重要领域，是拥有巨大潜力的上升产业。[1]

随着在线旅游市场的成熟，整个行业也逐步发生变革，市场的规模也在逐年扩大。2012年，行业销售渠道呈现出多元化、规范化的趋势，营销方式的社交化、媒体化，移动互联网飞速发展，给整个行业带来了无限的机遇和挑战。OTA模式正渐渐被电商旅游平台和垂直搜索瓦解，整个行业正在形成

---

[1] 黄健青，黄定存. 旅游电子商务服务模式及其发展分析 [J]. 现代商业，2013（35）.

OTA 分销、在线直销、旅游平台三足鼎立的局面。①

2013 年 2 月 18 日，国务院批准发布的《国民旅游休闲纲要（2013—2020年）》，倡导国民旅游休闲的新时代。纲要的出台将会给在线旅游行业带来更多的发展机会，从整体看在线旅游仍会有相当大的提升空间。

（二）在线旅游移动市场空间巨大

在线旅游市场环境诱人，代理商不惜以降低价格来展现自身旅游产品的高性价比，价格战也就成了行业竞争"利器"。随着行业的发展，消费者对价格的敏感度势必逐步降低。拓展新的盈利渠道显得尤为关键。相信在线代理商的下一个发展机会将会是移动互联网。移动端正逐渐成为在线旅游流量的新增长点。虽然现在使用手机来购买旅游产品的行为还未成为主流，但采取这种做法的旅行者所占的比例显然仍在增长中。移动互联网时代的预订渠道、营销手段和用户预订习惯都在发生变化，很多的代理商已经表示，战略重心已经向无线业务倾斜。消费者从优先选择移动渠道转变为只选择移动渠道的时代会距离我们越来越近。

四、威胁

随着旅游业的发展，从事旅游服务的旅游在线网站数量增多，如携程、艺龙、去哪儿、芒果网、酷讯、游多多、春秋旅游网、欣欣旅游网、腾邦国际、蚂蜂窝、驴妈妈、同程网、途牛旅游网等。新兴的在线旅游企业和营销方式接连出现，各种细分垂直型在线旅游企业兴起，如同程、途牛、驴妈妈、12580、悠哉等。各种旅游垂直媒介及旅游点评和社交网站纷纷出现，典型的代表有以垂直搜索引擎为主的去哪儿、酷讯，以点评攻略为主的驴评网、寻味网、蛙悟旅游点评网等，以旅游攻略为主的蚂蜂窝，以旅游计划为主的途客圈等。市场参与主体多元化营销方式涌现。新型的服务模式出现，如逆向拍卖、模糊定价、最后一分钟特价等。各种网站在集中核心业务的同时，也注重旅游资讯的全面化，产品服务的多样化。来自同行业的竞争越来越大。包括携程在内的越来越多的旅行预订网站正在加大对社区的重视，或自建社区或与其他社区网站展开合作。

---

① 王子夜. 国内在线旅游业竞争发展的战略研究 [D]. 保定：华北电力大学，2013（6）.

第四节 到到网的运营建议

一、提供更全面更优质的服务

互联网的发展带来旅游市场多元化的营销渠道，旅游网站模式增多，给客户提供了更多选择空间。然而，要在市场中占据更多的份额，到到网应提供更全面的服务，应该将有限的资源发挥到提高产品质量和提高消费体验上。到到网这种以点评为主的网站应注意与在线预订网站、垂直搜索网站的结合，提供更全面优质的服务，提高用户的使用体验。在现有的业务的基础上，积极拓展新业务，如借助自身优势，开展国外机票的订购；参考去哪儿网强化到到网酒店搜索、机票搜索方面的实时性；提供旅游电话咨询的业务等。在坚持核心业务的基础上，提高多元化的经营能力，才能重新建立自己的竞争力。细分市场的覆盖、多元化的经营应该是到到网未来的战略布局。

二、改善到到网客户端的用户体验

改善到到网客户端的用户体验，使其更符合用户的使用习惯和需求。到到网应改善到到网客户端的界面，提供给用户多种个性化背景、模式的选择；增加客户端的功能，如电脑端的机票查询功能、结构化攻略等；对于用户用手机支付习惯的养成，到到网可以提供酒店、餐厅等预订、付钱的业务等。通过多种手段来提高客户端的用户体验。

三、建立同步虚拟社区

建立同步虚拟社区，加强用户间的信息共享和实时互动。相比一般的虚拟社区，同步虚拟社区有所不同，它可以利用旅游的时间碎片登录社区，在社区内发布信息、发起讨论，这样使得信息的交流更具时效性和便捷性。

当前的手机移动终端大多具有 GPS 定位功能，例如登录 QQ 可以查找附近的人。在旅游景点、酒店、餐饮娱乐场所等地方时，将旅游景点或酒店附近的旅游用户集中在一个虚拟社区,通过该社区用户间可分享酒店、景点、天气、交通等与旅游有关的信息,如景点实图共享、周边交通实图共享等。旅游电子商务作为本地化电子商务的典型代表,同步虚拟社区的建立,加强了用户间的实时互动性和信息共享性,这能降低旅游者在查询信息时消耗的时间和金钱成本,还能使用户及时、准确地从社区中获得可靠的旅游信息,从而方便他们规划或调整旅游路线。①

四、提供更多的出境旅游特色信息

2013年12月到到网(daodao.com)与波士顿咨询公司(以下简称BCG)共同发布了最新旅游业报告——《赢得下一个十亿亚洲游客:起航中国》。②这份报告全面揭示了中国出境旅游市场的发展动向。到2030年,中国城市游客每年进行的国内游和出境游总数将从当前的5亿人次增至17亿人次,他们的旅游消费支出将达到1.8万亿美元,几乎是当前水平的7倍。亚洲旅游目的地(不含港澳地区)的增长率较去年同期提升约250%,亚洲以外(即欧美等地区)的增长率较去年同期增长约260%;而中国香港和澳门这两个在过去被中国内地游客最为热捧的目的地,增长率较去年同期仅提升约50%。中国游客显然已不再满足仅仅停留在香港和澳门。报告中指出,除东南亚一些热门地区外(如普吉岛、曼谷),迪拜、新加坡、日本也将成为亚洲头号目的地。同时,巴黎、罗马、伦敦、纽约、澳大利亚、新西兰将以更快的增长速度成为中国游客的旅行计划之一。按照这样的趋势,在将来的5~10年中,中国年轻且富裕的游客最想去的十大旅游目的地将会有8个是亚洲以外的地区。

基于以上的分析数据再结合到到网国际化的背景,到到网应该在涉及出境旅游的相关服务和信息方面向消费者提供更丰富的、更准确的信息,增强出境游消费者在获取信息的便捷性、全面性和准确性等方面对到到网的黏性,从而在未来的广阔的出境游市场中牢牢把握自身的优势,创新服务,使其在出境游消费者中成为最佳的信息获取选择,也成为境外商家首选的合作伙伴。

---

① 曾丽.基于用户需求的旅游平台在线交流服务研究[J].现代情报,2013(33).
② 波士顿咨询公司,到到网.赢得下一个十亿亚洲游客:起航中国,2013.

第八章 我国优秀的在线旅行分享：蚂蜂窝

第一节 发展历程和现状

蚂蜂窝（www.mafengwo.cn）是中国最大的旅行分享网站，提供全球旅游攻略、旅行点评等综合服务。蚂蜂窝自2006年上线以来，注册用户持续攀高，截至2014年拥有超过4000万的注册会员。蚂蜂窝经过长年积累凝聚了一个高质量的旅游爱好者群体。凭借自身的优势，蚂蜂窝正吸引着更多的网友源源不断地加入蚂蜂窝旅游社区。

图 8-1 蚂蜂窝首页

一、发展历程

2006年，蚂蜂窝的创始人、前新浪员工陈罡和前搜狐员工吕刚创建蚂蜂窝社区。当时并没有任何收入，也从未进行过推广，纯粹出于喜好。

2010年3月，陈罡和吕刚从原公司离职，正式开始将蚂蜂窝作为一个商业项目来运营。

2011年10月，蚂蜂窝获得了今日资本500万美元A轮融资。

2013年4月,蚂蜂窝获得B轮融资1500万美元,投资方为启明创投,今日资本跟投。

2014年1月,蚂蜂窝旅行网核心产品旅游攻略在1月份移动旅游咨询类活跃用户达到1304万,继续保持行业第一的地位。

二、发展现状

截至2013年底,蚂蜂窝已经收录了国内外众多旅游目的地。依靠注册用户提供的大量一手信息,蚂蜂窝已先后制作推出了各类目的地旅游攻略路书。路书设计精致、新颖,内容涵盖当地吃、住、行、游、购、娱等各方面丰富翔实的旅游信息,给无数自助游爱好者提供了方便快捷的旅行指南,受到了用户的普遍欢迎。中国IT研究中心(CNIT-Research)最新发布的2013年9月《在线旅游品牌影响力报告》显示,从微博传播(新浪微博V用户)角度来看,蚂蜂窝的微博传播量最高,达6592条,排名第一。[①]

表8-1 2013年9月在线旅游品牌微博V用户传播量

名次	品牌	微博传播(单位:条)
1	蚂蜂窝	6592
2	携程	945
3	去哪儿网	782
4	艺龙	775
5	途家	429
6	途牛网	392
7	同程网	342
8	驴妈妈	287
9	淘宝旅行	102
10	乐途旅游网	67

从网站流量来看,蚂蜂窝以97.8万的网络流量,名列第五,排在携程、去哪儿网、乐途旅游网、同程网之后。

---

① 中国软件咨询网.9月OTA报告:携程流量最高 蚂蜂窝微博活跃(http://www.cnsoftnews.com/news/201310/6259.html).

表 8-2 2013 年 9 月在线旅游品牌流量排名

名次	品牌	网站流量（UV 单位：万）
1	携程	393.6
2	去哪儿网	332.4
3	乐途旅游网	226.8
4	同程网	175.2
5	蚂蜂窝	97.8
6	艺龙	91.8
7	途牛网	87.3
8	驴妈妈	77.1
9	淘宝旅行	30.3
10	途家	6.6

2014 年 1 月 23 日，蚂蜂窝旅行网发布《2013 年自助游数据报告》，综合 3000 万用户全年度里的分享行为，以及覆盖全球机票、酒店等旅行预订数据，对目的地热度和旅行兴趣进行了统计分析。个性化自助游在国内发展迅速，不仅成为都市人群旅行的最佳选择，也引领了一场生活与旅行方式的变革。

2014 年 3 月 4 日，易观国际 eCDC 2014 年 1 月数据显示，2014 年 1 月，蚂蜂窝旅行网核心产品旅游攻略 1 月份移动旅游咨询类活跃用户达到 1304 万，继续保持行业第一的地位，并持续扩大领先优势。同时，易观 eCDC 从用户性别、年龄、收入、职业等方面作了集中分析。数据表明，蚂蜂窝社区和移动产品基本满足了 80 后、90 后旅游方面解决旅行疑问和分享自我表达的需求。①

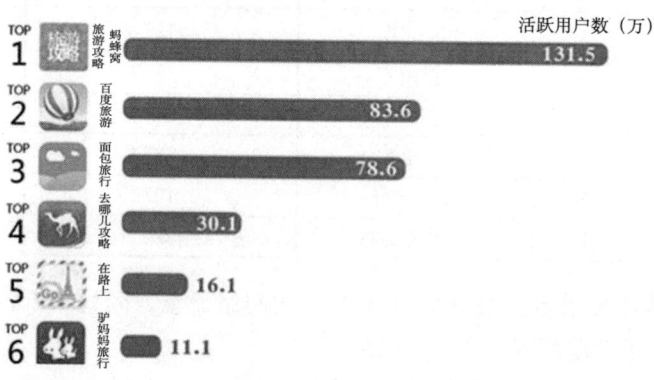

图 8-2 2014 年 1 月移动互联网旅游咨询类 APP 活跃用户数

---

① 飞象网. 易观发布 1 月数据：蚂蜂窝 APP 居行业首位（http://www.cctime.com/html/2014-3-7/2014371258463748.htm）.

三、融资

截至 2013 年 4 月，蚂蜂窝共获得 A、B 两轮融资，并且还获得由今日资本提供的 200 万美元无息贷款：

A 轮融资：2011 年 10 月蚂蜂窝获得今日资本 500 万美元的 A 轮融资。本轮融资将主要用于拓展移动互联网的布局，拓展线上线下的市场，以及激励用户创造更好的内容。除该笔投资，今日资本还向蚂蜂窝提供 200 万美元的无息贷款。

B 轮融资：2013 年 4 月蚂蜂窝完成 B 轮融资 1500 万美元，投资方为启明创投，今日资本跟投。本轮资金将用于商业模式的创新和移动互联网的布局。

第二节　蚂蜂窝的商业模式

商业模式就是企业从事经营活动特有方式与方法的组合或集合，俗称企业经营的"套路"，因此也常被称作经营模式或运营模式。[①]

商业模式具有如下特征：

第一，商业模式属于运营层面的问题。企业战略明确了企业发展的方向和目标，商业模式则要解决如何实现这一目标的问题。

第二，商业模式的本质是企业的运营机制。商业模式要解释企业通过何种机制持续不断地获取利润。

第三，商业模式是手法、手段有机组成的系统。根据国际著名咨询机构埃森哲（Accenture）的定义，商业模式至少要满足两个必要条件：一是商业模式必须是一个由各种要素组成的整体，必须是一个结构，而不仅仅是一个单一的因素；二是商业模式的组成部分之间必须有内在联系，这个内在联系把各组成部分有机地串联起来，使它们互相支持，共同作用，形成一个良性

---

① 郭恩才.商业模式决定企业成败[J].中国高新区，2008（4）.

的循环。

第四，商业模式的独特性在于其要素组合的独特性。商业模式的独特性在于属概念模式的不同组合，这正是商业模式不容易模仿的原因。

商业模式体现了经营者一整套成熟的经营理念，标志着经营者对企业事务超凡的梳理和驾驭能力。所以，商业模式是整理的高端艺术，优秀的企业必定有优秀的商业模式。

一、目标客户

蚂蜂窝的客户群，都是旅游或自助游爱好者、文艺青年。蚂蜂窝以25～35岁的年轻人为主，女性占比很大；蚂蜂窝人群，基本都属于远行，每次出行之前都要精心准备，订机票，查攻略，每人每年出行超过5次的都很罕见。由此可以归纳为以下几点：

第一，旅游爱好者更年轻、时尚，具有文艺气质；而驴友更成熟一些。

第二，旅游爱好者出行次数远小于驴友，驴友时间充裕性普遍较高。

第三，年轻的尚在奋斗道路上的旅游爱好者更强调经济实惠性；更成熟的驴友消费能力更强，消费观更开放，且有攀比心理。

第四，旅游爱好者的目的地多在城市、旅游景点；驴友目的地多是山野，人迹罕至之地。

二、产品类型及各类型的特色

（一）客户端

旅游攻略由蚂蜂窝旅行网原创打造。蚂蜂窝为旅游爱好者提供精美实用的旅游攻略，内有详细的吃、住、行、景点、线路等实用信息，还有网友提供的照片和感受。这类产品有以下特点：第一，包含国内外所有常见目的地；第二，旅游攻略定期更新；第三，可以免费下载到手机而不受网络限制，帮助游客旅行；第四，蚂蜂窝旅游攻略，每天指导20万人旅行。

（二）社区趣味

新注册的用户都会领到金币。首先，需要打一次卡，"打卡"类似于每天登录签到，得金币。另外，类似小游戏的项目——"圣诞树"是一款简单的flash社交游戏，用户之间可以互相给力，帮对方点亮圣诞树。其次，"分歧终端机"——简单的猜拳游戏。邀请好友,参加路书 wiki 编写等都是不错的途径。蚂蜂窝又推出了新版嗡嗡、蚂蜂窝护照、蚂蜂窝旅游指南等。"嗡嗡"对应的是"短内容",满足用户在旅行中"即时分享"的需求,类似于以 Tumblr 为原型的轻媒介。即使不旅行的时候,游客也可以在嗡嗡和不同的话题小组中进行即时交流。如今,由旅行攻略、轻博客"嗡嗡"、论坛等特色产品组成的"蚂蜂窝"已经构建成为一个完备的网络社区。

(三)产品创意

旅游攻略路书是蚂蜂窝的精华。制作非常精美,内容也包括了旅游可能接触到的当时当地的人、事、物。这些路书的内容来自用户的攻略编辑和沉淀,因而有着和通常的旅游景点介绍不同的特点。网络版的路书有 PDF 和 JPG 版,可在线阅读和下载。路书的 iPhone 和 Android 版也正在开发之中。路书的范儿和 Flipboard 倒有些神似,同样来对用户自建内容的编辑和组合。

蚂蜂窝的核心产品是旅游攻略,攻略中的照片和文字信息都来自于真实旅行用户的反馈、评价。蚂蜂窝的攻略覆盖了符合中国人出行的 90% 的全球旅行目的地。攻略里边涵盖了旅行中食、住、行、游、购、娱、出入境等重要信息,还有用户旅行的真实体验评价。

(四)TT 旅行

"TT 旅行"是 thumb travelling 的英文缩写,又称拇指旅行或者替身旅行。该活动是"首家国内以分享、互动、免费提供路书攻略为特色的旅游社区网站",是蚂蜂窝网站推出的比较成功的产品。该网站注册会员数量近 200 万,这些人大多学历、收入都很高,属于白领中的白领。如今都市的生活节奏越来越快,属于个人的时间、空间愈来愈少,人们想去旅行,但是由于种种原因又被迫搁浅。"TT 旅行"的初衷就是找一个替身到他们的意向旅行目的地帮他们实现旅游梦想,然后向他们即时分享旅途中的各种感受。同时,通过该活动,也可以聚集更多驴友,分享自己的真实体验。

虽然与同类网站相比,蚂蜂窝在路书攻略上独具特色,但作为一家新兴的网站,如何让更多网民参与到活动中来,是网站面临的一个难题。"成为人人网人人连接的合作伙伴,是我们扩大活动影响的一个契机。"蚂蜂窝网站负责人说。由于蚂蜂窝的目标人群与人人网高度重合,在相关旅游信息分享以及用户交互体验上蚂蜂窝又独具特色,蚂蜂窝网站成为首批人人网人人连接合作伙伴。网民通过自己的人人网账号,可直接登录蚂蜂窝,免费下载路书攻略、分享自己的各种信息和图片，而通过蚂蜂窝账号，同样也可直接登录人人网，与自己的好友分享旅游新鲜事。"TT"旅行这样的新鲜活动通过人人网的传播途径，受到了网民热烈追捧。

根据蚂蜂窝网站的统计：2010年3月，"TT旅行"第一期参与者主要来自社区内驴友以及他们的朋友，主要依靠口碑相传；TT旅行第二期推出的时候，蚂蜂窝已经和人人网合作。在活动推出一周内，报名人数即突破6572人。由于网民和驴友的拥护，"TT旅行"得到了北京电视台的关注，8月第三期的TT旅行，蚂蜂窝携手BTV生活频道共同推出，TT旅行员名额也增至6个。至2011年8月，TT旅行第五期报名人数已经过万人。

蚂蜂窝网站负责人曾这样介绍"TT旅行"："'TT旅行'是我们在深度研究了社区会员习惯的基础上研发的产品，这个产品符合网民乐于展现自我、趣味分享的特点。而通过人人网的人人连接技术，我们就拥有了人人网注册用户的基础，这使得类似我们这样具有创意的活动能从众多活动中脱颖而出。"

三、盈利模式

蚂蜂窝拥有清晰的盈利模式，即品牌广告与效果广告。所谓品牌广告，是依托蚂蜂窝庞大的用户资源，为客户提供直接有效的宣传。蚂蜂窝机构认证主页是专门为旅游局等旅游行业机构提供宣传服务的平台，旅游机构能够依托蚂蜂窝的优质平台向用户展示旅游资源。所谓效果广告，就是撮合交易。以酒店平台为例，一方面用户可以找到性价比高的优质特色酒店，同时蚂蜂窝能为全球的优质酒店带去真实有效的客源，从而形成用户、商户、网站三方面共赢的局面。随着蚂蜂窝对行业整合能力的不断增强，蚂蜂窝的盈利模式将迈向纵深化和多元化发展的方向。①

四、核心能力

首先，蚂蜂窝的核心产品旅游攻略解决了旅客出行前的问题。任何一位游客到一个陌生的地方旅游，需要的绝不仅仅是机票和酒店，用户一定会在

---

① 第一旅游网．蚂蜂窝陈罡：旅游攻略或将改变在线市场（http://www.toptour.cn/detail/info85225.htm）．

出行前对目的地做足功课，了解了当地的吃穿住行等事项后，才会放心出门。

旅游攻略这个产品依靠用户贡献信息，采用用户生成内容（User Generated Content，简称 UGC）模式，把真实去过的用户的点评、推荐、贴士等有效信息归纳总结，为其他用户推荐性价比最好的酒店、品质最棒的餐厅、最好的景点。这些攻略覆盖全球 95% 热门旅游目的地，截至 2012 年 9 月，攻略累计下载量超过 4000 万，单日下载量超过 16 万。

其次，蚂蜂窝推出了一系列移动产品满足用户旅行中的需求。蚂蜂窝网的核心产品是旅游攻略，但是旅游是一个很复杂的行为，一本旅游攻略并不能解决旅游过程中的所有问题。如果说旅游攻略是解决用户旅行前的问题的话，那么"嗡嗡""旅游翻译官"等移动互联网产品就是解决用户旅行中的问题。

比如说，人是社会性动物，无论是否孤身出行，在旅行中邂逅志同道合的旅者，不一定非要结伴而行，几句简单的交流，都有他乡遇故知的喜悦。而"嗡嗡"这款旅行社交软件，可以帮助用户找寻在同一目的地的旅行者，方便旅途结伴。

除此之外，语言问题也是国人在境外游中遇到的难题。中国人出境，张口难是一个非常普遍的问题，所以蚂蜂窝有了旅游翻译官这个产品，该产品拥有 30 多个国家的语言包和中国各地区的方言，可以帮助英文不好的用户解决转机、问路、点餐等各种问题。

这些移动产品虽然不起眼，但是却着实为用户解决了很多实际的问题。目前，蚂蜂窝的 5 款移动核心产品安装量已经超过 1000 万。

而对于旅行后来说，用户仍然有着分享的需求。当其结束了精彩的旅程，相机里满载着照片，当然希望能够和他人分享。而蚂蜂窝网站的游记功能给用户提供了和其他人分享旅行见闻的场所。据统计，每天有数千篇的新游记被发表，这些游记每日被回复数万次，每日新增的原创数据超过 40G。

最后，蚂蜂窝再将这些游记中精华的、对其他想要出行的用户有用的部分提取出来，制作成核心产品旅行攻略，为其他计划出行的用户服务。这样一来，这些贯穿旅行前、中、后期的旅游产品就形成了一个自给自足的闭环。[①]

从上面介绍中，我们可以概括出蚂蜂窝的核心能力为旅游攻略、产品线拉长、个性化服务三个方面。

---

① 环球网．蚂蜂窝的社交玩法（http://finance.huanqiu.com/mba/2013-05/3956472.html）．

(一)旅游攻略

旅游攻略是蚂蜂窝的核心产品,它理应以中立客观的定位赢得用户信任,完全靠 UGC 去帮助用户作旅游决策。只不过以前用户看完攻略后还需要去搜索引擎中寻找相应服务,现在通过蚂蜂窝就能找到服务预订的平台和渠道,这其实是提升用户体验的手段之一。

蚂蜂窝非常看重旅游攻略,并把它作为在线旅游发展的第三个阶段。前两个阶段的代表公司是携程和去哪儿,标准化产品的检索和销售是它们的共同特点。但旅游其实是一件很复杂又很个性化的事情,它的准备周期会比较长,而即便是同一个人去同一个地方,他的感受也会因季节与游伴的不同而有差异,更别提他在此过程中产生的吃、住、行、游、购、娱的即时消费需求。这些需求此前长时间未能得到满足,而移动互联网的崛起带来了机会,整个在线旅游正在由卖方市场向买方市场转移,这是陈罡"旅游攻略时代"的背后之意。

蚂蜂窝内部有一套攻略引擎算法,通过语义分析和数据挖掘,识别出真实可靠、有价值的信息。然后工作人员再将这些照片、贴士和点评进行整理归类,得到一篇包含食、住、行、游、购的一站式旅游攻略。当平台上的信息发生变化,到达一个临界点的时候,就会触发攻略信息的改变,使得旅游攻略能够得到及时的更新。一些热门旅游地也会保持更加频繁的更新。蚂蜂窝在一些地区还设立了"分舵",这是一批熟悉环境的当地旅游爱好者,一些内容也由他们更新和维护。[①]

(二)产品线拉长

蚂蜂窝目前推出的 APP 有"旅行翻译官""旅游攻略""旅行家游记""嗡嗡"(类微博产品)"旅游点评"5 款,覆盖了用户游前、游中、游后 3 个环节。产品线看似拉得很长,但其实很聚焦:陈罡强调公司不会涉及一切线下业务,比如机票酒店预订和景点门票销售,任何产品的推出,围绕的核心都是收集用户在旅游活动中产生的所有数据信息,并以此为基础打造更加完善的"攻略体系"。用 UGC 的方式帮用户作旅游消费决策,这是蚂蜂窝"旅游攻略"的真正价值和本质所在。

---

① 谢丹丹. 蚂蜂窝:旅游攻略背后的商业攻略. 中外管理,2013(11).

(三) 个性化服务

为满足用户特定的需要，蚂蜂窝的攻略除了按照目的地分类之外，还按照主题分类，例如"购物""历史""蜜月""亲子"和"夕阳红"等。通过这些关键词，旅游爱好者就可以组合不同的人，怀揣不同的心情上路，找到适合自己的旅游目的地。如果以上这些旅游攻略都不满足用户的需求，用户甚至可以上蚂蜂窝"定制"自己的旅游攻略。

为了进一步满足用户的个性化需求，蚂蜂窝早在2011年就推出了自己的第一款客户端——"旅行翻译官"。这款APP为旅行者提供世界上主要语种和国内常见方言的衣食住行常用语发音。目前，蚂蜂窝已经推出了"旅游攻略""旅行翻译官""嗡嗡""旅行家游记"和"游记"5款客户端为核心的APP矩阵，以满足旅游爱好者出行前、出行中、出行后的不同时间段的需求，并能及时帮助用户作出消费决策，分享旅行感受。

五、合作伙伴

从蚂蜂窝定位来说，蚂蜂窝是一个新的Travel Media，对于媒体类的盈利方式来说其实还是脱离不了广告，蚂蜂窝的盈利方式还是会分成品牌类、展示类和效果类的广告。[①]

品牌类广告。目前有很多合作伙伴正在和蚂蜂窝展开合作，包括洲际酒店、汉莎航空、新加坡旅游局这样很有代表性的国际性的机构，它们都觉得蚂蜂窝的平台和广告效果都是非常棒的。

效果类的广告。除了国外知名品牌，对于比如国内的携程、易龙、途家、小猪短租这样的合作伙伴，蚂蜂窝现在也在紧密地开展一些合作。

从未来赢利方式中，蚂蜂窝可以继续维护与巩固这些合作关系，并拓展新的合作伙伴关系。

---

① 和讯网. 蚂蜂窝陈罡: 互联网巨头杀入OTA将加速行业成熟 (http://tech.hexun.com/2013-08-11/156987559_1.html).

六、管理团队

蚂蜂窝创始人陈罡和吕刚,曾是国内最早的自助驴友。在陈罡和吕刚看来,旅游是人生的终极需求,只有真正认识到旅游价值,才有机会成长为一家真正优秀的商业旅游网站。作为一家将旅游攻略作为核心产品的公司,蚂蜂窝还没有明显的商业化色彩和用户收费项目。考虑到用户体验,攻略和页面都尚未吸纳商家广告。对此,吕刚表示,蚂蜂窝当前的定位是机器服务网站,为中国人打造最适合自己的旅行工具书。

第三节 蚂蜂窝的运营评价

一、优势

第一,蚂蜂窝在2006年伊始就作出了"分享旅游攻略和旅行故事"的市场定位。凭借着非功利和专心分享旅游攻略的方式在短时间内吸引了200万活跃的驴友游客用户。由此可以看出,旅游网站特别是旅游攻略网站,首先要有明确的市场定位。而蚂蜂窝做到了这一点,它找到了自己的市场定位。

第二,蚂蜂窝及时有效地收集、整理、组合了网络信息时代的信息内容,真正做到了以"内容为王"。它的旅游攻略内容来源于200多万活跃的驴友游客用户,同时它懂得如何维护经营好网站用户的积极性、互动性和创造性,有着紧凑的旅游攻略文本生成链条,使蚂蜂窝拥有2万多个旅游攻略,足以应对将要出门旅行的游客用户。

第三,蚂蜂窝懂得归类旅游热门话题并进行策划、用户互动,从而生成更多有主题的旅游攻略文本素材,为蚂蜂窝旅游攻略提供无限的内容。同时,蚂蜂窝及时有效地开发APP产品,如"旅行翻译官""嗡嗡"等产品,使其旅游攻略成为移动的产品,随时随地可以无限、快速地复制与分享。[①]

---

① 吴惠丰. 旅游网站的攻略文本生成模式探究 [D]. 南京:南京大学,2013.

二、劣势

当然，蚂蜂窝作为以信息文本为生的网站，不可避免地存在一些客观性的不足。

第一，蚂蜂窝的攻略文本素材来源UGC，即用户生成的内容，这信息内容本身就具有片面、零散、失误的可能性，而蚂蜂窝本身不能像《孤独星球》那样派出自己的旅行作家团队进行体验考察。因此，信息难免有误，这会间接影响到蚂蜂窝在用户心中的信誉和权威性。

第二，正如旅游业，不同的旅游景点就会有不同的游客和人气。出了名的旅游目的地往往会有多数的游客向往并分享旅游故事，如丽江、香格里拉、北京、上海、杭州等地；而比较冷淡的旅游目的地则缺乏相对应的用户分享，旅游攻略就难免会缺乏内容，即比较偏僻或还没得到有效开发的旅游目的地不会拥有足够的旅游游记和故事分享。因此，蚂蜂窝的旅游攻略难免会出现不平衡。也就是说，有些旅游目的地的攻略足够详细，而有的旅游目的地则是草草略过，如西藏羌塘草原、新疆的阿勒泰等。

第三，与国外旅游巨头相比，蚂蜂窝在资金、技术、实力方面还有一定差距。我国旅行社在发展中对消费者的需求变化把握不及时，对市场的反应存在滞后性。

三、机遇

第一，我国旅行社在学习中不断发展、完善自己，部分旅行社开始借鉴国外管理、技术等方面的先进经验，为自己所用。蚂蜂窝同样可以向它们学习，取长补短。

第二，世界各国都在大力发展旅游业，为我国旅行社走出国门，提供了良好的契机。

第三，我国许多地方正在兴建旅游设施，为旅行网站、旅行社的未来发展提供支撑。

第四，我国总体经济形式发展良好，国民生产总值不断提高，人民收入水平以及生活水平不断提高，旅游群体规模巨大；当前旅游业的发展得到政府的支持，旅游基础设施不断完善；我国旅游资源丰富，网络技术的发展降低了旅游业经营成本，相关法律法规不断完善，旅游业竞争将更加有序。在此环境下，蚂蜂窝发展前景甚好。

第五，在经济环境方面。我国自改革开放以来，经济发展形势良好，国民生产总值大幅度增长，人们生活水平不断提高，旅游业发展具有美好的发展前景。根据马斯洛的需求层次理论，当人们的生活水平达到一定程度时，他们会将自己的收入投入到满足更高层次需求的领域上去，作为满足人们精神需求的旅游业，无疑具有广阔的发展空间。而我国政府目前的经济政策也在大力鼓励旅游经济的发展。我国目前的交通状况以及旅游景点等基础设施的建设状况也在日趋完善，这为人们的出行提供了极大的方便。

第六，在政治环境方面。我国始终走和平发展之路，长期以来政局稳定，这为旅游业的发展提供了良好的外部环境。国家制定与旅游业相适应的法律法规政策不断完善。政府也在不断加大对旅游业的重视程度，期望以其为契机，形成当地良好的投资环境，达到招商引资的目的。我国与周边国家以及世界上很多国家都建立了良好的外交关系，这有利于我国旅游业在国内迅速发展的同时向国际进军。

第七，在社会环境方面。我国人口众多，中老年人口占据较大比重，他们大多有稳定的收入，同时又希望去了解外面的世界，旅游市场规模庞大。青年是我国旅游市场的生力军，他们对旅游有着旺盛的需求。随着我国人民物质生活水平的提高，强烈的社交、自尊、信仰、求知、审美、成就等高层次需要增强。"五一""十一"等黄金周旅游热潮的兴起以及各地开办的丰富的旅游文化节，使人们的消费观念有了很大的改变。

第八，在技术环境方面。网络电子商务环境的发展使网络交易平台兴起，人们可以更多地了解这个世界，旅游业各方面的相关信息将更加公开、透明。飞机、轮船、汽车等交通工具的生产技术改进及其成本的降低，使人们出行更加方便、出行成本更低。电子客票的普及让人们得到各种旅游票据更加方便、快捷。

四、挑战

第一，国际旅游巨头加入，使蚂蜂窝在竞争中面临改革的巨大压力，改革失败可能导致市场的丧失。

第二，国内旅行网站、旅行社数量众多，为争夺客户而使竞争更加激烈，有时候甚至存在过度竞争。

第三，新型休闲方式的发展让人们有了更多选择，导致部分客户源的丧失。

第四，行业新加入者将会带来新的威胁。新加入者会带来生产能力的扩大，带来对市场占有率的要求，但它取决于进入行业的障碍和原有行业的反击程度。现有竞争者同样带来各种竞争，包括目前竞争者采用的价格战、广告战，增加对消费者的服务和质量等。目前，不时会出现各种新的产业替代品，它们同样会带来各种挑战，包括那些与本行业产品有同样功能的其他产品。面对购买者讨价还价行为，依旧存在各种挑战；购买商要求降低价格，提高产品的服务和质量，这取决于购买商的实力是否强大。在与其他企业合作时，不可避免地会与供应商进行讨价还价，供应商的威胁手段一是提高供应价格，二是降低供应产品或者服务的质量；如果供应商的势力强大，这些手段就较容易实现。

第五，媒体环境的变化。2014年的媒体环境的分散化、碎片化，以及微信、易信等新媒体平台迅速崛起，而每个媒体平台的个性化特点愈加凸显，使得营销渠道分散化，营销策划和执行耗费更多的成本。①

第四节　蚂蜂窝的运营建议

针对以上对蚂蜂窝网站的分析，给出如下建议：

第一，针对旅游攻略中因UGC本身的缺陷带来的误差，可以考虑建立有效的纠正机制。如百度百科的纠正模式，或设置一个纠正社区，由不同的驴友游客用户进行讨论纠正。

第二，可以考虑派出蚂蜂窝自身旅行作家进行实地考察，或以招募旅行作家的方式，在大范围上指定旅游目的地，对相应的信息进行考究。

第三，对于未开发的旅游目的地或比较偏僻冷淡的旅游目的地，可以考虑是否像《孤独星球》或穷游网那样招募旅行作者，对没有得到有效开发的旅游目的地进行旅游考察和旅行体验，进而率先提供有效的旅游攻略。

第四，加强品牌建设。从品牌的外部呈现来看，经过多年的发展成长，

---

① 成功营销. 蚂蜂窝用户＋社交＋个性（http://www.vmarketing.cn/index.php?mod=news&ac=content&id=6854）.

蚂蜂窝目前依靠自身聚集的人气在在线旅游中占有一席地位，此时公司应当注重品牌的维护与提升，加强公关意识。除了在热点社交媒体注册官方账户进行定期宣传外，还应当注意把握社会热点事件，巧妙将热点事件与网站营销进行有效勾连，巧妙扩大品牌影响力。同时，作为新兴旅游网站，公司应注重营造良好的企业文化氛围，最大程度地吸引优秀人才，增强公司软实力。

第五，双线产品的开发与利用。补偿性理论认为，任何一种后续媒体都是一种补救措施，是对过去某种媒介或者某种先天性功能的补偿。网络在弥补传统媒体更新频率以及互动体验的同时，也存在信息过量、不易保存等先天缺陷。因此，如何进行线上线下的双线交融，仍然值得重视。蚂蜂窝在全力构建移动互联网产品的同时，也应当注重线下产品的创新增产：一方面可以创建与旅游产品直接相关的专业性攻略以及主题杂志，主导旅游圈的话语权，扩大影响力；另一方面则通过 logo 文化衫、玩偶、旅游产品的售卖，获得实际体验与文化推广的融合，达到品牌营销有用功的最大化。

第六，注重大数据收集与分析。当前互联网的运营从表层看是对注意力以及人气的聚合，深层缘由是根据用户在信息发布和人际互动下记录更具有市场价值的信息搜集，以便预测行业下一步发展。虽然各界对隐私保护的讨论以及对于涉入隐私的界限存在争议，但是仍不可否认大数据搜集对行业发展的重要性。蚂蜂窝应该利用自身已经建立起来的人气优势，适时整合权威报告。2013 年，蚂蜂窝推出《2013 年假期旅游预测报告》，主要从性别、城市、消费份额来展示最新旅行者的消费习惯。我们可以认为，这个举措应该是蚂蜂窝作为大数据信息搜集展示的一部分。今后，网站还可以提供更为完整、更具备商业价值的旅行数据报告，实现除产品以外更具核心竞争力的消费产品。[①]

第七，针对媒体环境变化作出的应对策略是，注重产品创新，并加强与行业伙伴的深度结合，开发更多产品形态，同时借助用户的力量做好口碑营销。

---

① 陈竞洲. 浅谈网络媒体下的旅行平台构建——以蚂蜂窝为例 [J]. 青春岁月，2013（20）.

第九章 挖掘旅游线路的在线预订市场：途牛

第一节 发展历程和现状

途牛旅游网（www.tuniu.com）是由其现任首席执行官（CEO）于敦德和现任首席运营官（COO）严海峰在 2006 年 10 月创建的，是南京途牛科技有限公司旗下的网站，以"让旅游更简单"为使命，为消费者提供由北京、上海、广州、深圳等 64 个城市出发的旅游产品预订服务，产品全面，价格透明，全年 365 天 24 小时 400 电话预订，并提供丰富的后续服务和保障。途牛利用互联网优势，整合旅游产业链，通过呼叫中心与业务运营系统服务客户，开辟了创新的在线旅游预订模式。目前，途牛旅游网提供 8 万余种旅游产品供消费者选择，涵盖跟团、自助、自驾、邮轮、酒店、签证、景区门票以及公司旅游等，已成功服务累计超过 400 万人次出游。同时，基于途牛旅游网全球中文景点目录以及中文旅游社区，可以更好地帮助游客了解目的地信息，妥善制定好出游计划，并方便地预订旅程中的服务项目。①

图 9-1 途牛网首页

---

① 途牛网（http://www.tuniu.com/corp/aboutus.shtml）．

一、成立背景

"在线旅游市场里，相比酒店机票的预订服务，专做旅游线路预订的很少。"途牛网创办人于敦德说，玩的人少就意味着机会。尽管携程、艺龙等在渠道、产品资源等方面的优势为后来者树立了强大的竞争壁垒，但是途牛网只做旅游路线，对这一细分市场进行深耕细作，仍然是"广阔天地，大有作为"。于敦德提出了做不了携程，另辟"旅游路线"的思想。这个思想是从以下几个方面一步一步实现的。

（一）做旅游路线

之所以选择做旅游是因为于敦德酷爱做网站，想在这个领域干出一番事业；又因为喜欢旅游，所以看中了国内旅游市场每年1万亿以上的大蛋糕。刚走出大学校门没多久的于敦德选择了创业，并将目光瞄准了在线旅游预订市场。

于是，于敦德的创业就从做旅游网站开始了。2006年，25岁的他跟几个合作伙伴一起创办了旅游产品电子商务网站，产品为旅游路线。创业项目确定之后，他们花费半年时间建立网站，并取名为"途牛网"。

今天的在线旅游业用10多年时间走过了传统旅行社几十年的路。于敦德将途牛旅游网定位于"旅游线路"预订服务。在线旅游市场里，相比酒店机票的预订服务，做旅游线路预订的很少，很多有实力做在线旅游的旅行社也没有成功做起来。

（二）竞价排名，"搜"来滚滚人气

虽然旅游是传统行业，但出身于互联网的于敦德非常了解网络的优势，在途牛网创办之初，就开始全面借助网络营销，为网站带来了滚滚人气。

众所周知，白领阶层有一定的消费能力，经常上网，对网络交易的信任度很高；若他们去旅游，那么其出行前会通过网络搜索，比较不同在线旅游网站，找到潜在兴趣网站咨询，而大多数主动咨询的客户都能顺利完成交易。而这类客户群也正是途牛网的主要目标客户群。于是，为打开知名度，途牛网采用网络营销中的竞价排名这种重要营销手段，获得了源源不断的销售线索和订单。

（三）戈壁投资途牛项目

途牛起家的时候，启动资金不到 100 万元，股东送了第一台服务器。后来随着严海峰的朋友和于敦德的朋友的资金投入，途牛网才有了初步的发展。

也就是在 2007 年中，途牛成立 8 个月的时候，严海峰和多家风险投资（VC）的接触有了结果，"直到戈壁进来的这笔资金才让两人有足够的余粮"向赢利靠拢，戈壁落点在途牛，因为这是他们看到的规模最大的一家旅游网。

（四）服务体验是核心

"服务业是个细活，不能通过机器去做。"严海峰说。

在内部管理上，途牛网有严格的内部控制。若有投诉，一经查证属实，产品经理都要接受罚钱，供应商也要扣钱。在多数情况下，严海峰都把投诉归在自身服务上。

二、发展历程

- 2009 年大事记

2009 年 1 月，两周年庆典大会举行；

2009 年 3 月，公司旅游产品线上线；

2009 年 10 月，度假酒店产品线上线；

2009 年 11 月，成功获选 2009 红鲱鱼（Red Herring）亚洲科技创新公司 100 强企业；

2009 年 12 月，"游海南，送小牛"活动成功举办。

- 2010 年大事记

2010 年 1 月，途牛旅游网全面启动 "7×24 小时全天候服务"；

2010 年 2 月，途牛旅游网荣登 2009 电子商务风云榜；

2010 年 5 月，途牛荣获 "企业信用评价 AAA 级信用企业"称号；

2010 年 6 月，途牛旅游网正式启用全新旅游预订电话；

2010 年 9 月，途牛成都旅游网正式上线；

2010 年 10 月，途牛武汉旅游网正式上线；

2010 年 12 月，途牛重庆旅游网正式上线。

● 2011 年大事记

2011 年 1 月，途牛西安旅游网正式上线开业，途牛常州旅游网正式上线开业；

2011 年 2 月，途牛无锡旅游网正式上线开业；

2011 年 3 月，途牛长沙旅游网正式上线开业；

2011 年 4 月，途牛旅游网完成 C 轮约 5000 万美元融资，途牛大连旅游网正式上线开业；

2011 年 5 月，途牛厦门旅游网正式上线开业；

2011 年 6 月，途牛青岛旅游网正式上线开业。

● 2012 年大事记

2012 年 3 月，获"英国旅游专家旅行社"称号；

2012 年 4 月，入选 2012"加拿大优先合作旅行社"；

2012 年 6 月，获"最具活力互联网企业"奖；

2012 年 6 月，获评"2012 中国消费市场最具影响力品牌"成长潜力奖；

2012 年 8 月，获"年度最受欢迎旅游类商城"称号；

2012 年 9 月，通过 ISO 9001:2008 质量管理体系认证；

2012 年 12 月，获"2012 年度第十一届中国企业成长百强"亚军殊荣；

2012 年 12 月，获"第三届中国休闲创新奖——休闲创新卓越贡献奖"。

● 2013 年大事记

2013 年 1 月，途牛旅游网获"中国年度最佳雇主（2012）"殊荣；

2013 年 2 月，海南康泰旅游机构一行来途牛旅游网参观访问；

2013 年 3 月，途牛旅游网获评"南京市商务工作优秀企业"；

2013 年 4 月，途牛旅游网荣获"中国出境游最佳在线旅行社"奖；

2013 年 4 月，途牛旅游网荣膺金远奖"最具品牌突破力企业"；

2013 年 5 月，途牛以强大阵容参展"上海世界旅游博览会"；

2013 年 5 月，中组部副部长、人社部部长尹蔚民莅临玄武区调研；

2013 年 6 月，"途牛"获评南京市著名商标；

2013 年 8 月，途牛荣获"江苏省著名商标"铜牌；

2013 年 9 月，广州分公司开业；

2013 年 10 月，荣获金耳麦杯；

2013 年 10 月，荣获 AAAAA 旅行社；

2013 年 11 月，荣获 2013 年度十佳企业官方微博荣誉证书及奖牌；

2013 年 11 月，荣获途牛境外 WIFI"牛无线"产品推广综合类金铜奖；

2013年12月，荣获"2013年度'十一'黄金周10大国内游线路"；

2013年12月，荣获年度最受网友欢迎网站。

● 2014年大事记

2014年5月9日晚，途牛网敲响了美国纳斯达克开市钟，正式登陆美国资本市场，股票代码为"TOUR"。

三、发展现状

经过多年的发展，目前已拥有员工逾千人，公司总部设在南京。途牛旅游网提供北京、上海、天津、深圳、南京、苏州、杭州、成都、武汉、重庆、宁波、西安、无锡、常州、长沙、大连、厦门、沈阳、青岛、太原、温州等21家分公司出发地旅游产品的预订，包括周边自助旅游（如景点门票、住宿、温泉等），周边跟团旅游，国内长线跟团旅游，海南、云南、广西等自助旅游（如往返机票、酒店等），以及包括港澳、马尔代夫海岛在内的出境自助游。同时，基于途牛全球最大的中文景点目录和中文阳光旅游社区，可以帮助用户了解目的地信息，制定出游计划，并方便地预订旅游过程中的服务。

基于"互联网＋旅行社＋呼叫中心"的运营模式和注重客户体验的服务模式，途牛旅游网一直以"为旅游者供经济可靠的旅游产品"的形象示人，深受客户信赖。在众多客户的支持下，途牛业务量高速发展，短短几年已跃居国内在线旅游网站前列，每年增长速度3倍左右。

第二节 途牛的商业模式

一、目标客户

途牛网的主要客户群是白领阶层。采用网络营销中的竞价排名成了途牛网打开知名度，带来源源不断的销售线索和订单的重要营销手段。

据了解，目前途牛网投入的网络竞价排名营销费用，占了总预算过半份额，而传统推广方式花费的营销费用仅占总投入的30%。虽然投入不菲，不过实际的效果却很好。于敦德透露，2007年是途牛网运营竞价排名营销的第一年,在没有积累没有品牌的情况下,就取得了超过百万元的盈利,客源中有60%～70%是冲着竞价排名而来的;2008年,竞价排名营销的效果更为明显,为途牛网带来了近千万元的盈利。

截至2011年6月,我国使用在线旅行预订的网民为3686万人,在网民中的使用率为7.6%,占最近半年外出旅行的网民的22%,旅行预订服务渗透的发展空间还很大。从学历、收入和职业层次等因素上看,旅行预订的用户还属于社会的中高阶层,旅行预订服务目前还没有完全走向大众,还聚焦在相对较为高端的人群。

网民预订酒店行为相对更为传统化,更多的网民是选择电话或者亲自与酒店接触的方式进行预订的,直接电话预订的占30%,家人或朋友代订的有29.9%,直接到酒店预订的有25.3%。网民自己在网上预订酒店的比例相对偏少,只有14.2%;电话代理商预订的有9.9%。44.3%的行程预订用户是找旅行社预订,使用网上预订的比例为16.1%,通过代理商的呼叫中心电话预订的有14.5%。

在线旅行预订用户中,最近半年在网上预订过机票、酒店和旅行行程的用户分别为95.7%、81.3%和54.2%。用户在线预订的行为方式较为分化。38.2%的在线旅行预订用户直接上代理商网站预订,37.6%的用户直接上航空、酒店官网预订,34.2%的用户使用通用搜索后再预订,18.1%的用户是使用旅游垂直搜索后预订。

二、产品类型及各类型的特色

途牛的主要产品有以下四种:
- 跟团游。包括周边短线游、国内长线、出境游,行程透明、质量可靠。
- 自助游。海岛、港澳、三亚、丽江、九寨沟、厦门等既有国内外自助游套餐,亦可单订某项产品或任意搭配组合。
- 特色产品。针对个性化需求为游客量身定制个性化的旅游产品。
- 景点门票。数千家精品景区,超低价订购。

基于景点库,途牛网又做了两个在于敦德看来颇有意思的产品:一个是路线图,一个是拼盘。"路线图"是一个用来做游记的工具,可以让网友们按照天数把行程很直观地进行组织,途经的景点都可以利用景点库的资源选择出来,每天包含几个景点,一个行程包含几天,这样一个完整的游记就出来了。"拼盘"是根据一个主题,把一些景点给组合出来,添加非常方便,只要把文章贴上,然后利用景点选择器选一下景点就可完成。例如,"世界上八大令人惊讶的岩石美景""国内旅游的十座顶级小城古镇"等,不但可以看到文字,还可以看到景点库里丰富的图片,很好玩。

其中特色产品有牛人专线和牛人跟团。

"牛人专线"是途牛旅游网倾心打造的独家品牌,致力于全面提升游客的游览体验。线路产品设计的出发点立足于游客体验,价格定位面向大众,对比同等价位其他线路,"牛人专线"拥有全面的优势。行程轻松不累,细节100%完全透明,且参团的都是途牛的客人,品质更有保证。"牛人跟团"是途牛旅游网推荐产品,整合当地优质资源,价格经济实惠,符合大众旅游需求。

途牛旅游网力推自主产品——"牛人专线"系列旅游产品。该系列产品是途牛旅游网资深旅游团队从众多旅游产品中挑选出的性价比极高的精品线路,并优化了景点安排和服务标准,为游客打造的高品质产品。"牛人专线"拥有诸多鲜明的特点:独家产品、独立成团,让每一位游客能体验到来自途牛的专业贴心服务;透明行程、透明消费、透明购物,让游客能够明明白白地旅游。具体详细的行程表,让游客能够提前了解行程中的每一处细节,享受畅快的旅游行程。

三、盈利模式

国内有众多的旅行社,途牛网将这些旅行社的旅游线路集中在一起并且分类管理,游客通过访问途牛网了解感兴趣的旅游线路,也可以向途牛网的客服咨询,最后在途牛网完成预订。当游客与旅行社签订合同时,途牛网可以获得旅行社反馈的3%~7%的佣金。同时,途牛根据其专家团队的研究结果,结合各大旅行社开发出市场上没有的旅游路线,这一块的获利比率相对较高。同时,海内外邮轮票务销售、景点门票销售、酒店预订等也是主要盈利来源之一。途牛的盈利模式主要如下:①

(一)差异化经营

跟携程、艺龙等"酒店+机票"产品的模式不同的是,途牛只卖旅游线

---

① 百度文库. 途牛旅游网案例分析报告(http://wenku.baidu.com/view/cca953db80eb6294dd886cc6.html).

路；跟传统旅行社门店销售模式的区别又在于，它们是以"网站+呼叫中心+旅游线路"的方式展开业务的。这就是途牛首席执行官于敦德为途牛网寻找到的差异化竞争优势。用户通过网站的展示平台，能够轻松地找到自己满意的旅游产品，然后通过电话咨询或直接在网络上预订并支付旅游产品，为用户节省了更多的时间和精力。途牛的团队中专门设定了呼叫中心部，负责全天候呼叫、预订和咨询。2010年1月4日，途牛旅游网全面启动"7×24小时全天候服务"，用户可以随时随地享受途牛无微不至的贴心服务和深切关怀。

（二）线上+线下的渠道革新

在线旅游企业的经营内容、销售的产品，最终还是要落地，通过线下的服务和运作来完成与旅游者之间的买卖协议。而线下的传统旅行社，可以通过在线技术，为自己找到更多的客户，拓展市场空间。所以，途牛采用了在线旅游和线下企业的深度结合的经营模式。

途牛相对酒店和机票的预订方面，更重视完整的旅游线路服务，能够为客户提供指导意见，将旅行社订单流程细化，线路、景点、时间、住宿、吃饭标准、费用、保险等项目在网站上全都标注得很清楚，也能够看到其他游客的评价。

良好的线上用户体验是途牛网的核心优势。途牛的首席执行官于敦德总结出提升线上用户体验的三大要点：人性化、个性化、社会化。连同前期成功的营销宣传，途牛网会员数量呈几何级增长，网站流量和知名度位居同类型网站前列。同步递增的还有合作旅行社的数目，因为它们从途牛网激增的会员和流量看到了庞大的潜在客源。迄今为止，已有近千家旅行社和途牛网合作。

业内人士透露，有途牛网客人与其他渠道的旅客被放到同一个旅行团的情况，这对途牛网的差异化和售后服务都形成了不小的挑战。途牛网定位在最终端的销售平台，用户的线下体验会影响到途牛网的口碑和品牌。所以途牛网正通过定期培训导游、派专人考察和收集用户反馈等途径，逐步规范供应商，并提升游客在旅游过程中的体验。

作为线上旅游产品的终端销售平台，途牛网2010年预订出游人数高达30万，对其开拓线下旅行社合作伙伴，无疑是一个利好因素。定位于专业网站的途牛网，累积的50多万名在线注册用户、丰富的在线营销经验，吸引了众多旅游供应商。

（三）途牛网站联盟

途牛网站联盟是途牛旅游网的分销平台，联盟会员网站可以通过图片、文字广告，开通途牛旅游网的频道、内嵌、抓取路线或EDM等多种形式推广宣传途牛旅游网，途牛旅游网将通过CPS进行分成。分成比例在销售额的2%～3%。

其中，CPS全称为商品推广解决方案（Commodity Promotion Solution），是基于门户级网络媒体，通过全站充分连续的展示某商品，促使用户认知、喜好并购买的一种创新推广方式。即按照推广销售成功支付佣金的计费方式。

途牛网站联盟的优势：

(1) 途牛品牌保证。企业信誉保证，中小联盟无法比拟。
(2) 推广有效期长达1年。绝对超值，远超其他联盟的丰厚收益。
(3) 数据反馈及时准确。订单、佣金数据基本实现实时传递，方便查看。
(4) 广告更新迅速，内容精彩。由专业的视觉设计人员制作。

通过这种联盟推广的方式，可以为途牛在短期内做大宣传并且带来更多更广的客源，不失为一种好的推广经营的方式。

四、核心竞争力

途牛的核心竞争力主要表现在以下几个方面：

(1) 用户。在旅游预订行业，途牛网入行比较早，在推广的深化中，在消费者市场中拥有众多的客户，成为一个巨大的竞争优势。

(2) 渠道。渠道对于网站而言，就是产品的丰富程度。途牛网除了跟团游、自助游外，还有特色产品、景点门票、海内外邮轮业务，这些产品可以满足不同客户的需求。

(3) 品牌。途牛从网站的竞价排名到公共交通传媒以及电视传媒的全面覆盖，在消费者心中树立了良好的品牌形象，现在提到途牛，顾客就能想到"要旅游，找途牛！"的广告语。同时，途牛也成为旅游预订中具有很强竞争力的一个品牌。

五、管理模式[①]

（一）战略

途牛旅游网实行差异化战略，只做旅游路线并对这一细分市场进行深耕细作。途牛利用互联网优势整合旅游产业链，通过呼叫中心与业务运营系统服务客户。从 2010 年开始，途牛网把更多心思花在产品和服务上，同时针对目前旅游产品鱼龙混杂的情况，途牛网还制定了回访制度，对所有订单进行逐个回访，确保服务质量。客户的服务满意度是途牛网最为关注的，所以接下来主要还是以提升服务的水平、提高客户对服务的满意度为目标做一些事情。

（二）组织结构

途牛旅游网的组织结构属于事业部制，途牛团队下属五个部门，分别为：
- 网站部。庞大的产品信息、旅游资讯、旅游者互动社区、在线咨询与网上预订；
- 呼叫中心部。全天候呼叫中心、预订、咨询；
- 客服部。最新旅游资讯、邮件列表服务、回访服务、追踪服务；
- 产品部。全国旅游产品采集、筛选、服务质检；
- 技术部。为途牛其他部门提供强有力的技术支撑，公司业务快捷化、自动化。

（三）管理控制

于敦德主要负责公司的战略，把控公司的发展方向；严海峰承担销售、推广的重任。于敦德把自己与严海峰的搭配形容为"他踩油门，我刹车"。"碰撞来自于大家信息的不对称。"于敦德说，碰撞让他意识到内部透明化的重要性，通过邮件组、面对面沟通等多种方式加强团队沟通。每个人发现了问题都可以给大家发邮件，不仅给自己的直属领导发，还要给涉及的所有部门与人员发，在透明沟通中矛盾明显减少了。

自 2010 年来，途牛网每年保持着 300% 的增长速度，目前月收入超过 50 万元。于敦德并没有好高骛远："我希望我们稳扎稳打，未来继续保持 300%

[①] 陈默. 在线旅游移动端大战初现端倪 [J]. 互联网周刊，2013（20）.

的增长,给予客户更优的体验。"

(四)企业文化

1. 注重细节,"没有惊讶"

一些公司往往过于关注战略,很少去关心细节问题。内部办公都是用邮件来沟通,有一个细节是一封邮件发出去后,大家收到后总会回复一下,如"收到""好的"之类。虽然只是一个小细节,但导致的结果是大家邮箱里面每天都会收到很多类似"收到""好的""谢谢"之类的邮件。这些无实际意义的邮件往往会对工作造成一定的干扰,所以途牛网就规定,除审批回复外,如果回复邮件里面仅有类似感情用语或者表示得知,则不需要发送,默认所有人都会阅读收到的邮件。如果因为没有阅读出现问题,默认是收件人的责任。这虽是个小细节,但保证了邮件沟通的高效性。

其实细节就像是润滑剂,让公司能够顺畅地运转,同时还能对公司这个机器起到保养作用。办公室多一些绿色植物,每逢节日办公室做些氛围布置,这些像是润物细无声一样,对公司企业文化起到很大的作用。企业文化对公司业务也发挥很大的作用。

途牛网有一个重要的文化叫"没有惊讶",即要求所有途牛人在与同事、客户的沟通方面做到细致入微,多从他人的角度去思考问题和解决问题,不要造成相互之间的"惊讶",尤其作为服务性行业,细节更是凸显重要。公司一直强调,对于会员的沟通要注重细节,所有行程线路细节要尽量全部呈现给会员,不能让会员在行程中产生"惊讶"。

2. 牛人堂:企业的学校,员工的课堂

途牛网在新员工培训的时候,会向每一位新员工传输一个理念:"每一位途牛人都是牛人!"牛人堂是员工学习的课堂,同时也是进行自我提升的一个优化空间。

一家企业要想把自己的文化传播给员工,首先就是要有完善的培训体系,让自己的员工在企业里不断学习和进步。牛人堂就是途牛网自己的员工学校。在这里,有系统的新员工入职培训,有专业的培训讲师授课;有老员工的业务交流,相互学习好的经验;有专业技能的学习课堂,提高员工的业务流程效率;有相关培训专家开展职场业务培训,在各项培训中,培训部还会开展很多符合年轻人口味的趣味性活动,以达到更好地消化知识的目的。

同时,每位员工入职 1 个月内就会有和公司高层直接对话的机会,称之为新员工沟通会。新人可以和公司高层面对面沟通,主动提出疑问和见解。

3. 员工 TOP 排行榜：提升内部竞争力

企业的发展源于员工的创造力和竞争力，需要员工的集体力量来推动；员工的个人发展则需要企业提供机遇和发展空间。对于企业而言，有效的绩效考核机制会提高整个公司的员工业务能力；对于企业员工而言，有竞争才会有进步。在每个业务部门办公区域都设置了一个本部门的 TOP 排行榜，定期表彰工作积极的员工，鼓励其再接再厉，同时对其他员工也起到激励作用，形成良性的内部竞争机制，从而使员工不断进步，带动整个企业的发展，提高企业的综合竞争力。

4. 门牌取名：团队最真实的自我写照

为了给员工创造一个轻松、活跃的工作氛围，以利于员工最大限度地发挥自己的创造力和工作潜能，途牛产品部的每个团队都有自己的团队名字和精神面貌口号：或是反映团队的工作职能，或是对自己团队的真实写照，或是团队自己立下的工作目标等。

"牛人专线"小组负责途牛的主打产品线路——牛人专线；"钢七连""拼命三郎"是团队的工作精神面貌和态度；"东方明珠"是团队负责的旅游方向。这是每个团队员工集思广益，结合团队的各方面特色去总结的，是团队最真实的自我写照。自己给自己定位，自己给自己定目标，好过直接的上级对下级。

途牛网的会议室、会客室等命名也是结合公司的特色来命名的，不是用"大""小"会议室等来区分，而是以"巴厘岛""可可西里""马来西亚"等来命名。进入公司一看，就能多少猜到该公司的行业了。

5. 节日装点：增强员工的归属感

企业的竞争最终取决于人的竞争，为发挥出员工的最大潜能，除了给员工提供业务培训、提高员工待遇、培养员工的个人兴趣、组建足球俱乐部等兴趣小组开展业余活动外，给员工创造良好的企业归属感也是很重要的。在途牛网这个大家庭里，员工就是家人的观念深入人心，而员工拥有强烈的归属感是需要公司去营造的。所以，在平时的节日期间公司行政部就会做一些温馨的装饰，给员工营造一种亲切的氛围，让大家有公司就是家的感觉。

六、途牛的融资

与很多电子商务企业一样，途牛也是主要依靠各方的投资来维持企业运作的，即途牛采用的是风险投资型的资本模式。

2006 年 10 月，途牛起家的时候，启动资金不足 100 万元，股东仅仅赠送了一台服务器。

2006年下半年，严海峰的朋友提供了100多万天使投资。在这段时间，于敦德和严海峰两人摸索旅游行业怎么做。

进入2007年，于敦德的朋友也给了100多万的投资，这一阶段两人思考如何商业化。

在公司经营的前两年中，资金较为紧张，效益也不甚好。直到2009年戈壁合伙人有限公司提供的将近400万美元的投资，才让途牛有足够的余粮向赢利靠拢。戈壁公司投入的这笔资金主要用于呼叫中心的升级、业务运营系统的改进、业务人员的培训、度假产品的研发以及市场方面。

继2009年获得戈壁公司的巨额投资之后，途牛又在2010年获得DCM的近1000万美元的第二轮投资。借着这笔资金，途牛在2010年一举创下近4亿的销售额。

2011年4月，途牛完成了第三轮高达5000万美元融资，由红杉资本、乐天团体、DCM、高原资本等联合投资。这也是该领域内截至目前单轮最大的一笔融资。红杉资本是全球最大的VC，苹果电脑、思科、甲骨文、雅虎和Google都曾获得红杉资本的风险投资。红杉资本中国基金创始及执行合伙人沈南鹏曾表示，作为职业投资人，相比IPO数量，自己更在意的是被投企业是否成为优秀的行业龙头。严海峰表示，此次投资中，红杉资本为领投人，占据了投资额中的绝大部分。此轮新资金主要用于增加出发地覆盖、拓展优化产品结构、提升上游合作、加快市场推广、加强团队建设。

2013年9月，途牛又获得淡马锡、DCM公司高达6000万美元的投资。

表9-1 途牛融资记录

第一轮融资	2009年3月	GobiPartners（戈壁公司）	400万美元
第二轮融资	2010年初	DCM	近1000万美元
第三轮融资	2011年4月	红杉资本、乐天集团、DCM、高原资本等	5000万美元融资
第四轮融资	2013年9月	淡马锡（Temasek）、DCM等	约6000万美元

途牛网之所以能获得诸多风投的青睐，这都跟途牛网发展的迅速程度和具有的巨大竞争潜力分不开。

第三节　途牛的运营评价

途牛旅游网首席财务官（CFO）杨嘉宏表示，新资金将主要用于拓展优化产品结构，进一步推进自动化流程、加强团队建设等方面，将"让旅游更简单"的使命继续快速推进。

一、途牛优势

1. 产品丰富

从近千家旅行社，精选出性价比高的优质线路，组成丰富的产品线，满足游客国内外出游需求。

2. 性价比高

同类产品选择途牛更实惠，近百位专业的旅游顾问筛选出市场上性价比最高的旅游产品。

3. 省心便捷

点击鼠标或打个电话即可出行，专业的呼叫中心和资深旅行顾问为游客提供最便捷贴心的服务。

4. 量身定制

专业旅游顾问团，丰富的产品线，满足游客量身定制的个性化需求。

5. 双重保障

售中、售后跟踪服务以及质检，确保旅途中出现任何质量问题途牛都能帮游客维权到底，使游客的权益得到切实保障，使游客的出游有了双重保障。

二、劣势

1. 利润来源单一

途牛网盈利模式上的最大问题是其获利来源太过单一。尽管在票务销售和酒店预订方面也有获利，但都不是它大的获利来源，途牛把主要的资源都花在了旅游线路市场上，而对其他方面（机票预订和酒店预订）的投入不够。

虽然现在途牛网在旅游线路上拥有绝对的优势，可是一旦携程网、同程网、艺龙网等有较强实力的公司整合资源进入旅游线路市场，途牛网的利润空间必然会被压缩。实行多元化经营，可以很好地分担企业遭受利润被挤压的风险，从而可以在未来的竞争中处于不败地位。

2. 目标客户定位不当

途牛网的另一问题是目标客户的定位。在企业刚刚成立的时候，途牛把白领阶层作为市场的进入点；但是，在以后的发展中，如果不改变自己的市场客户定位，对公司的发展将会是一个限制。

三、机遇

移动互联网时代的到来，真正可以实现人们旅游的自助化和个性化。正因为有了移动互联网，人们获取信息的成本越来越低，获取信息越来越容易。结合攻略类的产品，人们可以更加方便、灵活地制定自己的行程。而个性化旅游的时代也会促使旅游攻略时代的到来。此外，《旅游法》的出台将促使旅游真正回归用户体验、回归个性化、回归旅游的本质。

另外，《国务院关于加快发展旅游业的意见》明确要求，通过积极开展旅游在线服务、网络营销、网络预订和网上支付，充分利用社会资源构建旅游数据中心、呼叫中心，全面提升旅游企业、景区和重点旅游城市的旅游信息化服务水平。由此可见，在线旅游预订必将引领未来旅游的发展之路，赋予整个旅游业发展无限的生机与活力。①

四、威胁

随着旅游业的发展，从事旅游服务的旅游在线网站数量增多，如携程、艺龙、去哪儿、芒果网、酷讯、游多多、春秋旅游网、腾邦国际、蚂蜂窝、驴妈妈、同程网、途牛旅游网等。

新兴的在线旅游企业和营销方式接连出现，各种细分垂直型在线旅游企业兴起，如同程、途牛、驴妈妈等。各种旅游垂直媒介及旅游点评和社交网站纷纷出现，典型的代表有以垂直搜索引擎为主的去哪儿、酷讯，以点评攻

---

① 王子夜. 国内在线旅游业竞争发展的战略研究 [D]. 保定：华北电力大学，2013.

略为主的驴评网,以旅游攻略为主的蚂蜂窝,以旅游计划为主的途客圈等。市场参与主体多元化营销方式涌现。新型的服务模式出现,如逆向拍卖、模糊定价、最后一分钟特价等。各种网站在集中核心业务的同时,也注重旅游资讯的全面化,产品服务的多样化。来自同行业的竞争越来越激烈。包括携程在内的越来越多的旅行预订网站正在加大对社区的重视,或自建社区或与其他社区网站展开合作。

第四节　途牛的运营建议

（1）途牛网应重点呈现特定线路度假产品的相关信息。尽可能详细地披露呈现于网站上,如产品的图片、描述、用户评价等,以使更多的产品信息透明化。

（2）大力树立度假产品标准,建立行业标杆。由于目前整体在线度假细分领域还未形成特定的行业标准,各家均处于摸索且互相学习借鉴的阶段。因此,途牛在发展规划中应逐渐把握各线路产品的侧重点,以期建立产品标准库,逐步细致化度假产品的在线预订。

（3）在自助游增长迅速的情形下,应转型成为要素代理商或服务提供商,提供自助游产品将更适合在线代理商的发展。

（4）途牛网应当积极拓展出境游渠道,提供合适的消费者喜欢的旅游产品;发掘周边游产品,为消费者提供快捷方便的旅游资源和线路。

（5）途牛网应寻求与其他企业的合作,努力促进与相关企业(酒店、旅行社等)的强强联合,提高自身的市场竞争力。

第十章 面向企业与消费者的双平台旅游电商：同程

第一节　发展历程和现状

同程网络科技股份有限公司成立于2004年，总部位于苏州工业园区，是中国领先的休闲旅游在线服务商，员工2000余人，注册资本8000万元。同程旅游是国家高新技术企业、商务部首批电子商务示范企业，2012年和2013年连续两年入选"中国旅游集团20强"，是中国在线旅游行业三大企业集团之一。新的十年，公司以"休闲旅游第一名"为战略目标，目前公司在中国景点门票预订市场处于绝对领先位置，并积极布局周边游、长线游、邮轮旅游等业务板块。2013年服务人次达到2000万，年均增长100%。经过近十年的创业历程，同程是国内具备B2B和B2C双平台的大型旅游网站，由三部分组成：同程旅游、一起游、旅交汇。①

图 10-1　同程网首页

---

① 同程旅游网（http://www.ly.com/about/about17u/intro.html）。

(1) 同程旅游（http://www.ly.com/）。中国优秀的一站式旅游预订平台，网站拥有国内海量的旅游产品线，提供国内 3 万余家及海外 10 万余家酒店预订，覆盖全国所有航线的机票预订，8000 余家景区门票预订，200 多个城市租车预订，境内外品质旅游度假预订，以及互联网预订、手机无线预订和 365×24 小时电话预订。网站秉持"有保障的低价"原则，在行业内首创"先行赔付"和"点评返奖金"等特色增值服务，成为目前中国增长速度极快的旅游预订平台。

(2) 一起游（www.17u.com）。中国优秀的旅游资讯类门户网站，为超过 3000 万会员提供真实可信的出行指南和旅游资讯。网站形成了以旅游攻略、点评、问答、博客为特色的旅游社区，为旅游者提供全球上千个热门目的地官方旅游攻略，100 万篇驴友原创游记攻略，超过 500 万条以上高质量旅游点评与问答。"一起游"正在成为国内旅游者安排旅游行程及分享游后体验的网站。

(3) 旅交汇（www.17u.net）。中国优秀的旅游 B2B 交易平台，为包括旅行社、酒店、景区、交通、票务代理等在内的旅游企业提供专业的交易、交流和信息化管理服务，拥有注册旅游企业会员 14 万余家，其中 VIP 会员 1 万余家，被誉为永不落幕的旅游交易会。目前基于 Saas 平台（运营 Saas 软件的平台）的旅行社、酒店、航空软件用户遍布全国，市场占有率超过 70%，正在成为国内旅游信息化的标准软件。

一、发展历程

2002 年 5 月，同程诞生在美丽的苏州东吴园。

2003 年 7 月，加盟同程建立"网上旅行社"的旅行社会员突破 150 家。

2003 年 7 月，同程网正式上线。

2003 年 11 月，同程网上名片正式发布，被誉为"旅行社经理人的身份证"。

2003 年 11 月，同程论坛和网上名片合成，同程网成了中国第一个实名实照交流的 B2B 网站。

2004 年 5 月，同程旅行网全国连锁项目正式启动，全国加盟城市达到 24 家。

2004 年 5 月，同程网上名片和同程网上旅行社全线升级，增加在线交流功能。

2005 年 1 月，同程网 B2C 平台试运行，同程网成为国内唯一拥有 B2B、B2C 两个平台的旅游电子商务网站。

2005年2月，同程网网站的全球Alexa排名进入前3000名，首页日访问量突破10000IP。

2006年3月，同程网B2B和B2C平台获得苏州市服务业引导基金和苏州中小企业发展基金的支持。

2006年8月，同程网启动雅典计划，筹建同程网中房信旅游分销平台。

2006年10月，同程网中房信产生第一单，上线酒店2000家。

2007年4月，同程网面向单体酒店推出酒店中房信"四位一体"营销平台。

2007年6月，同程网正式推出旅行社"六合一营销通"，在国内首次将旅行社软件和旅行社销售渠道无缝对接。

2007年7月，B2C平台新版首页正式上线，打造Web2.0时代的在线旅游门户网站。

2007年9月，同程网推出千店连锁计划，正式进军旅游分销领域，挑战携程"霸主"地位。

2008年1月，同程网中房信机票净价平台正式上线。

2008年4月，同程获得国内著名创投机构首轮投资。

2008年10月，同程启动金牌供应商计划，百万媒体投入帮助旅行社决战黄金10月。

2009年12月，2009首届同程中国旅游网商峰会暨同程网第七届全国会员大会在苏州召开。

2010年1月，"验客中国"全国旅游体验博客大赛正式拉开序幕。

2012年5月，获得腾讯数千万元B轮投资。

2012年11月，同程网接送机服务正式上线。

2012年12月，同程网拟A股上市，接受上市辅导。

2012年12月，同程网邮轮频道上线。

2013年4月，同程酒店业务遭当头棒喝，如家陆续撤离。

2013年10月，同程网与中信银行苏州分行签署协议，宣布获得中信银行20亿授信，并在商旅、会员营销及移动电商领域展开合作。

2014年2月，同程网获得腾讯、博裕、元禾三家机构5亿元投资。5亿投资已经全部到账。这也是至今国内OTA（在线旅游服务商）领域所获最大的一笔投资。

二、发展现状

2003 年中，同程网上线，它主要的业务是打造一个旅游行业内的资讯交流平台，用户主要是旅行社、景区、酒店等。彼时，业内并没有出现旅游业里的 B2B 模式，很快同程网就聚集了上万家企业会员，而且交易十分活跃。不过，在同程网上，企业之间的交易模式大多是资讯的对接，比如广州有个旅行团要去北京旅游，广州的旅行社为节约成本需寻找北京的旅行社做地接，于是发布信息寻找合作伙伴，一旦有合适的报价，双方便自行达成合作。虽然是重要的交易平台，但同程网面临着一个尴尬，没有任何商业收费，网站要怎么才能活下来？

2004 年，经过反复考察和设计之后，创始人吴志祥推出了国内旅游网站的第一个诚信档案——"网上名片"，这也是其第一个收费产品。这个项目的运作手法是，会员可以把名片、头像贴到网上，方便业务交流和寻找合作伙伴，后来"网上名片"更名为"同程诚信录会员"，增加了评价系统和旅游网店。

如今，同程网的企业用户有 14 万左右，收费会员已经达到 1 万名左右，成长为国内最大的 B2B 旅游交易平台。而借着平台的成长，其收费也由最初的 100 元/年，攀升至最高峰时的 1 万元/年，"平均来算，是 3000 元/年。"吴志祥说，到 2006 年时，同程网的团队已扩充到七八十人，从"网上名片"得到了第一桶金。[1]

2013 年 6 月，由中央财经大学数据挖掘研究室和中国软件资讯网主导的中国 IT 研究中心（CNIT-Research）对携程、艺龙、淘宝旅游、同程网、去哪儿网、酷讯网、芒果网、乐途旅游网等 20 余家在线旅游品牌影响力进行了调查与研究，从用户关注度、媒体关注度、新闻传播量、微博传播量、负面报道量，以及企业网站流量等方面进行了综合评价。[2]

报告显示，从在线旅游品牌影响力方面看，6 月份前十强的平均影响力指数为 32.271。同程网名列第三，较 5 月份上升 2 名，品牌影响力指数为 33.75。具体排名如表 10-1 所示。

---

[1] 大学生创业网. 同程网：以 B2B 活下来靠 B2C 赚钱（http://www.studentboss.com/html/news/2011-08-02/84372.htm）.

[2] 中国软件资讯网. 6 月在线旅游影响力：同程网跻身三甲艺龙出局（http://www.cnsoftnews.com/news/201307/3141.html）.

表 10-1 2013 年 6 月十强在线旅游品牌影响力指数排名

名次	公司名称	影响力排行榜
1	携程	66.43
2	去哪儿网	49.29
3	同程网	33.75
4	蚂蜂窝	27.00
5	欣欣旅游网	25.48
6	艺龙	25.14
7	乐途	24.51
8	淘宝旅行	23.77
9	途牛网	20.76
10	芒果网	16.58

在用户关注度方面，前十强品牌的平均用户关注度指数为 20237.6，同程网以 17685.5 的用户关注度指数，位列第三。

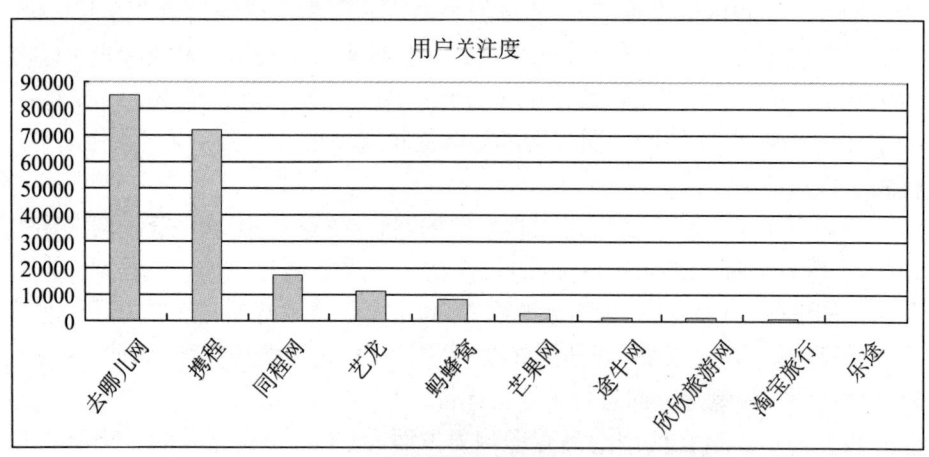

图 10-2 2013 年 6 月在线旅游品牌用户关注度指数排名

报告同时显示，在媒体关注度指数方面，6 月份，前十强在线旅游品牌的平均媒体关注度指数为 2.1，同程网位列第五。

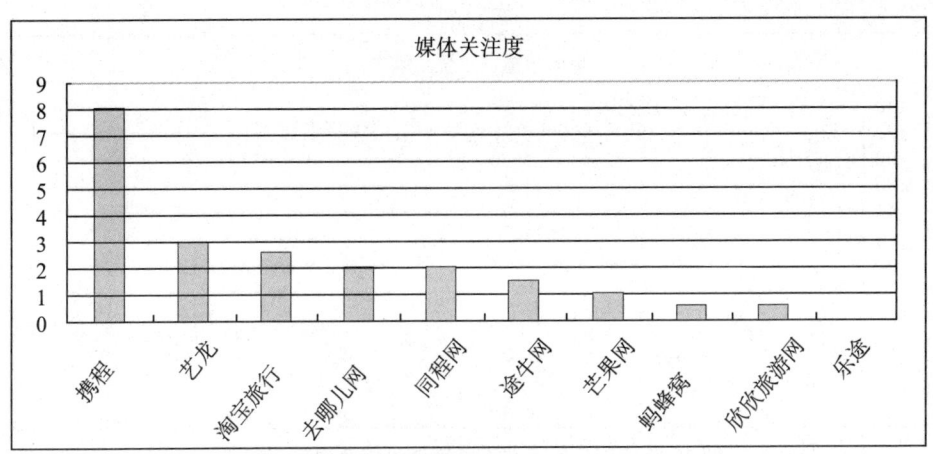

图 10-3 2013 年 6 月在线旅游品牌媒体关注度指数排名

6月份在线旅游品牌前十强网络新闻传播量达 1191 篇次（以百度新闻监控为准）。从图 10-4 中可以看出，同程网位列第五。

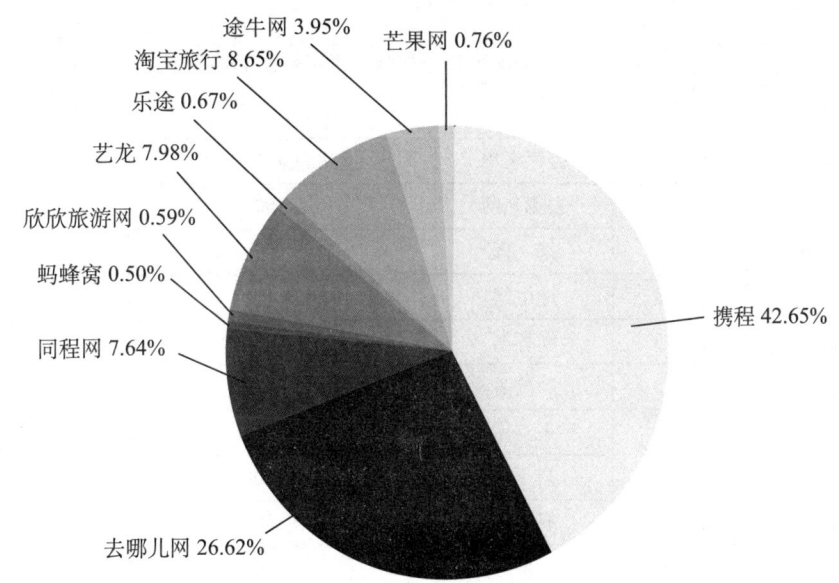

图 10-4 2013 年 6 月在线旅游品牌新闻传播量占比

6月份报告显示，去哪儿网的负面报道最多，其次是携程，而同程网并没有负面报道。如图 10-5 所示。

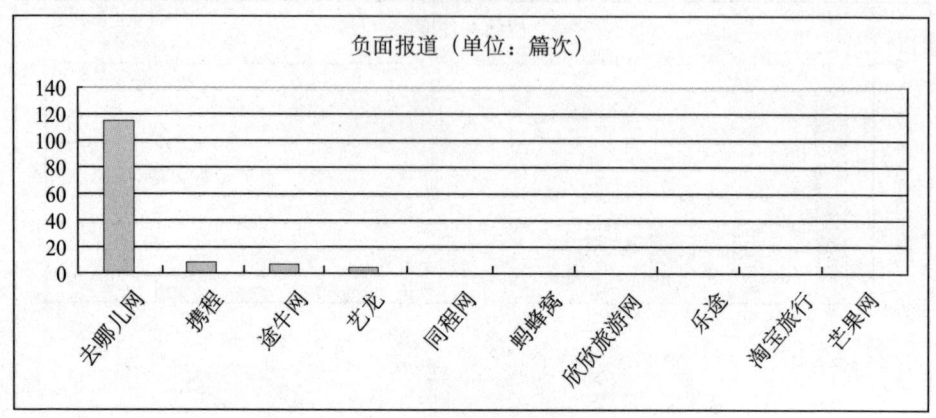

图 10-5 2013 年 6 月在线旅游品牌负面报道情况

从网站流量来看，去哪儿网以 720 万独立访客（Unique Visitor，简称 UV）居首，携程网以 525 万 UV 次之，途牛网以 230.1 万 UV 排第三位，同程网则位于第四位。

表 10-2 2013 年 6 月在线旅游网站流量排名

单位：万

名次	公司名称	网站流量（UV）
1	去哪儿网	720.00
2	携程	525.00
3	途牛网	230.10
4	同程网	209.70
5	欣欣旅游网	189.60
6	乐途	177.60
7	艺龙	171.30
8	蚂蜂窝	147.00
9	芒果网	51.30
10	淘宝旅行	31.42

三、融资

表 10-3 同程的融资

轮次	融资时间	投资方	金额（元）
A	2008-04	创投机构	3500万
B	2012-05	腾讯	4000万～5000万
C	2014-02	腾讯、博裕、元禾	5亿

第二节　同程的商业模式

商业模式指为实现客户价值最大化，把能使企业运行的内外各要素整合起来，形成一个完整的高效率的具有独特核心竞争力的运行系统，并通过最优实现形式满足客户需求、实现客户价值，同时使系统达成持续赢利目标的整体解决方案。

一、目标市场

同程网是国内最大的旅游电子商务平台之一，同样也是目前中国唯一拥有双平台的旅游电子商务平台。由于两个平台的运营目标客户不同，战术方法不同，自然战略定位也就不同。同程网的目标定位在 B2B 和 B2C，也就是同程网所说的行业商务和社会商务。

（一）同程网的行业商务

同程网是中国最大的旅游交易平台。同程网搭建包括旅行社、酒店、景区、交通、票务在内的近 10 万余家旅游企业间的信息交易平台，在全球中文旅游网站中排名前三，旅游 B2B 交易网站排名第一。

（二）同程网的社会商务

同程网在 2005 年正式启动大众旅游市场，向超过 300 余万注册会员提供包括在线酒店机票预订、景区门票折扣与预订、旅游线路比价搜索、特惠餐馆、旅游资讯及博客服务在内的全方位旅行及旅游相关服务,并成功打造成为以旅游点评、旅游问答、旅游询价、旅游博客为特色的 Web2.0 时代的新旅游旗帜网站。

二、产品类型及各类型的特色

(一)旅游服务

全国连锁式的旅游服务是同程网旅游服务的特色。同程的目标是,对于任何一个城市的游客,看到"同程旅行全国连锁"的标志就知道这里可以提供酒店机票预订、租车、门票预订、线路预订等服务。这是一种模式的建设过程,也是一种新的信任关系的建设过程。"同程旅行全国连锁"并不改变旅行社原有经营体制,从表面看,旅行社只是多挂了一块牌子,有点像一个旅行社联合体,只不过这是一个巨大的旅行社联合体。和传统旅游联合体不同的是,几千家旅行社不仅在同程旅游网(www.17u.com)拥有自己的"网店",而且都可以借助同一个分销平台,进行散客的酒店、机票、门票、旅游线路的分销。

(二)旅游用品的零售

传统旅游业和在线旅游业各具优势。在目前的市场上,除了相互竞争,更多的是相互补充。而同程旅行连锁计划最希望达成的效果就是将传统分销和在线分销结合起来,更大限度地满足普通消费者的需求。

一方面,普通旅行社门市在客户接待上的优势将被充分发挥,消费者可以方便地进入旅行社中,与服务人员进行面对面的交流,更细致地了解旅游产品各方面的情况;服务人员也可以记录下每一位客户的特殊需求,及时为客户设计更加人性化的产品。当然,面对面的交易最重要的特点就是大大提高消费者的信任度,以保证有更好的"售后服务"。

消费者可以从任何一家同程旅行连锁店中购买到全国任意地区的旅游和旅行产品,无论是单项产品还是打包产品。进入一家旅行社就如同进入了一个巨大的旅游超市,对于需求多样的消费者来说,这是最具吸引力的一点。适应人们各种空余时间的旅游产品也可以刺激旅游市场进一步发展。

另一方面,对于习惯了在线预订的消费者来说,无论是上网的方式还是电话的方式,同程旅行连锁店都给出了相应的解决方案。每一家旅行社就是一个电话中心，随时提供服务；而各个旅行社也在同程旅游网上拥有自己的网上门市——旅游网店，满足喜欢足不出户的消费者的需求。

三、盈利模式

第一，同程网是国内最早做在线管理软件 Saas 平台的企业之一，软件业成为创业初期最主要的收入来源。

第二，旅游目的地营销。虚拟景观游览系统对旅游目的地起到了实地旅游之前的有形展示作用。在这种营销模式中，虚拟旅游网站可收取大量的广告费用。这也是目前虚拟旅游网站的主要利润点。

第三，植入式广告。当虚拟旅游网站具有较高知名度并达到一定会员规模的时候，可以与旅游目的地的其他企业接洽，将其商业广告内置，以获取广告收入。

第四，与旅行社、酒店联盟。注册它们的账号，直接把酒店订单和查询转给它们，然后按实际成交来提成。

四、核心能力

（一）独特的 Web2.0 模式

同程网的这种 Web2.0 模式，具有独特的优势。一方面，信息搜集高速。主要是因为 Web2.0 的信息提供者是分散的个体，而个体的巨大数量提高了信息收集的速度。另一方面，信息形式个性化。信息传播者的差异性促使不同提供者的信息形式也存在一些差异，而这种差异会满足信息获取者的个性化需求。

（二）优势资源

同程网经过长期酝酿，利用拥有 4 万旅游产品供应商的资源优势，于 2005 年 1 月推出面向普通游客的 B2C 平台，游客可以通过旅游点评、旅游提问、旅游询价、旅游博客等互动形式参与到网站中，并可直接与旅行社、酒店、景区、交通等旅游供应商进行沟通，进行旅游采购。同程网的这种做法，降低了旅游者的采购风险与采购成本。随着 B2C 平台的推出、完善，同程网亦成为目前中国唯一拥有双平台即 B2B 旅游企业间平台和 B2C 大众旅游平台的旅游电子商务平台。

(三)网络优势

同程网利用网络优势,将流行的"最后一分钟"(Last Minute)概念加以推广,整合酒店中突然取消的团队房、散客房等瞬间积压的资源,用超低价的优势在极短的时间内为它们寻找新的买家。虽然看起来是偶然性的资源,但是当这种偶然性积累到一定数量,达到相当的规模就变成了必然。而只有网络这种工具,才能让这种瞬间资源的规模化变成现实。

五、合作伙伴

随着同程网的不断发展,同程网与多家公司成为合作伙伴,包括腾讯、苏宁、图吧、丁丁网、爱帮网、汇通客、返利网、号码百事通、欣欣旅游网、来订吧等。其中腾讯于 2012 年 5 月 14 日将数千万金额投资给同程。2014 年,同程网再次获得腾讯等的投资。

六、管理团队

同程网总部设在苏州,吴志祥任首席执行官(CEO)。吴志祥毕业于苏州大学旅游专业。1999 年进入一家旅游公司任副总经理,2001 年进入阿里巴巴负责销售工作,2002 年 5 月创建苏州同程旅游网络科技有限公司(同程网)并于 2003 年 7 月正式上线。2006 年,参加 CCTV《赢在中国》创业大赛,跻身五强。2012 年 10 月,同程网全体伙伴共计 1500 余人。2013 年 10 月,同程网伙伴达到 2600 余人。

第三节 同程的运营评价

一、优势

(一)网站设计出色

同程网电子商务营销的关键之一是强化旅游信息的开发,提供全面、详细、准确、及时的旅游信息。网络主页是企业网络形象的第一扇窗户，网上营销是推广企业产品的一种方式。同程网通过网络特有的传播方式，设计出醒目、模块清晰的网页版面，实现了旅游产品艺术性、宣传性、娱乐性的完美组合，使消费者接受它、喜欢它，并产生购买欲望。网页制作有鲜明特色，内容丰富，形式不拘一格，并时常进行更新。

同程网具有很强的对信息反应的灵敏度，能够对市场需求立即作出反应，通过网上交流设计旅游线路，安排旅游活动，开发旅游资源，建设旅游设施，提供旅游服务等。另外，产品设计也不完全受市场约束，可通过网络设计出旅游精品，产品的营销已经打破人们消费习惯、生活方式和生产方式，开始引导人们的消费需求，创造出新的适合主流人群的市场需求。

（二）友好的客户体验

同程网营销提供的产品主要是服务产品。为了能够及时、准确地向客户提供优质的服务，同程网在网站操作方面，设计得非常科学、详尽。这样在客户递交订单时就可以方便地通过网络和电子方式知道客户在什么时候、什么地点、需要什么样的服务，并且能够在订单生成后第一时间得到实时、快速的处理。所以客户都很喜欢同程网的操作界面和预订系统，从而吸引了更多的客户来体验。

（三）宽广的服务范围

同程网能够在短时间内跻身全国旅游网站的前三甲，与同程网全面的服务内容、广阔的地域范围以及优良的服务品质是分不开的。同时拥有三个网站的同程网，业务范围涵盖了酒店、机票、景点、自助游、租车、度假等全方位的预订工作，给客户带来了非常大的便利，在同一个网站上这些预订即可轻松完成。截止到2013年，同程网已经拥有了超过1500万散客会员、1万余家企业会员。同程网的这种规模效应已充分体现出了互联网的优势，产生了较大的规模效应和边际效应，真正达到了企业规模化运作和互联网的跨地区的结合，实现优势互补、相互促进。

（四）良好的安全保障

旅游业网络销售作为一种新生事物，需要国家政策法规的保护和扶持。同程网在旅游信息网络建设、旅游信息开发、旅游信息网络上的电子商务等各个方面均有法律和政策的保证。为确保商业事务的安全性、旅游网络营销记录和事务的长期完整性,同程做了大量的工作,为广泛的旅游电子商务营销提供了必要的可信度,树立了诚信的良好品牌。

(五)基于细分化的服务

随着信息产业的发展,旅游企业已有能力设计出各种各样的旅游产品。针对专门公司奖励旅游、员工福利游,针对商务客人的特殊需求,针对家庭游等成立不同的服务中心,根据国内外商务旅游者的活动规律和需求特点,提供多档次的商务、会议、度假及有关的各种中介服务。在这个过程当中,同程网借助信息技术的发展为旅游企业提供关于消费者个人或家庭的深入而详细的信息,使得企业能够在一个分散化的、竞争白热化的、消费者偏好越来越细分的市场中不断找到新的发展机遇。

二、劣势

(一)定位不准确

随着客户越来越理性化消费的发展与旅游市场竞争的日趋激烈,旅游电子商务营销策划逐渐开始从注重表面转向追求内涵,从杂乱无章趋向规范有序,但纵观目前许多策划行为,很多地方仍值得深思。不少旅游网站对电子商务营销策划的认识仍停留于肤浅的表层,甚至由于理解的偏颇,而在实际运作中使营销策划走向误区,同程网也不例外。造成这种现象的原因有多个。一是对差异化竞争的重视不够;二是对目标客户定位不够准确;三是空洞的营销计划。

(二)同质化严重

近年来,旅游网站得到井喷式增长,但国内各大旅游网站的旅游线路大多千篇一律,缺乏创新和特色,同质化现象严重。同程网与国内其他旅游电子商务网站一样,为了吸引更多的游客,都采用压缩成本、大量拷贝常规线路的方法以求批量低价。这样的做法导致了企业同质化严重,创新不足;消费者旅游品质整体降低,游客投诉不断。

(三)企业客户关系管理混乱

同程网作为一个服务性的公司,客户的满意度至关重要。而目前该企业客户关系管理有些混乱,客户服务质量不高,造成客户大量流失,给企业带来很大的损失。客户关系管理系统的混乱，已经影响了同程网的客户忠诚度。分析提高客户的满意度、保持客户的忠诚度、关注企业内部营销是同程网的当务之急。

（四）营销管理制度和体系不健全

销售增长是同程网最关心的事情，企业所采用的一切手段都是为了促进销售的直接增长。但是，对销售方式的运用实在太简单、太粗放，往往看似即时见效的方式，结果却损害了销售的持续性增长，最终形成了无法突破的销售瓶颈，致使企业束手无策，陷入恶性循环的境地。

三、机遇

第一，旅游业在国民经济中的地位不断提升。目前，全国有24个省区市把旅游业定位为支柱产业、先导产业或重要产业。这表明，旅游业将得到各级党委政府更大的支持，旅游发展的宏观环境进一步优化。

第二，全面建设小康社会将产生巨大的旅游消费需求。随着全面建设小康社会的推进，消费市场、消费结构、产业结构都将发生显著的变化，旅游消费需求将大幅度提升。这是我国旅游业持续兴旺的重要动力。

第三，发展旅游将成为各地贯彻科学发展观的重要选择之一。旅游业是符合科学发展观要求的优势产业，具有可持续利用资源、促进人与自然社会和谐、统筹区域和城乡协调发展、建立节约型社会、促进社会就业、带动贫困地区脱贫致富等功能。在经济结构和产业结构调整中，将有越来越多的地方选择旅游业作为优势产业，并给予重点支持和发展。

第四，世界旅游业发展形势对我国有利。未来5年世界旅游业发展的总趋势是，欧美发达国家在全球出入境旅游市场中仍将保持传统优势，但增速放缓；以中国为代表的东亚太国家和地区则将保持较快增长。世界旅游组织预测：到2020年，中国将成为世界第一大旅游目的地和第四大客源市场。在目前全球局部地区并不太平的形势下，中国保持了安全的旅游目的地形象，我国旅游业将在相当一个时期内仍处于发展的黄金期。

四、威胁

第一，入境旅游面临的竞争更加激烈。发达国家不断提升旅游整体竞争力，对我国入境旅游发展形成压力。

第二，出境旅游高增长将引发诸多新问题。旅游服务质量亟须提高，利用出国游渠道滞留不归、非法偷渡等问题增多，旅游贸易逆差潜在发生。旅游部门、旅游机构和旅游企业必须应对这些新的挑战。

第三，国内旅游低层次、粗放型的增长方式面临挑战。长期以来，我国国内旅游发展中存在的"一流资源、二流开发、三流服务"的粗放型增长方式，影响了旅游产品的档次和品位，制约了旅游产业素质的提升。

第四节 同程的运营建议

针对以上分析，给出以下几点建议。

1. 创新营销模式，提供个性化的旅游体验

旅游电子商务高速发展，拥有创新模式的旅游网站，对于网站的自身发展以及提升核心竞争力，无疑都起着至关重要的作用。不断创新，为客户提供个性化的旅游新体验是同程网的努力方向。

2. 建立差异化概念，形成差异化

同质化不利于消费者识别，无特色、无差异，若是知名品牌，尚有竞争力，但仍需进行品牌建设及产品、服务的提升；如是一般品牌，免不了要进行残酷的价格战，市场前景不容乐观。同质化就像一个包围圈，对于同程网而言，要突破这个包围圈就需要在核心技术研发上多下功夫，不断开发新的网络产品，提升消费者体验满意度；要提前对于终端消费市场作出预判，率先作出变革；与旅行社、酒店等行业联合不断推出新线路和新产品，以消费者需求和习惯为导向，积极满足消费者需求和体验，以求在同质化现象下脱颖而出。

3. 构建营销诚信文化

在企业市场营销活动的每一个环节上，都可能出现道德问题。这些道德问题，无论是对消费者的利益、企业自身的利益，还是对社会整体的利益均造成严重的后果。对消费者来说，轻则造成经济损失，重则影响身心健康甚至威胁生命安全；对企业自身来说，不道德行为一旦被揭穿，势必声名扫地，一蹶不振；对整个社会经济而言，市场营销不道德行为的泛滥必定导致社会资源的严重浪费和整个经济的不健康发展。因此，必须加强企业营销道德的建设力度，避免不诚信行为的发生，促进企业的良性循环发展。

第十一章 景区分销与自助游的特色结合：驴妈妈

第一节 发展历程和现状

驴妈妈旅游网（www.lvmama.com）是上海景域文化传播有限公司整合奇创旅游咨询运营机构、《携程自由行》杂志资源，独家打造的中国第一家以景区分销和精确营销为主的旅游电子商务网站。网站于2008年初正式上线，总部位于上海，是中国领先的新型B2C旅游电子商务网站，中国最大的自助游产品预订及资讯服务平台。

成立之初，驴妈妈以自助游服务商定位市场，经过数年发展，形成了以打折门票、自由行、特色酒店为核心，同时兼顾跟团游的巴士自由行、长线游、出境游等网络旅游业务，为游客出行提供一站式服务便利的商业模式。此外，驴妈妈旅游网致力于将传统旅游线下运营和网络营销有机结合，为旅游企业提供精准网络营销。

图11-1 驴妈妈旅游网首页

一、发展历程

● 2008年5月，"驴妈妈"注册成立，并正式上线。同时，"驴妈妈"获得天使投资,投资人包括携程旅行网首席执行官(CEO)范敏、分众传媒副总裁钱倩等。
- 2009年4月,"驴妈妈"正式更名为"驴妈妈旅游网",标志着驴妈妈华丽的战略升级。
- 2009年8月,驴妈妈旅游网成为中国最大的景区电子商务网站。
- 2009年9月4日,驴妈妈旅游网出让不到20%的股权,获得花桥基金、道杰资本数千万元的A轮风险投资。
- 2010年11月,驴妈妈获得红杉资本和鼎晖创投的B轮亿元注资。
- 2011年9月,驴妈妈完成C轮融资,投资方为江南资本与红杉资本。
- 2012年2月,驴妈妈成功并购了上海兴旅国际旅行社有限公司,并将其更名为驴妈妈兴旅国际旅行社。
- 2013年6月17日,驴妈妈旅游网的iPhone和Android V3.0.0新版客户端正式上线。

二、融资

1. 第一次融资

2008年驴妈妈旅游网成立时,获得天使投资。主要用于网站建设、宣传与推广。

2. 第二次融资

2009年9月4日,驴妈妈旅游网正式获得来自花桥基金和道杰资本两家投资公司高达数千万的创业投资,此轮投资进一步强化了驴妈妈的核心竞争力。该笔资金主要用于以下几个方面:

(1)用户推广。2009年,驴妈妈可销售的景区产品已经超过1500家。在经过前期的技术平台搭建、用户体验提升、产品资源整合等工作后,加强驴妈妈品牌曝光度和在广大旅游爱好者中的影响力成为下阶段的重要工作。因而,驴妈妈旅游网将资金投入重点放在这一部分。

(2)新技术的开发和推广。驴妈妈一直以来被定义的优势是价格和服务的双重优势,该笔融资被重点用于服务层面的投入,如应用最先进的二维码系统,大大减少游客通关过程中所需时间等。

(3)团队优化。驴妈妈旅游网将一部分资金投入到团队的优化上,主要用于补充一批旅游业和电子商务层面的高端人才,从而进一步提速驴妈妈的发展。

3. 第三次融资

2010年11月，驴妈妈获得红杉资本和鼎晖创投的B轮亿元注资。该笔资金主要用于三块：一是进行更大规模的市场投放；二是用于电子门票及通关技术的研发和推广；三是用来引进一批新的人才。

4. 第四次融资

2011年9月，驴妈妈完成C轮融资，投资方为江南资本与红杉资本。该轮融资资金，驴妈妈主要用于三方面，即分公司业务的发展、高端人才的引进，以及技术设备的更新。

三、发展现状

2013年8月，专注科技领域的知名研究机构中国IT研究中心（CNIT-Research）对20余家在线旅游品牌2013年7月份的网络影响力进行了调查与研究，分别从用户关注度、媒体关注度、新闻传播、微博传播、负面舆情，以及企业网站流量等方面进行了综合评价。

表11-1 2013年7月十强在线旅游品牌影响力指数排名

名次	公司名称	影响力排行榜
1	携程	84.17
2	去哪儿网	65.97
3	同程网	42.04
4	蚂蜂窝	37.48
5	驴妈妈	34.79
6	途牛网	33.26
7	淘宝旅行	31.42
8	艺龙	30.12
9	乐途旅游网	26.98
10	欣欣旅游网	22.84

表11-2 2013年7月十强在线旅游品牌影响力排名变化及主要原因

在线旅游品牌	7月排名	6月排名	排名变化	主要因素
携程	1	1	—	—
去哪儿网	2	2	—	—

续表

在线旅游品牌	7月排名	6月排名	排名变化	主要因素
同程网	3	3	—	—
蚂蜂窝	4	4	—	—
驴妈妈	5	14	↑9	微博传播↑ 负面报道↓
途牛网	6	9	↑3	微博传播↑ 负面报道↓
淘宝旅行	7	8	↑1	用户关注度、微博传播↑
艺龙	8	6	↓2	负面报道↑
乐途旅游网	9	7	↓2	媒体关注度↓
欣欣旅游网	10	5	↓5	用户关注度、新闻传播↓

报告显示，在2013年7月份在线旅游品牌影响力排名中，驴妈妈一度跃升9个名次重新回归十强，排名第五。究其原因，主要是其负面报道的下降以及微博传播量的提升。

此外，2013年，通过驴妈妈网络渠道预订常州恐龙园门票的游客总数较2012年翻了三番。其中，依托于驴妈妈"门票+酒店"的自由行优势，过夜游客数占到总游客三成以上。此外，作为景区门票在线预订模式的开创者，驴妈妈在利用网络渠道为散客提供景区电子门票服务的同时，也为景区提供了市场策划、网络营销策划、网络营销宣传等增值服务，精准有效的营销方式也赢得了合作伙伴的好评与肯定。①

2013年是驴妈妈发展的第五个年头，截至2013年底，驴妈妈旅游网注册会员数高达2000万，无线客户端下载量已达1000万，并与全球超过1万家景区、1万多家度假酒店、千余家国内外旅游局和航空公司开展合作，覆盖全国各省及直辖市，覆盖五大洲的50多个国家和地区，已成为中国领先的自助游资讯及预订平台。如今，驴妈妈旅游网已为合作伙伴提供了集业务分销、营销合作、资讯专题等多体系的业务构建，形成了一个完善的旅游服务链。

---

① CIO时代.驴妈妈荣获常州恐龙园2013年度千里马奖（http://www.ciotimes.com/2014/0214/90086.html）.

第二节 驴妈妈的商业模式

一个旅游网站的商业模式，取决于最初的市场定位以及不断变化的客户口味。所有好的商业价值，一定是实现二次、三次的价值。驴妈妈首先通过网站把游客送到景区，提取佣金，输送完游客后，再通过旅游营销和规划产生二次价值，这就是驴妈妈旅游网真正的商业模式。针对自助游客的全面服务是驴妈妈旅游网的另一至关重要环节："驴妈妈，会犹如妈妈般的关爱和服务于会员游客"，对他们出行前、行程中和旅游后都进行无微不至的关怀。

一、目标客户

（一）喜欢自助游的年轻人

驴妈妈将主要消费群体定位为喜爱自助游的年轻人。这个年龄段的特点是：崇尚各项自由；喜欢自助、自驾、背包旅行，不愿意跟团受拘束；对新事物好奇，喜欢接受新体验；偏爱省事、省力的互联网网上消费。针对这类个性十足的目标群，旅游服务公司只有满足消费者的诸多个性化需求，才能得到他们的喜爱和信任。

（二）热爱旅游、有时间和精力的散客

要享受门票打折优惠，游客必须组团，这让越来越多的散客开始产生抱怨。驴妈妈听到市场的抱怨声，发现了"自由行"这个巨大的市场需求，将自己准确定位在服务散客上。"一个人、一张票也打折"，这是驴妈妈最核心的服务。

其次，这类人群在选择消费或服务方面自主性较高，且对所选择对象好感较强烈，但其消费地位同时也较不受商品或服务提供方重视。这类游客具有自主性、灵活性和多样性的特征。在旅游产品的购买上强调"点菜式"或"量体裁衣式"，游客自愿结合，自定路线，"随走随买"，而非一次性付清旅行费用或完全被动接受既定的旅游项目。自助游客的核心价值，在于进入景区后的二次消费。驴妈妈通过打造景区票务直销平台和景区整体营销平台，为景区输送更多的游客，引导他们进行二次消费。

二、产品类型及各类型的特色

尽管驴妈妈是一家综合性旅游网站,但它的80%业务是卖自助游产品,如当季主打、开心驴行等;其余的20%是卖跟团游产品。因而,驴妈妈旅游网的核心产品一定是自助游和门票。驴妈妈旅游网的产品和服务侧重于"游"和"娱"两个方面,可以分为传统业务和新增业务两类。

(一)传统业务

驴妈妈旅游网的传统的核心业务一直是"门票+特色酒店",即提供景区的打折和优惠门票以及极具特色的酒店中介服务。所谓特色酒店,并非星级酒店,而是舒适、整洁的农舍,或者具有当地特色的度假村、精品酒店等。还有其他的传统业务,如:景区、酒店广告,旅行消费卡,旅游企业的精准营销等。

(二)新增业务

随着潮流和趋势的发展,驴妈妈旅游网新增的业务主要有:出境游和团购旅游、e景通。出境游采用以特色酒店为基础、出境购物为核心、夜间娱乐为补充的自助游模式。而其团购产品全部来源于网站自身资源,从众多产品中,拿出小部分,回馈老顾客,同时希望吸引更多的新客户体验驴妈妈的产品。

三、盈利模式

当各大旅游景点都争先在"旅"上做功课时,驴妈妈却定位在"游",单单一个字眼的变化,却改变了传统旅游市场的游戏规则。以前的旅游现象:跟团游比例占旅游市场的80%,自助游仅有20%的市场。但是,随着旅游市场的转变,现在刚好来个大反转,自助游占80%,跟团游仅占20%。运营上,其他旅游景区提供的是标准化服务,收的是标准化服务费用,像机票、酒店等标准化的服务,用户的可选性较小,如果游客去某地旅游,景区只提供30元、20元的套餐,那顾客就只能选择其中之一,被动式消费无法满足游客的需求。这种被旅游、被消费、被住宿、被购物的观念在驴妈妈这里改变了,驴妈妈变被动为主动服务游客,用门票+高铁、门票+住宿、门票+机票、门票+巴士等产品组合的营销方式,满足客户需求。

驴妈妈的盈利模式主要体现在以下几个方面：

1. 景区门票分销佣金收入

以往游客只有组团才能享受打折优惠，但是散客往往比较随意，不愿让旅行团束缚住自己，驴妈妈旅游网为散客提供了便利。通过与上游旅游产品供应商的战略合作，驴妈妈旅游网可以获得相对优惠的价格政策：一般情况下，驴妈妈可以获得景区四到八折的折扣，然后以六到九折的折扣出售给客户，从中提取一定的佣金。通过电子商务平台向全国各地的自助游旅客出售打折门票，不仅使游客感觉到实惠，而且也成为驴妈妈旅游网与途牛等众多旅游类网站最大的区别。

此外，驴妈妈旅游网的这种营销模式，还引导了自助游客实现景区内更多价值消费，实现景区内各类娱乐项目、住宿、餐饮等一揽子消费，打造出多元化的盈利点组合。这样，景区可以有效规划利用散客客源，合理分配淡旺季客流。而在当今的散客时代，景区与驴妈妈旅游网的这种深层次的战略合作，使得驴妈妈旅游网相对于其他网站更有竞争力。

2. 广告费

驴妈妈的第二种盈利模式，是实现从"中介型网站"向"服务型网站"的转型。驴妈妈旅游网凭借其多样化的产品及服务渠道为客户提供个性化的营销方案：提供横幅、按钮、文字链、视窗、对联和宽屏、电子邮件营销（E-mail Direct Marketing，简称EDM）等多种形式的网站广告；在驴妈妈的旅游巴士车上进行广告宣传；旅游类客户可选择功能型频道或者进行活动推广策划；品牌类客户可选择多样的创意包装组合，即以栏目冠名、旅游产品冠名、活动设计或者结合景点、度假产品主题进行广告宣传。驴妈妈旅游网的这种精准营销推广，不仅推销了自己，同时也获取了一部分广告费。

3. 会员费及其他费用

景区在成为驴妈妈会员后，每年只需付一定数额的会员费，驴妈妈就会为其提供系列电子商务支持服务，辅助景区做精准营销推广。景区的后台系统交由其自行管理，驴妈妈只需要输送客源，这时收取会员费就成为其主要收入。

驴妈妈旅游网现在采用了Hishop公司的易分销系统，利用第三方的资源进行分销，像保险公司也会找到驴妈妈等以第三方的身份为游客外出提供保险等。

此外，公司实施了"预付费"形式，又一次让游客体验到新鲜。目前，国内大部分旅游公司实行"后付费"的形式，一般都是游客到了酒店门口或景区门口排队付费；驴妈妈实施的是国际运作方式，即"先付费再旅游"的模式，游客在旅游前先将费用通过网站的支付宝、银联或各大银行支付后就能开心地去旅游了，节省了排队和等待的时间，而驴妈妈再与签约的旅游景点（产品提供商）进行月结等后续的操作。公司通过"预付费"的方式，使公司的银收达到可持续。

目前，驴妈妈网站已经与1万多家景区签署了合作协议。公司的收入还是以门票佣金为主，另两种模式为辅，但今后，这三种模式是并重的。正是由于这种多元化的营销模式，使得驴妈妈旅游网可持续地快速发展。

四、核心能力

驴妈妈并不仅仅是一个旅游产品的网购平台，还是目前国内最丰富的旅游目的地地理信息提供平台和国内人气最旺的旅游社区。基于"散客时代"中国旅游市场的现状和趋势，驴妈妈以景区票务为切入点，融合景区"精准营销"和"网络分销"的需求，使景区以"零投入"的方式拥有了自己的门票网上预订平台；根据"自由行"游客的行为特征，驴妈妈通过电子商务"便捷、优惠及个性化"的定制服务，满足了"自由行"游客的需求，最终成为国内最好的自由行产品设计和自助游服务平台及景区整合营销平台。驴妈妈旅游网站之所以这么成功，主要表现在以下几个方面：

1. 多板块的互动

多板块的互动，已成为驴妈妈的核心竞争力之一。多板块的良性互动，促使驴妈妈旅游网具有竞争优势。驴妈妈属于景域集团，公司还有奇创和《携程自由行》杂志，整个景域集团的业务模式是不可复制的。三个板块三足鼎立，相互支持、互通互融互动。奇创是景域集团首先创立的一家旅游景观设计有限公司，长期致力于景区规划和景区咨询，同时在驴妈妈旅游网创立之初，帮助驴妈妈旅游网顺利获得各景区的门票让利；《携程自由行》是定期出版的旅游杂志，介绍各种最新旅游资讯；驴妈妈旅游网专注于景区电子商务，在景区和游客间搭建沟通的桥梁。此外，驴妈妈将最具竞争力的景区门票同特色酒店进行组合，使其成为吸引自助游客最大的亮点。

2. "专注"和"专业"

尽管网站的业务越做越大，但始终还是围绕"专注"和"专业"这两个主题。专注是说驴妈妈旅游网的所有服务都只面向自助游散客；专业是指驴妈妈业务团队里都是在旅游行业奋斗了多年的经验丰富的从业者。

3. 资源整合能力

驴妈妈旅游网成功地开创了一种全新的在线旅游模式，全力一站解决自助游散客人群的门票、住宿及其他消费问题。它目前的商务模式并非是简单地提供一个帮助景区售票的平台，其运作是基于诸多专业的管理系统，如客户关系管理系统、实时信息对接系统、订购与支付系统等，这是驴妈妈在发展过程中不断完善的结晶。换而言之，竞争力远非商业模式呈献给大众的表象那么简单，团队、执行力、资源整合能力、资本的调动能力则构成了驴妈妈的核心竞争力。

五、合作伙伴

单单依靠驴妈妈旅游网自己是很难在如此短的时间内，实现如此快速的发展。驴妈妈旅游网站的成功离不开它的合作伙伴。

1. 政府委托

地方政府或有关部门为推动当地景区的发展，加盟驴妈妈旅游网，并委托驴妈妈建设、开通城市频道，作为本城市旅游电子商务平台。例如，三亚市旅游产业发展局委托驴妈妈建设、开通"天涯通"频道等就是政府同驴妈妈旅游网合作并取得成功的最有力的证明。

2. 票务中心

地方政府（部门）或垄断某地方丰富景区资源的旅游企业与驴妈妈旅游网进行合作，一方面在驴妈妈旅游网上搭建地方频道和旅游电子商务平台；另一方面在当地建设票务中心，承接通过驴妈妈旅游网预订该地众多相关景区门票的游客的票务工作。例如，桂林旅游发展总公司与驴妈妈旅游网合作推出"桂林驴妈妈"频道，并建设"驴妈妈桂林票务中心"等。

3. 集团合作

拥有大量景区资源的旅游集团，将旗下全部或主要景区统一加盟驴妈妈旅游网，并全面展开营销合作。成功的案例有浙江富春江旅游股份有限公司等。

4. 景区加盟

符合一定条件的景区与驴妈妈网经过相互了解、沟通，达成门票分销代理合作协议，加盟驴妈妈旅游网。杭州是我国重要的旅游城市，杭州有很多的景点，杭州乐园、杭州临安大明山风景区就曾与驴妈妈旅游网进行合作，并取得了成功。

5. 营销合作

地方政府（部门）、旅游集团、景区经过与驴妈妈旅游网深入沟通，达成营销代理合作协议，驴妈妈旅游网依托奇创研究院、自身网络平台、《携程自由行》杂志等智力、媒体资源，提供营销咨询、营销规划、营销运作、营销投放等服务。武当山特区旅游局就曾委托驴妈妈旅游网为武当山风景区长三角地区营销推广代理合作商，为其进行推广。

六、管理团队

在创办驴妈妈前，洪清华已经是国内最早的民营旅游规划设计公司创办者之一。除了驴妈妈网站，迄今已在旅游业闯荡10多年的他，还是景域旅游运营集团的创始人、首席执行官（CEO）。驴妈妈旅游网是景域集团旗下的一个独立品牌，它与奇创旅游咨询运营机构和《携程自由行》杂志共同构成了洪清华眼中"游时代的金三角"。奇创做景区规划，驴妈妈做景区电子商务，《携程自由行》则定位为高端旅游杂志。

管理层有景域集团首席执行官（CEO）、驴妈妈旅游网董事长洪清华，天使投资人、中国在线旅游龙头携程网的创始人之一范敏，资深风投人士杨振宇，在旅游业经营多年的景区营销专家、驴妈妈旅游网总经理李丹，驴妈妈旅游网创始团队成员、副总经理王家贺等。此外，公司的首席运营官（COO）、首席技术官（CTO）则是来自亿友网、搜狐网（sohu）的网络精英。

第三节　驴妈妈的运营评价

一、优势

（一）门票和酒店打折

中国旅游发展已从观光时代走向观光与休闲度假并重的时代，为此也上了很多休闲、度假设施，如SPA、酒店等，但观光客并不领情，而自助游客却抱怨景区门票太贵，也不愿进入景区二次消费。作为第三方平台的驴妈妈，将重在休闲度假的自助游客和重在观光的团队游客加以区隔。因为两者的诉求是不同的:自助游客的核心价值,在于其进入景区后的二次消费。此外,国内景区和酒店只对团队游有门票折扣,散客的自助游则基本都是全价。通过新的商业模式和各景区的合作关系,"驴妈妈"所销售的门票和住宿价格都有一定的折扣,将自助游游客的门槛降低。驴妈妈旅游网的这种行为不仅从数量上吸引到了更多的普通游客,而且吸引到了消费潜力远强于一般跟团游客的中高端自助游客。此外,中国的好多景区要排队买票进场,而驴妈妈在很多景区设立了专用通道。比如,在上海欢乐谷就有"驴妈妈"专用通道,用手机二维码刷票通关,既便捷又时尚。①

(二)提供周到的信息服务

在驴妈妈旅游网网页上有"旅游攻略""旅游点评""旅游咨询"等链接,足不出户就能了解旅游目的地的各种客观情况。网页上还标有各种旅游注意事项和温馨的小贴士,替游客考虑到了很多出游时可能发生的情况和应对措施。

出行之前:在驴妈妈网站,不仅可以看到全国数千家景点的细节、特色和适合的游玩人群,得到不同季节、时间、游玩主题下的旅游推荐方案,还可以看到去过各地旅游的网友对当地旅游的真实评价。在驴妈妈的目的地论坛中和对当地熟悉的网友在线沟通,让游客在出行之前,就可以做到成竹在胸。

旅行之中:驴妈妈为游客提供了一些可能很有用的帮助。首先,在驴妈妈的景点介绍页面中,有不少关于景点的游玩攻略和交通指南资料,游客可以打印下来带在身边。另外,如果游客想要去的目的地景点是驴妈妈的签约合作伙伴,那么游客可以在驴妈妈网站上直接以更优惠的价格预订到这些景点的门票。不仅免去排队买票的烦恼,更可以节省一笔开支。

旅行之后:游客可以在驴妈妈这里记载和分享他们的旅行经历,可以把对旅行目的地的看法和点评方便地发布在网上。更重要的是,在驴妈妈旅游者社区里,游客有机会认识到更多热爱旅游的人。

(三)合作领域广,融资丰富

驴妈妈和各地政府、票务中心、旅游集团、景区,甚至与一些相关杂志

---

① 刘思敏,沈仲量,莫玉珊. 驴妈妈的精准营销之道 [J]. 今日科苑,2010 (23).

都有合作,它们互相提供营销咨询、营销规划、营销运作、营销投放等服务,各企业同时扩大了分销渠道。2008年驴妈妈获得包括携程旅行网首席执行官范敏、分众传媒副总裁钱倩等的投资,2009年驴妈妈获得花桥基金与道杰资本数千万元的投资,2011年9月驴妈妈旅游网获得了江南资本与红杉资本的投资。自从有了这三轮投资,驴妈妈旅游网的发展方向更明确,公司更加有活力,抵御风险的实力也更强。

(四)旅游产业链强大

驴妈妈旅游网所属的景域国际旅游运营集团由以下五大事业板块构成:
- 奇创为旅游规划咨询机构;
- 景域旅游发展有限公司是专业景区投资运营管理机构;
- 上海帐篷客旅游发展有限公司是由国内众多知名企业家参与投资的国际现代化旅游企业;
- 景域旅游营销中心是专业的营销、策划及执行机构;
- 驴妈妈旅网是景区票务分销电子商务平台。

(五)差异化定位和服务

驴妈妈的定位是做最贴心的自助游服务商。旅游市场发生转变,自助游市场比例由过去20%升到现在80%,而跟团游比例由原来的80%降至现在的20%。面对这些转变,为进一步满足客户需求,驴妈妈采用门票+高铁、门票+住宿、门票+机票、门票+巴士等产品组合的营销方式,将过去游客被动式消费的模式改为自动服务游客,绝不复制别人的产品,坚持自主创新,以需求开发产品。

二、劣势

(一)必须提前网络付费

驴妈妈付费方式是提前网络付费,这样如果取消行程的话,退钱就显得相对麻烦了。此外,退钱服务时间为早上8点到晚上8点,退款往往要几个工作日后才会受理,很多用户表示如遇紧急状况会带来不便。而一些传统的顾客,会怀疑提前付费的真实性和可靠性,认为没有保证,从而选择有责任保证的旅行社等。

（二）知名度不够高

驴妈妈旅游网在上海已有了一定的知名度和口碑，但在全国范围内的影响力还是不够。不少地区，甚至是大的旅游客源地，对驴妈妈的名字并不熟悉。而同类型的途牛网却在此类地区做了不少广告，更具竞争优势。而从营销的角度上讲，同程都已经做得很好了，分销网站想后发制人还是有一定难度，短期内人数可能不会有大的增长。

（三）景区业务和酒店机票业务所面临的市场环境相去甚远

当今的驴妈妈，所处的市场环境不容乐观。一边是国内景区缓慢的信息化进程，一边是激烈的竞争环境。驴妈妈必须静下心来认真研究景区客户的真实需求。

（四）客户开发或将遭遇扩张"瓶颈"

驴妈妈一直将其投资人之一"奇创旅游咨询运营机构"拥有的丰富的景区人脉资源视为一种优势和门槛，这一点在中国目前的景区经营模式下无疑是值得肯定的。但是，从另一个角度上讲，过度依赖人脉增加客户规模显然难以持久。

三、机遇

（一）网上支付平台成熟

消费者开始愿意在网上进行支付，并开始相信网上支付的可靠性，而且在网上支付的带动下，电子商务平台飞速发展。因此，消费者不用再出门去实体店询问旅游产品、订购旅游产品，高效、便捷成为了新的代名词。

（二）微博、人人等SNS的盛行

驴妈妈的每条线路旁都有分享到人人、开心、微博、天涯这样的链接，在微博上还有驴妈妈自己的主页。通过这些SNS上宣传，不仅可以省下大量的成本，又能在短时间内将最新的线路广告传达给大量的潜在用户。

（三）散客时代来临

动车全国铺网、家庭拥有汽车，消费者富余资金增长，这些都是自助游发展的基础。消费者已不再满足于团队游"上车睡觉，下车拍照"的形式，自助游成为了新的宠儿，而驴妈妈的定位就是细致入微的自助游服务商。

（四）国家相关政策的调整

2005年，国家旅游局颁发的新版《旅游景区质量等级评定管理办法》已经给国内所有希望申请AAAAA的景区画下一道信息化方面的"硬杠杠"。该管理办法分为三个细则，对景区的信息化建设进行了明确细化，其中信息化建设的分值占"综合管理"这一项目的四分之一，主要体现在"互联网宣传"和"电子商务"这两部分内容里，包括网站建设、网络宣传、信息查询、预订服务等方面。如此高的比重说明了景区信息化建设将成为一种趋势。尤其对希望申请AAAAA的景区来说，信息化更是其必须跨越的一个门槛。

在信息化方面，驴妈妈已拥有丰富的经验。在景区信息化建设的过程中，驴妈妈不仅能提供优秀的票务直销平台和在线营销平台，而且还将通过二维码系统平台为景区和目的地提供最为先进的服务，全面细分的游客行为分析、数字化通关、电子门票均可在这一平台上实现。而驴妈妈为景区提供的三维实景地图，则可以动态方式在线全方位预览景区风貌。①

四、威胁

（一）景区价格不确定性

有些景区并不会因为驴妈妈这样的分销网站而得罪当地旅行社，所以价格会有所考虑，最有可能的结果就是景区变相降价。变相降价后，驴妈妈该如何处理这样的问题，成为驴妈妈旅游网发展的一道阻力。

（二）旅游组织者责任的认定

一旦游客和景区间发生服务纠纷或在景区内发生意外，驴妈妈就会面临众多尴尬的问题，如旅游经营许可认定问题、跨地区旅游经营许可的认定问题、合同主体不清晰等。

---

① 景域国际旅游运营集团官网. 驴妈妈在信息化方面助推景区创5A（http://www.joyu.com/news.asp?id=197）.

（三）后来者和竞争者的同质化

旅游业同质化的现象已是十分普遍，面对后来者和同业者的恶性竞争，同质化将不可避免。面对越来越挑剔的顾客，驴妈妈甚至有可能被新的创意所取代。

五、综合分析

（一）外部机会与威胁的比较

就外部环境而言，机会大于威胁。随着迅猛发展的旅游业以及自助游时代的来临，驴妈妈旅游网拥有着极其广阔的发展前景。而且成熟的网上支付平台既为驴妈妈网收取资金提供了方便，又为网友创造了快捷便利的网上支付环境。同时微博、人人网等SNS最近几年盛行，越来越多的消费者相比于在传统旅游服务商渠道购买服务，更喜欢也更能接受在网上购买旅游产品、获取旅游信息。因此，驴妈妈旅游网通过在SNS上宣传，不仅营销成本低廉，而且企业营销信息直接覆盖目标群体，营销成功率大大增加。外部威胁的存在是必然的，旅游电子商务网站功能越发趋同。驴妈妈应该不断改善自己的网站功能和服务，提出更新鲜并且可执行的创意，这样才能坚实地走在旅游电子商务网站的前列。

（二）内部优势与劣势的比较

就驴妈妈网内部环境而言，优势正逐渐消失，而劣势日益明显，打折酒店和门票的价格与其他旅游网站相比较，差别已经很小，不能形成对顾客的吸引力。虽有很广的合作领域，但却只能一点一点建立地面旅行社、酒店等资源。

第四节 驴妈妈的运营建议

（1）提高知名度。在网站内容的设计上，应该有意识地增加和企业形象、品牌信誉、企业信誉有关的内容。比如，网站的获奖纪录、网站的文化、网站对顾客的价格承诺和质量承诺等，以此来增加网站的信誉度和荣誉度。另外，良好的售后服务也是有利于网站品牌建设的良方。在这方面，可以在客户购买完网站的旅游产品后，通过电话或者电子邮件的形式表示感谢购买，注重回馈对产品的意见、问题甚至投诉的信息，还可以进行票据抽奖积分活动。

(2) 驴妈妈网必须找到适合其现阶段以及未来发展战略的商业模式。由"中介型"网站向"服务型"网站转变将是一条可行的路，因为航空公司开始了机票直销的销售方式，这必将影响旅游网站的中介收入，所以应该尽快由"中介型"网站转型，找到新的利润吸收点。

(3) 驴妈妈的景区门票分销模式容易模仿，所以，驴妈妈要想拉开与追随者之间的距离应采取措施。目前，驴妈妈平台的订购量已经远超其他类似平台，为景区带去更多用户，能够拿到更好的价格，而这一因素又能让用户享有更多优惠。因此，当务之急是向景区输送更多高质量的客户，从而进一步强化价格优势；并且在服务上下大力气提升，使游客不仅因为有优惠来网站，而且来网站能买到更好的服务。

(4) 坚持差异化，不断创新。驴妈妈在竞争激烈的在线旅游业独辟蹊径，以"自助游"为核心的差异化战略赢得一席之地。正是这种差异化战略和创新理念让发展不到 5 年的驴妈妈成长为年收入近 20 亿元、用户上千万的规模企业，并与 1 万多家景区、1 万多家特色酒店、数百家国内外旅游局和航空公司开展合作，范围覆盖全国各省、直辖市及 50 多个国家和地区。[①] 所以，驴妈妈应该继续发扬这种理念：差异化，微创新。

---

① 中国旅游报．驴妈妈：不打价格战的绝招是差异化（http://www.ctnews.com.cn/zglyb/html/2013-02/18/content_69123.htm?div=-1）．

第十二章 商旅服务的首家国内上市公司：腾邦国际

第一节 发展历程和现状

深圳市腾邦国际票务股份有限公司是商旅服务领域首家登陆国内资本市场的上市公司（股票简称：腾邦国际；股票代码：300178）。上市时间：2011年2月15日。腾邦国际总部设在深圳，目前已在北美、香港、上海、深圳等国家和地区设立分支机构，其业务网络覆盖全球。作为中国个性化出行服务领域的开创者与引领者，腾邦国际成功整合了现代高科技产业与传统商旅行业，自主研发的第三方支付平台"腾付通"获颁互联网支付、移动电话支付全国性"支付业务许可证"，建立了以腾邦国际飞人网（www.feiren.com）为窗口、呼叫中心（40069 40069）为运营载体、电子支付为支撑的新型电子商务模式，实现了机票销售、酒店预订、商务管理、度假旅游等商旅服务细分市场的全面覆盖。腾邦国际是行业内首家被评为"国家级高新技术企业"的公司，同时被国家商务部纳入"国家商贸服务典型企业（电子商务类）"，为国内最大的商旅类电子商务企业之一。

图 12-1 腾邦国际主页

一、发展历程

——1998 年

4月29日,腾邦国际成立。

——2000 年

获得北方航空公司颁发的"北方航空公司信得过代理人"称号,同年销售北航客票获得销量第一。

——2003 年

获得中国国际航空公司颁发的"优秀代理人"称号。

——2004 年

- 获得中国国际航空公司颁发的"销售银奖"。
- 当选为航空运输业协会副会长单位。

——2005 年

海南航空公司授予"优秀代理人"称号,获得南航深圳分公司颁发的"南航客运销售优秀代理商"称号。

——2006 年

获得国航颁发的"优秀代理人奖"、南航颁发的"木棉五星奖"、被评为"中国年度十佳雇主企业"单位。

——2007 年

- 4月,腾邦可可西机票 MALL 诞生。
- 6月,结盟中国第一个本土方程式赛事亚洲方程式国际公开赛(AGF),并成立腾邦可可西车队,可可西车队在北京站比赛中获得积分第三名。
- 8月,发行铭牌会员卡,并推出亚洲首创的 C-POST 失物寻回服务。
- 10月,发行业内第一张联名信用卡"中银—可可西信用卡",推出机票分期付款业务。

——2008 年

- 4月24日,深圳市腾邦国际票务股份有限公司设立。
- 5月7日,腾邦国际收购昼夜通实业发展有限公司 100% 股权。
- 6月12日,深交所调研腾邦国际。
- 7月14日,凤凰卫视、文汇报、大公报、香港商报、香港中通社、香港经济导报、香港紫荆杂志、阳光卫视、澳门日报等9家港澳媒体的15名记者,对腾邦国际进行集体采访。

- 10月29日，腾邦国际银联支付通业务上线。

——2009年
- 3月12日，深圳创新投入股腾邦国际。
- 6月8日，获得"福田区纳税百佳"荣誉称号。
- 6月26日，国信弘盛直投腾邦国际。
- 7月4日，西安交通大学、厦门大学电子商务专家组在李琪教授带领下两次进驻腾邦国际，完成了包括《腾邦国际电子商务模式诊断》及《腾邦电子商务发展五年规划》在内的多个项目。
- 7月14日，浙江维科入股腾邦国际。
- 7月16日，全国高校电子商务与电子政务联合实验室分部、西安交通大学电子商务创新实践基地和厦门大学电子商务创新实践基地挂牌仪式举行。

——2010年
- 1月5日，与全球最大的数据库软件公司甲骨文建立战略合作关系。
- 2月1日，获"2009年度新东航优秀客运销售企业"称号，已连续几年获得新东航此项殊荣。
- 3月18日，广州民航职业技术学院实训基地落户腾邦国际。
- 5月14日，全国高校电子商务与电子政务联合实验室2010年年会在腾邦隆重召开。
- 7月15日，被评为"2010年广东省服务业百强企业"。
- 9月10日，荣获"深圳经济特区建立30年信息网络、智能化行业杰出贡献企业30强"。
- 9月20日，荣获国家级中国中小企业协会的企业信用评价AAA级信用企业，被评为2009—2010年度"全国文明诚信航空运输销售代理企业"。
- 12月7日，首次公开发行并在创业板上市获得中国证监会审核通过。

——2011年
2月15日，成功登陆A股创业板，股票代码为300178。

——2012年
- 3月7日，腾邦国际旗下的"可可西""管仕""飞人"三个品牌整合升级为飞人网。
- 4月17日，腾邦国际"昼夜通商旅"淘宝店正式开业。
- 6月20日，腾邦国际举行首届腾邦国际加盟启动仪式，腾邦国际宣布进军全国市场，在广州、西安、重庆和沈阳等地成立区域销售中心。

- 7月24日，腾邦国际成为"中国旅游诚信服务联盟"创始成员之一。
- 9月15日，腾邦国际更换新的VI系统，腾邦国际飞人网全新改版上线。
- 10月11日，腾邦国际收购四川华商，正式布局四川市场。

——2013年
- 3月7日，腾邦国际荣获"广东省全国品牌"。
- 6月21日，腾邦国际成功设立"消费者权益服务站"。
- 7月8日，腾邦国际进驻津门布局华北，展商务服务真功夫。
- 7月6日，腾邦国际OTA全面升级，走在在线革新前沿。
- 10月14日，腾邦国际GSS系统上线，开启行业新时代。
- 11月28日，腾邦国际跨界金融，参展"金博会"。

二、发展现状

（一）简要概况

深圳市腾邦国际商业服务股份有限公司已经成为中国商业服务第一股（股票代码：300178），是国家商务部首批"商贸服务典型企业"，国家科技部"现代服务业创新发展示范企业"，国家级高新技术企业。腾邦国际通过遍布全球的服务网络，为客户提供专业商业服务解决方案，业务涵盖机票酒店、会展旅游、差旅管理、金融服务四大板块。

多年来，腾邦国际苦练内功，赢得国内外投资机构的一致青睐，成为"中国最具投资潜质的创新企业"之一，多国政要曾先后到腾邦国际考察。腾邦国际正沿着既定战略加速布局，以世界商业服务巨头为目标，打造名副其实的高端商业服务民族品牌。

（二）主营业务、主要服务及变化情况

腾邦国际是一家以航空客运销售代理业务为主，并提供酒店预订、商旅管理和旅游度假等服务的综合商旅服务提供商。公司建立了具有行业领先水平的电子商务平台，是成功运用电子商务技术对传统服务流程进行改造的高技术服务企业。

公司自成立起一直主营航空客运销售代理业务。2003年鉴于航空客运销售代理业务与航空货运代理业务具有的关联性，为拓展新业务市场，公司尝试兼营航空货运销售代理业务。随着国内航空运输市场的快速发展，代理服

务市场日益细分，专业化服务水平不断提高。为专注于机票销售代理服务，公司于 2005 年将航空货运销售代理业务进行了剥离，专业从事航空客运销售代理行业。报告期内，公司主营业务未发生重大变化。

公司将十余年的行业经验和电子商务技术相结合，建立了以可可西网（www.cococ.com）、飞人网（www.feiren.com）和网购 B2B 电子客票交易平台（www.want-go.com）为窗口、呼叫中心（40069 40069）为运营载体、电子支付为支撑的新型电子商务模式。

公司秉承按需服务的经营理念，运用电子商务技术整合传统销售渠道，构建了网上和网下相结合的集成化营销服务体系。公司深度挖掘消费需求，以需求驱动服务产品的创新，突破了航空客运销售代理业传统经营模式，以服务产品化、产品标准化、管理精细化、市场全球化为经营方针，实现了机票销售、酒店预订、商旅管理、旅游度假等商旅服务细分市场的全面覆盖。

作为一家以机票代理服务起家的在线商旅服务公司，腾邦国际在机票代理市场份额的稳步提升是其业绩的首要保障。东北证券提供的数据显示，公司机票代理市场份额已由 2012 年的 1.5% 提升至 2.5% 左右，仅次于携程。公司制定的业务从深圳向全国扩张，同时由传统代理向综合商旅产品的线上分销业务扩张的战略颇具可行性。公司 2012 年收购的世纪风行旅行社和华南商航空服务公司在第三季度开始纳入合并报表，上海普汇航空技术 60% 股权有望对公司整体收入和净利润产生正面影响。

外界普遍看好的还有腾邦国际战略发展的方向：增长空间巨大的差旅管理服务业务（TMC）和配套商旅的金融服务业务。差旅管理服务业务是以企业为服务目标，号称可以降低公司 20% 左右的差旅成本，目前在国内的行业普及率近 10%。公司差旅管理聚焦于差旅费用在 30 万～200 万/月的中型企业客户，基本规避了与外资主要竞争对手以及与携程、艺龙的竞争。金融服务商、腾邦国际的腾讯通获得银行卡收单业务许可，融易行小额贷款公司解决商旅小微企业低成本流动资金需求，盘活商旅服务资金供应链，盈利能力可观，成为公司未来新的利润增长点。

第二节 腾邦国际的商业模式①

一、目标客户

对于大众出行预订机票群体，目标客户群非常明确；但对出行人群作了二次细分，针对大众经济型个人客户、中高端商务个人客户、集团客户的出行特点和服务需求，分别打造出"腾邦国际可可西""腾邦国际飞人""腾邦国际管仕"等个性化客户服务品牌，并在三个品牌下分别开发出匹配其客户需求的"个性化"产品与服务。经过二次细分，腾邦国际从出行人群中挖出了两个细分的"蓝海"："腾邦国际飞人"——中高端商务个人客户，"腾邦国际管仕"——集团客户。

（一）中高端商务个人客户

中高端商务个人客户对服务价格不敏感，需要的是身份的象征和隐私性，腾邦国际针对此类人群，推出了中高端商务个人客户解决方案，即"腾邦国际飞人"的机场商务贵宾服务，如个人白金卡、个人金卡、企业贵宾服务、贵宾次卡及嘉宾次卡等覆盖高、中、低端的贵宾服务种类，提供贵宾厅候机、专车专用通道接机、专人引领登机、专人送至机舱等各种不同的服务。"腾邦国际飞人"推出的机场商务贵宾服务，目前已经成为国内顶尖的机场商务贵宾服务品牌，月服务超过5万人次，联网服务机场遍布北京、上海、沈阳、杭州等全国各大机场。

（二）集团客户

集团客户具有需求稳定、价格敏感度低、佣金费率高等特点，腾邦国际

---

① 百度文库. 腾邦国际商业模式解析（http://wenku.baidu.com/link?url=oS6OLtzJGmfRPSd9j8ejOgDjUAiKhvL5H25K3JM9GL5aTQE_j0ELVzbT6ysc8R4QTm-23355yjAhseSY1LPrjctujVTQxWdVKVZGT7uPCUq）.

采取差异化服务策略,为集团客户提供量身设计出行方案、节省差旅费用、优化出行管理、包机等服务。"腾邦国际管仕"目前签约的集团客户总数超过 600 家,是国内在这一领域做得最好的,2012 年签约的集团客户数量超过 1000 家。

二、产品类型及各类型的特色

腾邦国际作为公司的主品牌,对应的是在线商旅综合服务商品牌,而打造的"腾邦国际可可西""腾邦国际飞人""腾邦国际管仕"等个性化客户服务品牌,是公司的三大副品牌。三大副品牌分别对应个人经济出行客户、个人尊贵出行客户、集团商旅客户,并以"腾邦国际飞人"作为重点推广品牌,来推动"腾邦国际管仕"的发展,从而助力"腾邦国际可可西"品牌的成长。

成熟专业的品牌成长链是腾邦国际个性化出行方案中的一大亮点,在保证了自身定位的同时,又最大限度地抢占了市场份额,立足创新,以发展的眼光推行高端、尊贵的商旅出行服务。其主要产品如下:

(一) 商旅服务

1. OTA 在线预订

腾邦国际的 OTA 通过腾邦国际飞人网、24 小时预订热线以及移动客户端(腾邦旅行)三大预订平台,为广大消费者提供机票酒店、差旅管理和旅游度假等全方位的旅行产品预订服务。

2. TMC 差旅管理

腾邦国际企业差旅管理的目标,是协助企业对差旅活动进行整体规划和执行监控,优化差旅管理流程与政策,整合采购资源,降低差旅成本并提高出行效率。

3. B2B 商旅分销

腾邦 B2B 分销模式针对商旅代理的核心需求,提供一整套的商旅行业解决方案,让商旅代理"做生意,更容易"。

(二) 金融服务

1. 腾付通——第三方支付品牌

腾付通,作为腾邦国际的支付品牌,先后获得了人民银行颁发的互联网支付、移动电话支付和银行卡收单支付业务许可证。为机票商旅、电子商务、数字娱乐、保险行业、基金理财提供交易保障。

2. 融易行——小额贷款品牌

融易行小额贷款借力前海金融创新理念，依托腾邦国际优势，为各中小微企业和个人提供优质快捷的资金服务。"融易行"作为小贷行业的新生代，快速推出了"循环贷""接力贷"及"连锁贷"等多个系列产品。

三、盈利模式

（一）主品牌与副品牌组合

腾邦国际主品牌与"腾邦国际可可西""腾邦国际飞人""腾邦国际管仕"等个性化的副品牌进行组合，并以"腾邦国际飞人"作为重点推广品牌，有利于品牌发展与完善，使品牌成长链更加成熟专业化。而这也是腾邦国际个性化出行方案的一大亮点，不仅保证了自身的定位，而且最大限度地抢占了市场份额。探索品牌之间的组合方式，适应消费者需求及习惯，以发展的眼光推行高端尊贵的商务出行服务。

（二）直销与合作销售组合

腾邦国际在加大直销力度的同时，依托电子商务技术，对传统的合作销售业务的服务和流程进行改造，建立了"直销+合作销售"的集成化商业运营模式，通过整合传统销售渠道，完善了网上和网下相结合的营销体系，建成了覆盖国内主要航空客运市场和国际航空枢纽客运市场的全球营销服务网络体系。

即便同样是机票预订服务，各在线商旅巨头的发展路径也有所不同。与携程直销模式有所区别的是，腾邦国际的机票代理采取直销+合作销售模式。据腾邦国际2010年年报数据显示，通过合作销售及竞价分销平台，合作销售在公司总销售额中占比超过六成，较2009年增长近5个百分点。尽管两者机票营业收入差距较大，但腾邦国际的营收增速和毛利率均高于携程，显示出这种模式的优越性。

四、核心竞争力

（一）降低成本

通过巧妙地运用Web2.0服务手段以及电子商务自动化等技术平台的建

设，腾邦国际革命性地降低了公司的两项主要成本：人员薪酬费用和销售推广费用，从而赢得了在线商旅服务的相对技术竞争优势。

腾邦国际与全球最大的数据库软件公司甲骨文合作，采用 OSB 技术完善了 IT 技术架构，建立了开放式面向服务的体系结构（Service-Oriented Architecture，简称 SOA）体系，提高了公司电子商务平台的运营效率、稳定性和兼容性，已经拥有云端集中监控平台、综合业务运营支撑系统、B2B/B2C 网站平台等多项核心技术，并自主开发了政策管理系统、酒店查询系统、机票查询接口、机票合作接口等关键技术，建立了以可可西网站（www.cococ.com）、飞人网（www.feiren.com）、网购 B2B 电子客票交易平台（www.want-go.com）为窗口、呼叫中心为运营载体、电子支付为支撑的新型电子商务模式，成功地运用电子商务技术对传统服务流程进行改造，成为了新型的现代服务企业。

（二）轻资产模式

腾邦国际十多年来的快速成长，主要依靠的是电子商务综合网络平台、智力知识体系与人力资源的管理，而不是固定资产（仅占总资产的 15%）的快速扩张，这种轻资产模式与依靠有限的自有资本经营相比，腾邦国际不仅可以获得更强的盈利能力、更快的成长速度和更持续的增长力，而且还能有效地防止企业发生"钙化"（固定资产比例过高）而面临巨大的现金流压力。

（三）标准化流程实现自我复制能力

腾邦国际借助持续打造的电子商务运营平台，集成云端集中监控平台、综合业务运营支撑系统、B2B/B2C 网站平台、政策管理系统、酒店查询系统，突破了机票查询接口、机票合作接口等关键技术，实现了电子商务服务流程、网下服务流程的全面标准化，从而既满足了规模化的客户需求，也满足了个性化的客户需求。基于以上标准化基础上的个性化电商综合服务平台，腾邦国际已经具备了这些流程自我复制的能力。

（四）快速自我复制的运营能力

在 2009 年以前，腾邦国际机票销售佣金收入 70% 以上来自深圳市场，在当地做得非常成功。公司确立了以深圳营销总部为核心，把现有成功经验复制到北京、上海、成都、西安、重庆和沈阳六地的发展规划，迅速将业务拓展到全国。从 2010 年开始，腾邦国际的异地扩张布点正式开启，陆续投资成立北京、香港、上海等地区营销服务中心,并将通过设立成都、西安、南京和厦门等子公司,逐步完成由点到面的布局。可以预见,如果腾邦国际的电商运营系统能够快速自我复制成功的话,未来3～5年的业绩将出现爆发式增长。

五、合作伙伴

(一)与银联合作

腾邦国际联手广东银联,共同推出银联支付通业务,成为国内第一家推出此项业务的在线商旅服务提供商,使电话无卡支付由信用卡拓展到借记卡领域,简化服务流程,提高客户在线支付的安全性和便捷性。

(二)与教育机构合作

为加强校企之间的联系与合作,充分发挥双方优势,更好地推动学生实习和就业工作的开展,实现校企双方互惠双赢,2010年3月18号,广州民航职业技术学院实训基地落户腾邦国际。

公司不仅先后与西安交通大学、厦门大学、全国高校电子商务联合实验室建立了长期战略合作关系,持续保持电子商务技术的领先优势,而且全国高校电子商务与电子政务联合实验室年会也曾在腾邦国际隆重召开。

(三)与西南区机票代理商合作

2012年,国内领先的在线旅行服务商腾邦国际与西南区最大的国际机票代理商四川华商合作签约,腾邦国际正式进入西南区商旅市场,并通过携手四川华商,共同推进西南区的旅游经济发展。

(四)与IT行业的公司合作

2010年,腾邦国际与甲骨文公司双方建立战略合作伙伴关系。甲骨文公司华南区销售总监沈有道曾这样强调:"甲骨文希望通过与腾邦国际这样的本土行业龙头企业携手发展,协助商旅行业的企业加强信息化建设,为企业带来更多的商业价值。"与甲骨文公司建立战略合作伙伴关系,极大地推动腾邦国际电子商务平台的完善和发展。

2012年,腾邦国际与IBM双方在腾邦国际管理转型项目中取得丰硕成果,顺利完成了第一阶段的管理咨询和培训项目。IBM也助力腾邦国际对品牌定位、受众特点进行分析，并制定相应的有效媒介沟通模式，来有效提升品牌在目标受众人群中的印象。

据上证报记者报道，截至2013年9月，公司签约企业数已经达到1600余家，并且仍在以每月20家以上的数量增加。

六、管理团队

腾邦国际的管理团队由钟百胜、彭捷、李云等成员组成。[①]

（1）钟百胜。腾邦集团创始人、董事局主席，2008年4月至2014年4月任深圳市腾邦国际商业服务有限公司董事长。现为政协深圳市常务委员、深圳市总商会副会长，先后荣获深圳市百名行业领军人物、深圳物流业十大功勋人物、广东省优秀企业家、中国民营物流企业十大杰出人物、中国物流行业劳动模范等多种荣誉称号。

（2）彭捷。总经理助理，2009年12月至2014年4月任华东大区总监。

（3）李云。监事，大学文化，高级会计师，中国注册会计师协会非执行会员。2005年1月至2011年2月，任华联发展集团有限公司审计室主任；2011年2月至2013年，任华联发展集团有限公司副总经济师兼审计师主任；2001年6月至2014年4月，任腾邦国际监事。

第三节　腾邦国际的运营评价

一、优势

（一）与网下传统业务紧密结合

腾邦国际抓住电子客票全面推行的契机，将先进电子商务技术和十余年行业经验有效结合，建立了以可可西网站（www.cococ.com）、飞人网（www.

[①] 东方财富网．腾邦国际公司高管（http://f10.eastmoney.com/f10_v2/CompanyManagement.aspx?code=sz300178&timetip=6353484781340834 81）．

feiren.com）、网购 B2B 电子客票交易平台（www.want-go.com）为窗口、呼叫中心（40069 40069）为运营载体、电子支付为支撑的这种电子商务平台，构建了实体营销网络＋电子营销网络的营销模式。腾邦国际采用 OSB 技术完善了 IT 技术架构，建立了开放式 SOA 体系，提高了其电子商务平台运营效率、稳定性和兼容性，推动了业务的快速发展。

（二）持续研发

腾邦国际注重新技术的应用与开发，先后与西安交通大学、厦门大学、全国高校电子商务联合实验室建立了长期战略合作关系。公司注重电子商务的技术改造和引进消化吸收，设立了信息技术中心，专门负责电子商务技术在商旅行业的应用研究工作，具有保持领先优势的技术基础和人才基础。公司研究人员分为商旅服务产品研究和电子商务技术、IT 技术研究两个团队，共同组成了专业功底深厚、经验丰富、专业互补的研发团队，致力于各种电子商务技术和互联网技术的研发与应用工作，同时开展市场研究工作，设计适合市场需求的商旅服务产品。

（三）集成化商业运营

腾邦国际在加大直销力度的同时，依托电子商务技术，改造传统的合作销售业务的服务和流程，建立了直销＋合作销售的集成化商业营销模式，利用现代网络技术和信息集成方法，将销售渠道、合作销售方和商旅服务产品集成起来。除了采用大型代理企业常用的会员方式拓展客户资源外，更重视以集团客户差异化服务为重要内容的合作销售模式。这样的商业营销模式充分体现了腾邦国际业务增长的两大源泉，不仅有利于其打造行业品牌、积累市场资源，而且有利于其产品横向拓展的同时，完成业务的纵向深入。

腾邦国际以呼叫中心和可可西网站作为运营平台，通过营业部、网络等方式发展会员。针对企事业单位等机构，客户具有需求稳定、价格敏感度低、黏度高、变换服务商成本高等特点，公司把与集团客户的合作作为重要的差异化经营战略，为集团客户设计出行方案，节省了差旅费用、优化了其出行管理。通过与合作代理人的合作，实现了公司服务尚未覆盖区域的低成本覆盖，市场占有率和机票销售量稳步提升。通过与酒店、旅行社等合作，可以满足消费者对商旅服务产品多样化的需求，有利于公司产品的多元化和异地化经营。

（四）管理和服务

腾邦国际拥有稳定的管理团队、业务精湛的技术人员和具有丰富经验的广大员工，主要管理人员和业务人员均具有十年以上的从业经验，对行业具有深刻的理解。为持续保持管理团队稳定、充实管理层实力，公司制定了激励措施来吸引电子商务领域和商旅服务领域的优秀人才；为拓宽管理层视野、提升管理能力，公司引入外脑，聘请了国内外著名高校和科研机构的电子商务领域和商旅服务领域专家作为顾问团队，为公司制定了未来电子商务发展战略和规划。腾邦国际最为核心的竞争优势体现在持续为大数量级用户提供高效优质服务的能力上。

（五）营销渠道和客户资源

电子营销是航空客运销售代理行业未来发展的主要趋势。腾邦国际构建了网上和网下有机结合的销售体系，突破了航空客运销售代理企业的传统销售模式，抓住了市场机遇。除了采用营业部、呼叫中心等传统销售渠道外，公司建立了针对直销客户的可可西网站（www.cococ.com）和飞人网（www.feiren.com）、针对合作销售方的网购B2B电子客票交易平台（www.want-go.com），同时公司采取合作销售的方式，借助合作销售方的服务网络扩大服务范围，利用淘宝等其他网上直销平台拓宽销售渠道。畅通的销售、服务渠道为公司积累客户资源、提升业绩及持续发展提供了有力保证。

（六）先发优势

腾邦国际具有十余年的航空客运销售代理行业经验。在创业之初，就充分认识到代理销售政策的重要性，较早地加入了国际航协的开账与结算计划（BSP）。通过服务的持续改善，发展了相当数量的客户，逐渐培养了客户对其服务的习惯和依赖性，并依靠机票销售业绩持续获得航空公司良好的代理销售政策。

（七）区位优势

腾邦国际所在地深圳市是国内第四大通航城市，深圳机场通过引进新的基地航空公司、增设福永码头与港澳对接的航班、香港机场办理预登机和新开航线等多种措施提升航空服务质量。根据深圳机场所作的客流量预测，到2022年，深圳机场客运量将达到4500万人次；到2035年客运量将达到6000万人次，具有良好的前景。深圳地处华南，毗邻香港、澳门，具有良好的区位优势。深圳宝安机场、香港赤鱲角机场和广州白云机场合作不断深入，地面服务联网、一体化进程加快，协同效应明显。

二、劣势

（一）销售网络较小

销售网络主要集中于深圳及周边地区，业务的发展主要受制于深圳、香港和广州机场旅客吞吐能力，需扩大营销网络覆盖范围，构建完善的营销体系，实现对其他区域目标客户的有效覆盖和服务。目前的订单处理中心和营业部等地面服务网络主要集中在以深圳为中心的珠三角区域。

（二）业务集中

酒店预订、商旅管理和旅游度假都具有服务能力，具备规模化服务的技术、管理能力，但由于腾邦国际主要资源都集中于航空客运销售代理业务，未有足够的资源投入到酒店预订、商旅管理和旅游度假等相关领域的开拓之中。

三、机遇

（一）行业提供巨大发展空间

随着世界经济的增长和国际贸易的增加，以及旅游市场的不断增长，航空客运需求保持稳定增长是可以预期的。预测未来20年，民航客运需求以平均每年4.9%的速度增长，在20年内增长将近3倍，达到60亿人次左右；未来20年，民航客运的最大需求将来自亚太地区，其中中国和印度将是最大的潜在市场，占全球民用客运总需求量的31%。数据显示，全球航空客运销售代理行业市场容量约为150亿～200亿美元，是国内市场容量的近10倍。国内市场方面，2008年航空公司直属营业部、网站、呼叫中心等直销渠道仅占机票销售总额的10%，而国内航空客运机票的销售则主要依靠代理企业完成。2009年代理佣金收入规模达到162.14亿元，同比增长21.99%，航空客运业的复苏带动了航空客运代理业的增长。据中国民航局预测，2020年中国航空旅客运输量将达到7.7亿人次左右，年复合增长率为12.27%。依据上述预测，航空客运销售代理市场的规模将达到360亿元左右，成长空间巨大。①

---

① 郑琼瑶．腾邦国际：特色电子商务领跑商旅服务业 [J]．股市动态分析，2011 (7) ．

（二）政府重点支持

中央、省市领导和国家有关部门先后到腾邦国际考察电子商务和现代服务业。腾邦国际是行业内首家被评为"国家级高新技术企业"的公司，同时被国家商务部纳入"国家商贸服务典型企业（电子商务类）"，并被深圳市推荐为"商务部电子商务示范企业"。2011年10月26日，科技部公布第一批现代服务业创新发展示范企业名单，作为中国个性化出行服务领域的开创者与引领者，腾邦国际凭借其创新的服务模式，成为首批现代服务业创新发展示范企业，同时也是深圳市唯一一家获评企业。

四、威胁

（一）政策

国内航空客运市场迅速扩大、新的消费形式出现，给我国航空客运销售代理市场的监管体制带来了挑战，中国民航局和中国航协近年来颁布了一系列新的管理规则以适应市场和消费形式的变化。若公司无法适应未来国家相关政策可能发生的变化，有效增强自身竞争优势，以巩固公司在行业中的优势竞争地位，可能对公司经营带来不利影响。

（二）行业外竞争风险

随着电子客票的全面推行，旅游搜索引擎、网上交易平台、电信运营商等进入机票预订服务市场。旅游搜索引擎为消费者提供及时的旅游产品价格查询和比较服务，对消费者旅游产品选择和决策的作用日渐突出，成为航空公司直销网站和其他机票预订网站访问流量的重要来源。新兴机票预订服务参与者的出现、机票消费形式的变化等因素使航空客运销售市场竞争形势趋于复杂化和多面化，若腾邦国际不能根据上述形势适时调整发展战略和提升竞争优势，将会对公司的经营业绩带来负面影响。

（三）行业内竞争风险

航空客运销售代理行业从业企业众多，且规模参差不齐，市场集中度较低。中国航协统计，2008年通过年检的航空客运销售代理企业共计7029家，每家代理企业年平均销售机票不足3万张。随着电子客票的全面推行，大型代理企业凭借品牌、服务、管理及资金优势，采用信息技术提升服务能力、拓宽服务区域，市场份额迅速上升，行业市场集中度趋于提高。2007年，公司可可西网站（www.cococ.cc）和呼叫中心（40069 40069）投入运营，市场占有率快速上升，成为国内最大的航空客运销售代理企业之一。

2009年，服务合作销售方的网购B2B电子客票交易平台（www.want-go.com）和2010年服务高端商旅客户的飞人网（www.feiren.com）的投入运营，完善了公司电子商务平台，强化了公司竞争优势，但公司仍面临着本区域中小代理企业和国内其他大型代理企业的竞争，若公司无法有效增强自身竞争优势、巩固优势竞争地位，存在市场份额下降的风险，对公司造成威胁。[①]

第四节　腾邦国际的运营建议

审视腾邦国际目前的快速发展，就会发现它同样存在一系列商业模式上的问题，譬如业务收入构成过于单一、地区过于集中、国内机票代理佣金率下行、机票代售市场萎缩等。这些问题也不得不让腾邦国际在未来的经营方面保持高度地警惕。幸运的是，面对以上种种问题，腾邦国际已经有所行动。

第一，继续推进网络支付服务系统平台项目的建设，开展呼叫中心外包业务。

第二，加快电商平台的商业模式自我复制。腾邦将按计划推进国际商旅运营中心和营销服务中心的建设，通过自建或收购兼并，加快异地新区域市场扩张的步伐。

第三，在大力发展航空客运代理业务的基础上，积极拓展酒店预订、集团客户商旅管理、旅游度假、呼叫中心外包等新业务，扩大业务规模。

第四，与银行部门合作。银行可为旅游企业提供更有利的电子商务支付系统和电子商务安全技术，为旅游的电子化交易提供安全的网络后台服务，并拓宽融资渠道。

---

① 百度文库. 腾邦国际上市资料（http://wenku.baidu.com/view/49f01c39376baf1ffc4fad3b.html）.

第十三章 面向大中华区的港中旅在线：芒果网

第一节 发展历程和现状

芒果网（www.MangoCity.com）是中国港中旅集团（香港中旅集团）的附属子公司、香港中旅国际投资有限公司的全资子公司，是港中旅集团顺应现代旅游发展趋势建立的、以独立品牌专门从事在线旅游业务的电子商务平台，旨在充分发挥港中旅集团丰富的旅游资源的协同效应。

公司于 2006 年 3 月 31 日正式开业。总部设在深圳，目前已在北京、广州、上海、深圳、香港设立分公司，员工近 2000 人。芒果网采用"网站＋电话客服中心＋3G 客户端"的服务模式，依托先进的电子商务旅行网站、全国 7×24 小时旅行服务热线和 3G 客户端"芒果旅游"，基于统一的后台数据库为客户提供酒店预订、机票预订、度假预订、商旅管理、特惠商户以及旅游资讯在内的全方位、一站式旅行预订服务。

芒果网以"成为大中华区最受欢迎的互动式旅游电子商务平台"为愿景，致力于为客户提供最为便捷的旅行产品预订服务，最为愉悦的客户体验，最为丰富及最具吸引力的旅行产品。通过先进的客户关系管理系统跟踪客户的消费模式，为目标客户提供个性化产品定制和增值服务。芒果网还为签约的公司客户设立 40066-20088 商旅服务专线，为港澳客户设立了 36040066 服务热线，为广大客户提供传统旅行社无法比拟的便捷。

通过芒果网，用户可以方便地搜索到实时、准确、富有价值的机票、酒店、度假、邮轮、票券、签证、租车及其他旅游产品，并轻松完成预订、交易，其中包括：海内外逾 10 万家星级酒店、通航城市机票全覆盖、10 余个出发城市前往 200 多个国内外热点旅游目的地的度假产品及主要邮轮公司产品。用户也可以借助芒果网丰富的旅游目的地资讯和大量用户生成内容（游记、攻略、点评），从容制定自己的旅行计划。而企业客户更可以在芒果网获得透明、高效、便捷的专业差旅管理服务，有效降低公司差旅成本达 15%～20%。[①]

---

① 芒果网（http://www.mangocity.com/company/mango.htm）．

第十三章 面向大中华区的港中旅在线：芒果网

图 13-1 芒果网首页

一、发展历程

- 2006 年 3 月 31 日，芒果网正式成立；
- 2008 年 3 月 4 日，芒果网与招行战略联盟，推出芒果旅行信用卡；
- 2008 年 3 月 31 日，百年屹立港中旅、新生少壮芒果网——芒果网喜迎两周年庆典；
- 2008 年 4 月 30 日，芒果网携手香港旅发局，推出"优质诚信香港游"网上专柜；
- 2008 年 5 月 15 日，芒果网荣获国资委 2007 年"优质服务年"两项荣誉称号；
- 2008 年 5 月 16 日，芒果网开展"牵手芒果，汇聚爱心"抗震救灾行动；
- 2008 年 5 月 29 日，芒果网应邀参加首届深圳生活消费领域信息化论坛；
- 2008 年 6 月 11 日，芒果网团委 2007—2008 年度驻深单位团组织评优活动喜获佳绩；
- 2008 年 6 月 11 日，芒果网荣获"去哪儿"第二届中国在线票选最佳旅游供应商"最佳综合订房订票网站奖"和"最佳人气奖"；
- 2008 年 8 月 29 日，芒果网酒店预订流程升级，强调用户体验；
- 2008 年 9 月 1 日，芒果网与工商银行联手打造牡丹旅游新生活；
- 2008 年 9 月 22 日，芒果网与工商银行再次推出机票折后直降 20 元优惠活动；
- 2008年10月6日，金秋十月，芒果网联合香港旅发局共同推广"香港万圣月"；
- 2008年10月15日，芒果网与兴业银行联合推出了"3分换20000，1分换6000"活动；
- 2008年10月20日，芒果网成为2008F1摩托艇世界锦标赛深圳大奖赛网上票务总代理；
- 2008年11月1日，南方航空与芒果网开展全面的商旅业务合作；
- 2008年11月7日，芒果网推出"网上预订机票直降10元，订酒店乐享3倍积分"活动；
- 2008年11月13日，芒果网与新浪网达成战略合作；
- 2008年11月13日，芒果网机票系统实现了从应用系统向服务平台的升级；
- 2008年11月28日，香港缤纷冬日节，精彩纷呈尽在芒果网——芒果网联合香港旅发局全力打造；
- 2008年12月10日，芒果网海航携手推出"10元返10里程，再送百元度假券"特惠活动；
- 2008年12月15日，两岸正式直航，芒果网预订省钱省心；
- 2008年12月19日，芒果网首页全新改版火热上线；
- 2008年12月24日，芒果网与平安集团万里通事业部开创商旅服务新模式；
- 2008年12月26日，芒果网联合发展银行，一元玩转香港迪士尼；
- 2009年1月9日，刷银联卡玩转日本；
- 2009年1月9日，芒果网新春推出"春节出游早订省"活动；
- 2009年3月5日，芒果网极速体验——快钱支付领大奖；
- 2009年3月24日，积极参与国民休闲计划，芒果网推出万人特价游；
- 2009年3月27日，芒果网与易休网完成并购，整合出全新子品牌；
- 2009年4月1日，芒果网派发4.8亿餐饮娱乐消费券，受到广大消费者热烈追捧；
- 2009年4月2日，芒果网有限公司与中国工商银行联合推出牡丹芒果信用卡；
- 2009年4月10日，歌诗达邮轮经典号首航芒果网包船；
- 2009年4月10日，芒果网联手招商银行推出首尔自由行；

- 2009 年 4 月 13 日，芒果网推出航班进出港动态实时查询服务；
- 2009 年 4 月 23 日，芒果网客户服务中心荣获"2009 年中国最佳呼叫中心"称号；
- 2009 年 5 月 14 日，芒果网推出非深户游港产品；
- 2009 年 6 月 9 日，芒果网荣获第三届中国最优旅游供应商"在线预订最便捷网站"奖；
- 2009 年 6 月 15 日，芒果网"会员休闲计划"推出海洋公园买二送一暑期特惠活动；
- 2009 年 6 月 23 日，芒果网联合招商银行推出 4299 元 7 天海上邮轮之旅；
- 2009 年 6 月 23 日，芒果网推出"优质航空保险服务"承诺——芒果网会员权益再升级；
- 2009 年 9 月，芒果网荣获"2009 中国最佳人力资源典范企业"；
- 2009 年 10 月 12 日，芒果网精彩亮相"第二届中国国际电子商务应用博览会"；
- 2009 年 10 月 27 日，芒果网荣获"最佳企业培训典范"；
- 2010 年 5 月 27 日，青芒果旅行网受邀参加中国旅游电子商务大会；
- 2010 年，优质诚信游诚信宣言；
- 2010 年 11 月 11 日，黄志文总裁出席第三届中国旅游互联网大会；
- 2010 年 11 月 12 日，媒体看芒果：搜狐专访黄志文总裁的报道；
- 2010 年 11 月 16 日，芒果网亮相深圳第十二届高交会；
- 2010 年 12 月 10 日，"芒果网旅行试客"第二季圆满结束；
- 2010 年 12 月 22 日，芒果转身——访芒果网副总裁明晶女士；
- 2010 年 12 月 22 日，芒果网荣获"中国酒店最佳合作伙伴"荣誉；
- 2012 年 3 月 19 日，芒果网举行首届开放大会，与愤怒的小鸟开发公司荷兰 ROVIO 签约，联合推广小鸟游戏的太空版，并宣布与华为在"移动无线城市"项目上深入合作；
- 2012 年 11 月 11 日，芒果网获第三届中国旅游互联网年会双奖殊荣；
- 2013 年 2 月 28 日，港中旅旗下专注经济型酒店的预订平台青芒果旅行网宣布完成 A 轮融资，青芒果正式从芒果网分拆；
- 2013 年 7 月，港中旅集团芒果网与国内最大的手机零售连锁企业迪信通签订战略合作框架协议；双方将通过会员福利共享、植入芒果网手机客户端、打造芒果网专供旅游通手机等手段，在移动互联网领域开启互利共赢新篇章。

二、发展现状

芒果网于 2006 年 3 月 31 日正式开业，总部设在深圳，并在北京、上海、广州、深圳、香港设立分公司，相继对四地五家招商旅游公司以及港中旅内部相关资源进行整合管理，员工人数由 2005 年筹建时的几个人发展至现在 2000 多名。芒果网建立起了强大的 IT 系统、丰富的产品群以及优秀专业的客户服务团队。机票出票和配送服务已覆盖国内 50 多个主要城市，并在全国 10 大城市 11 个主要机场设有芒果网现场出票点和芒果贵宾服务厅。国内签约合作酒店超过 4500 家，覆盖全国 320 个城市和自治区，其中，港澳地区合作酒店有 120 多家，同时，还可通过芒果网预订世界 129 个国家（3300 多个城市）的 2.1 万家酒店。拥有度假产品逾千条，分北京、上海、广州、深圳、香港、杭州 6 个出发地，覆盖海内外数百个热点旅游目的地。旅行管理方面，在原有的 10 多年服务商务客户团队的基础上，为企业客户量身订造企业差旅费用管理方案，发展了包括宜家、香港和记黄埔、爱芬食品、香港大学、摩根（JP Morgan）等知名企业在内的近百家公司的差旅管理客户。

作为国内在线旅游服务企业的引领者之一，芒果网积极打造全新旅游休闲生活方式，为客户提供高品质的服务，获得了市场、社会各界的广泛关注和认可，先后获得了"深圳市高新技术企业""深圳市软件开发'双软'企业"、信息产业部和赛迪网"2006 年底互联网年度创新商业模式大奖"、南方都市报"最期待尝试奖"、香港客户中心协会"年度最佳离岸呼叫中心奖""品牌中国金谱奖——中国信息技术行业年度 10 佳品牌""中关村十大 IT 产品品牌最佳网上旅游平台"奖"IT 两会 2007 中国互联网十大创新人物奖"等荣誉，入选北京地区 21 家机票代理诚信企业，成为深圳市旅游局"精彩深圳欢乐行"深圳特色旅游线路评选活动承办网站，成功经办深圳申办 2011 年第 26 届夏季世界大学生运动会赴意大利都灵陈述团，良好的服务赢得了各方面的高度评价和热情表扬，并被深圳市政府列入政府指定参观接待企业。

第二节 芒果网的商业模式

一、目标客户

在客户细分上，芒果网瞄准中高收入商务散客、自由行人群和差旅管理客户以打开新的市场。业务模式上，同时开拓B2B及B2C业务。B2C业务的重要客户对象为商务散客及休闲旅游散客；B2B业务发展同业代理业务，更多地把业务延伸到更多的旅游代理企业，吸引它们来到芒果网的交易平台上做交易；在上述业务成熟、稳定的基础上，大力拓展大公司旅行管理业务。

芒果网为客户提供和制作产品，并通过先进的客户关系管理系统（CRM）跟踪客户的消费模式，为目标客户提供个性化的增值服务。同时，统筹旅游产品的配送，安排各个区域航空票务代理公司或设于主要机场内的分支机构出票，并通过各地的业务合作伙伴送票或送住房单等。

面对中国旅游消费者旅游需求的变化和发展形势，芒果网自成立以来就非常关注客户需求与体验。而未来的长远稳定持续发展，更需要与客户充分互动发展，以积极推进客户旅行需求及消费行为形成良性循环，致力于充分发挥网络优势，打造真正意义上的"在线旅游"。从细节入手，满足客户既有需求的同时，主动挖掘客户潜在需求，在用户旅行的各个阶段，除了基本的产品，更积极加强在线旅游平台的功能创新和开发，并整合旅行相关资源，通过与各环节类服务提供商进行策略性合作，引导客户网上预订和交易，给予客户全方位的关怀、体贴入微的服务，并有效削减运营成本，提高服务效率，从而引领中国旅行生活方式新潮流。

二、产品类型及各类型的特色

针对客人从出行前的旅行计划制定、预订，到旅行途中及目的地，乃至旅行结束后的旅游产品及相关增值服务需求，在线旅游公司应提供多样化的丰富产品和一站式全程服务。具体而言：

其一，针对客人旅行计划制订及旅行决策阶段的需求变化特点，芒果网大力丰富网站旅游资讯，提供多样且个性化的产品及其信息、便捷的旅行策划工具。如：

（1）丰富的旅游资讯。如目的地信息、天气预报、地图查询等基本内容。积极建设 Web2.0，吸引和鼓励用户参与信息生产（游记、攻略、点评），由用户来生产内容，通过用户之间交互的增加来扩展信息源，并提高会员对服务的黏度。

（2）丰富的产品＋个性化的产品。覆盖面广、种类、线路多样，服务标准、资讯准确。

（3）强大的站内搜索引擎功能及数据库查询功能。迅速而准确查找、呈现客户所需产品及资讯。

（4）旅行策划工具。如结合酒店 360 度视频和电子地图等辅助功能的"虚拟旅游"，通过直观、精确、客观、丰富的酒店信息，帮助客人更简单、便捷地选择心仪的酒店。又如旅行策划工具，用户可以用文件记录个人旅游经历，还可将几种在线旅游网站的产品及服务（产品相关信息、目的地相关游记、攻略、旅游指南及电子地图等）整合起来。

其二，针对客户预订阶段的需求及变化特点，提供具有竞争力的产品、便捷的渠道、流程和优质的服务。

（1）交易渠道。便捷，随时随地可进行——客服中心＋网站＋适当的门店＋迎合 3G 用户的手机无线预订。

（2）产品品质、价格具有竞争力，且信息更新及时、准确。

（3）预订服务。流程便捷、功能齐备，如在线选座位。

（4）灵活多样而安全的支付手段。各类银行卡及信用卡的网上支付＋信用卡离线支付＋上门 POS 机刷卡＋现金＋银行汇款＋积分支付等快速且个性化的配送服务。

其三，针对客户出行及目的、活动阶段的需求及其变化特点，提供更多的增值服务。

（1）提醒服务。航班提醒、天气、交通。

（2）机场增值服务。机场快速登机通道、VIP 休息室服务。

（3）特约商户。通过与全国各大城市及旅游目的地的特色、优质餐饮、休闲、娱乐、购物公司合作，为会员提供消费打折增值服务。

（4）目的地旅游消费指南。如芒果网推出的海泉湾、香港、博鳌攻略等。

（5）电子地图。可下载到手机。

(6) 紧急救援服务。
(7) 目的地租车服务。
(8) 当地向导服务。

其四,针对客户旅行归来阶段的需求,提供Web2.0旅游社区、旅行Blog、网站点评、旅行管理报告等服务功能。

(1) 产品点评功能。如酒店点评,鼓励客人记录下住店的真实感受,并保证点评信息的客观、真实,为其他客人提供住店参考。

(2) 旅游社区。为旅行者提供分享旅行心得、邀约结伴同行的空间,充分调动用户参与的积极性,提高用户对网站的黏性。

(3) 旅游日志。便于用户及会员在旅程结束后分享旅途经历。用户可以在个性化的格式中加入日记及图片,并拥有一个简单的搜索功能,帮助其他用户找到最有用的游记、资讯以策划旅行。

(4) 旅行管理报告。通过智能化信息管理系统对旅行费用数据进行专业化整合、分析,向客户提供每一个潜在费用节约机会的建议。

三、盈利模式

芒果网的盈利主要来源于以下三大产品线:

(1) 酒店业务。酒店业务是消费者在酒店结账,酒店再返还芒果网佣金。

(2) 机票业务。随着电子客票的全面使用,消费者订票后通过网上支付、现场支付、信用卡支付的方式给芒果网票款,芒果网提取佣金以后再返回给航空公司票款。

(3) 打包旅游。芒果网从旅游资源(如往返机票、酒店住宿费、旅游门票和景点地陪服务等)中提取佣金。同时,芒果网还通过在网页上出售广告位获取收入。

四、核心竞争力

(一) 芒果转身——差异化之路

2010年11月18日,芒果网正式宣布进入汽车在线租赁市场,首期推出自驾服务,覆盖全国40多个城市,这是继邮轮和票券频道上线后芒果网又一横向产品拓展。

"我们反思了芒果网这几年走过的路,"芒果网副总裁明晶女士在采访中说,"什么才是芒果网赖以生存和发展的核心竞争力?在资源和背景之外,芒果网需要具备怎样的竞争力才能在未来竞争激烈的市场中占据一席之地?差异化,除此之外没有其他路可走。"的确,目前在线旅游网站的核心业务主要为机票和酒店预订,营收方式主要是收取佣金,同质化现象非常严重。在审慎考虑市场需求和自身资源后,芒果网选择了"差异化之路"。

2009年4月,芒果网收购易休旅行网,推出了全新品牌"青芒果"。"青芒果"面向以学生和背包客为主体的市场,填补了低价酒店市场的空白。"青芒果"收取很少的预订费以取代传统的佣金,且预订费直接由客人先行支付给"青芒果"。"100%在线预订和后台操作,基本不涉及呼叫中心和人工。整个青芒果的工作人员仅十多人,人力成本很低。"对芒果网来说,"青芒果"是其差异化战略的"牛刀小试",且已微见成效。

针对客户的需求,芒果网机票酒店和度假将满足大多数旅行业务需求的大众市场,而青芒果、票券、邮轮、租车业务,以及未来将上线的高尔夫、旅游用品商城等将满足不断细化的人群、细化的业务和细化的市场需求。芒果网"以度假旅游为特色,一站式在线旅游超市"的差异化战略布局正初步显现。

(二)度假旅游——差异化战略的关键

纵观芒果网的差异化战略布局,"度假旅游"是重中之重。首先,在线旅游市场从以机票、酒店等单一产品向以自助游、团队游为代表的个性化、差异化的休闲旅游市场发展是趋势。而更为重要的是,"以度假旅游为特色"的差异化战略的背后,是触及芒果网最本源的问题——资源整合。

五、合作伙伴

芒果网与全球领先的企业通信应用、系统和服务供应商Avaya公司合作,建成了一个业内领先的呼叫中心系统。

2011年6月,芒果网与京东合作,为其提供机票服务,京东机票预订业务正式开启;9月,芒果网与腾讯Q+在机票、旅游等领域的合作正式上线。2012年开年,芒果网与华为合作的"势力邦"正式上线。

华为与芒果网合作,在在线旅游上实现跨界发展。作为国际一流的电信和手机类供应商,华为提供了充足的资源来进行其自主开发的"势力邦"的推广和运作,手机内置、PAD内置、应用超市"智慧云"的推荐下载,借助华为强大的技术开发能力和资源优势，芒果网也倾注了极具优势的资源和产品，提供独具特色和独家优惠的机票、酒店、旅游产品，提供特色化和具有本地化优势的服务。芒果网希望背靠华为，在移动互联网领域谋求更大的发展。①

芒果网针对商务类客户和 18～40 岁喜欢旅游的时尚一族两类主要的目标客户，通过创新的手法，采用直接销售和互联网营销相结合的方式拓展会员。除发卡以及通过营销获得客户之外，芒果网还加强与公司、机构、组织的合作，将芒果网的产品与服务拓展到更广、更深、更精确的人群中去。比如，芒果网与来自全国的合作方共同发行联名卡，如与国美、中石化、中国银行等拥有会员制的公司或俱乐部展开多种类型合作，以便拓展会员，提高市场影响力，同时，令合作方也获得更大的利润空间。②

六、管理团队

芒果网有限公司（以下简称"芒果网"）是国资委管理的中央企业中国港中旅集团的全资附属公司，是中国港中旅集团顺应现代旅游和电子商务的发展趋势建立的、以独立品牌专门从事在线旅游业务的电子商务平台。

芒果网平台目前已形成一支高素质、专业化、年轻、敬业的团队，云集了来自旅游、电子商务和 IT 相关行业的多名优秀人才，既有经验丰富的高管团队，也有机票、酒店、度假、商旅等领域的专家和业务骨干，更有呼叫中心运作及管理人才、IT 人才，队伍年龄结构、专业背景结构、经验背景构成都相当好。这些管理团队和专业团队都是芒果网的宝贵财富。

---

① 华为、芒果网联手在线旅游 [J]. 办公自动化，2012（5）.
② 艾瑞网. 会员扩展：代理商制下的芒果速度（http://column.iresearch.cn/u/guanggaozhu/5283.shtml）.

第三节 芒果网的运营评价

一、战略定位

芒果网的战略定位包括两个方面：其一，在港中旅集团内部的战略定位——对于集团，公司的定位是什么；其二，在市场中的定位——对于客户，公司的定位是什么。

其一，芒果网在港中旅集团内部的定位及作用，是旅游板块的在线销售、服务和资源整合平台重要收入和利润增长点，也是提升集团品牌影响力的有效途径。具体表现为：

（1）在线销售平台。集团旅行社业务、酒店业务、景区业务，以及未来的保险业务均可通过芒果网进行销售。

（2）在线服务平台。集团旅游板块各业务的目标客户群，均可通过芒果网查询相关业务信息、通过芒果网呼叫中心进行业务咨询和预订。

（3）在线资源整合平台。芒果网配合旅行社整合后台旅游资源，并通过在线企业门户整合代理商资源。

（4）收入增长点。旅游市场向互联网迁徙已是大势所趋，应通过积极把握这一市场机遇，迅速获取业务增量。

（5）利润增长点。在线旅游业务盈利水平远远高于传统旅行社业务。

（6）同时，芒果网拥有从旅游信息查询、计划制订、旅游产品购买、旅游服务提供等多个消费者接触界面，是打造港中旅集团国内领先旅游集团品牌形象的重要途径。

芒果网作为港中旅集团唯一的在线旅游交易平台，与集团线下旅行社的关系是：两者分别是线上、线下产品分销渠道，业务各有侧重，既有区别，又相互支撑、互为补益、共同发展。

芒果网主要以电子商务平台提供酒店、机票及自助游产品的预订和服务。线下旅行社则以面对面的方式提供以旅游团为主的产品和服务。除客源细分区别外，两者又可在采购、销售、客户管理、市场推广、支持服务及信息等方面进行互惠互利、取得双赢的合作。芒果网与地面旅行社互为对方的供货商和销售代理：即地面旅行社代芒果网采购当地合适的旅游产品，并提供当地旅游市场的信息，向当地客户面对面代销芒果网产品；芒果网则为各地面旅行社提供通过统一采购取得的优惠价格产品和网上销售渠道。芒果网将极大扩大地面旅行社的客源，增加线下旅行社的产品销售，并有效完善在线类服务内容；通过联合采购，增强线下旅行社与供应商（如机票、酒店等）的采购谈判能力。

芒果网关注市场份额最大化和为集团创造更多的收入来源，并积极肩负起用IT技术改造传统旅游产业、提升中国旅游产业的使命。芒果网的定位并非全为"港中旅"系旅游产品作销售，而是打造面对用户的一站式服务，是一个开放的平台。既有港中旅集团内部的旅游产品，也销售全社会其他供应商（航空公司、酒店、景区等）广泛的旅游资源和产品。用IT技术来改造集团传统的旅游业；同时，在线旅游平台又能为集团服务，也为社会所需要。

其二，关于芒果网在市场中的定位。根据中国在线旅游发展趋势及公司既有的业务基础，芒果网的战略定位为"以机票、酒店预订业务为主，具有特色旅游产品及专业商旅服务能力的、拓展大中华区市场的综合性在线旅行服务提供商"。即业务范围不仅包括机票、酒店、旅游产品（机＋酒／旅游车票、船票、门票等）等产品的在线销售，也包括旅游综合服务和相关增值服务的提供（旅行管理、特约商户、网站旅游论坛、旅游信息服务、评论等）。核心能力为：广泛的上游资源、具有吸引力的价格、优质的服务、高效的IT支持平台、灵活的线上线下交易方式、科学的客户细分和创造性的营销方式、广泛的行业相关资源获取和整合能力。

二、优势

港中旅在线的10亿元资金的支持。有着与香港中旅集团属下所有的旅游资源合作，包括传统旅行社在采购、销售、配送及支持服务、信息、广告及客户等方面的合作趋势，以及基于客户需求的快速反应机制，专业行为的团队建设，有着自己的商业运营模式——网站＋电话服务中心，研发占主导和特色的自主旅游产品并销售。

三、劣势

(1) 在酒店、机票预订的业务上处于劣势，在在线旅游业起步比较晚。
(2) 在北方地区知名度不够。
(3) 机票信息质量不够高。

四、机遇

整体旅游市场发展趋势向好，在线旅游市场可为空间巨大。民航业稳步发展，商旅市场需求旺盛。酒店不愿受制于携程，力图"冲淡"携程一家独大的渠道格局，希望市场中有更多的分销平台选择。航空公司对分销代理商依赖的局面不会改变，并且随着航空公司间竞争的加剧，销售政策更加灵活，幅度也将加大，航空公司的直销与代理将长期并存。客户消费结构和消费习惯发生了巨大的变化，为电子商务带来无限商机。

五、威胁

携程、艺龙的先发优势，以及细分市场的旅行和专业运营商的出现，使得在线旅游市场竞争加剧。"去哪儿""住哪儿"等酒店搜索引擎对芒果网将来的发展有一定的冲击，导致客户淡漠忠诚度和归属感，而更多考虑低价。航空公司、酒店自建直销网站分流了一部分客户。

第四节　芒果网的运营建议

一、发展总体建议

基于上述情况，芒果网的发展，应积极致力于为客户提供最为便捷的旅行产品预订服务，最为愉悦的客户体验，最为丰富及最具吸引力的旅游产品。立足华南，巩固北上广深，稳步扩张，大力发展机票、酒店分销业务，建立度假产品优势和特色,充分发挥专业商旅服务优势,适时推进集团内部资源协同,构建领先的旅游电子商务运营模式并不断创新,强化芒果网品牌影响力,成为大中华区最受欢迎的在线旅游平台。

二、客户及区域市场建议

在客户及区域市场选择上,鉴于在线旅游覆盖面广等特性,瞄准整个大中华区的商务客户和新兴自由行一族。重点主攻长三角、珠三角经济圈中商务及休闲旅游活动频繁的目标市场。华东、华南地区经济发展快速,是重要的商旅活动区域,北京、上海、广东、江苏是重要的旅游及商务地区,浙江、天津、山东、福建、云南为二线商旅及休闲旅游地区,四川、广西是重要的休闲旅游目的地。

巩固和深度开发现有北京、上海、广州、深圳四大一线城市市场的同时,分阶段、分步骤进入重点区域二线目标城市。深圳、港澳、广东为代表的华南地区作为根据地及港中旅的优势范围,需守住并精耕细作,真正确立三足鼎立的中国在线旅游市场格局。广东为代表的珠三角地区,经济发展迅速,并趋于成熟,人均可支配收入高,商务活动频繁,且休闲旅游消费习惯成熟,是重要出行地和目的地。另一方面,芒果网总部深圳、珠海毗邻港、澳,地理位置特殊,集团酒店、景区、海泉湾、巴士客运、船务等旅游资源重点分布在华南地区。芒果网的总部根据地市场需精耕细作,建立绝对竞争优势,再以此为基础,向华南乃至整个大中华区辐射。

三、产品业务组合建议

在产品和业务方面,在线旅游网站公司应可提供吃、住、行、游、购、娱等一站式产品,但业务发展重点应有所侧重。其中,应以"住"和"行"为主要利润来源进行大力开发;以"游"为差异化竞争产品进行积极拓展;将"购""吃""娱"和金融为补充性产品进行选择性开发。

具体而言,业务组合及策略如下:

(1) 当前酒店业务量虽然不高,但酒店业务利润较高,且市场空间庞大,将成为芒果网利润的主要增长点。

(2) 机票业务利润率较低,但具有很好的成长性,且基础好、量大,是公司的优势所在,应作为芒果网的重点业务。

（3）作为港中旅集团下属旅游电子商务平台，芒果网有更加完善的产品线和运作方式，具备一定的团队资源和经验，具有线下运作的传统经验和团队，市场占有率快速上升，故旅游度假产品应成为芒果网的特色业务和亮点。

（4）商旅管理市场稳步快速增长，发展空间大，收益性好；但所需产品、服务能力要求相当高；资金占用大，对风险管控能力要求高。很多竞争对手望而却步，但这是芒果网的独特优势和一个差异化突破点。芒果网旅行管理部的前身是中国市场上最早从事旅行管理业务的公司——港中旅国际商务旅行管理（北京）有限公司。公司于2006年底加入世界最大的商务旅行管理网络之一Global Specialist Markets (GSM)，成为GSM在中国和香港地区的合作伙伴。作为中国起步最早、最专业的商务旅行管理公司之一，芒果网在此领域具有丰富的服务经验，并在商务旅行市场上取得了快速发展。作为可以实现线上和线下服务有机结合的在线商旅管理公司——online TMC，芒果网在该领域的发展值得期待。

（5）特约商户、旅游保险、旅行信用卡、网络广告等增值服务，是打造芒果网差异化服务、提高芒果卡附加值、提升会员忠诚度的必要途径，也将为公司开辟新的收入来源，且公司内部已有一定基础和实践，可伺机积极发展。

第十四章 致力于全方位的中文自助游服务平台：游多多

第一节 发展历程和现状

游多多旅游网（http://www.yododo.com/）是国内旅游类门户网，网站致力于打造一个快乐旅游的互联网平台，集合了旅游咨询、旅游攻略、旅友互动、旅游分享等功能，是国内最具商业价值的网站之一。

图 14-1 游多多首页

一、发展历程

游多多创立于 2006 年 4 月，创始人及首席执行官（CEO）是苗湾儿。

2006 年 2 月 27 日，游多多发布多多鸟 Beta 版本；4 月 20 日多多鸟引来第一百位注册会员。

2007 年 3 月 7 日，游多多与凤凰卫视《鲁豫有约》合作出游攻略 PK 赛；5 月 28 日游多多推出手机 WAP 版；7 月 3 日，游多多推出网上预订景点门票。

2008 年 6 月 16 日，游多多推出多多驿站。

2009 年 2 月 9 日，游多多推出全球天气预报查询；12 月 4 日游多多与慧择保险合作开通保险频道。

2010年7月10日，游多多注册会员达到100万人；8月23日第一本游多多旅友自助旅行经验书出版；12月24日迎圣诞，游多多积分商城上线。

2011年1月10日，游多多开始"游多多微游记大赛"，这是旅游业内首次将旅游景区与网络社区结合通过微博社会化媒体展开互动营销的一次成功典范。游多多联合新浪微博、泰国旅游局同时在"新浪游多多官方微博"和"游多多旅游微博"上发起的"游多多微游记大赛"得到了网民的大力支持。微游记大赛上线数天内就得到了广泛的积极响应，发布游记、跟帖点评，参与人数更是多达数千人，进而将旅游分享的精髓发挥到极致。

2011年1月30日，游多多目的地攻略频道全新改版；3月15日游多多首创酒店在线预订行业"入住保障"服务；3月24日游多多跟艺龙、Booking、Agoda合作全新开通全球酒店预订；4月26日上线多多团购业务，开设装备、驿站团购项目；5月12日游多多推出旅游体验中心；7月15日开通动车票预订业务；8月1日游多多首创酒店预订行业"有房指数"在线标准；8月25日多多驿站开通"客栈直营"服务；9月4日个人空间全新改版；11月4日游多多Q+应用"游多多自助游"正式上线；11月28日游多多推出多多勋章。

2012年2月16日，第五本游多多旅友自助旅行经验书（北京篇）出版；3月28日多多驿站上线看地图订客栈服务；6月26日多多驿站启用独立域名www.yododo.cn全新上线；7月1日签证办理频道上线；7月9日多多驿站金牌店长评选活动顺利举行；7月11日"多多之星"展示厅正式开放，游多多自助游手机客户端发布；9月14日多多驿站上线"旅游订房"Q+应用；9月20日推出国内外机票在线订购服务；11月15日多多驿站推出"闪电确认"服务保障。

2013年11月11日，游多多宣布获得戈壁投资的数千万A轮融资。这次成功获得注资，也显示了客栈预订这一细分领域的快速增长正逐渐获得资本市场的认可和青睐。游多多的首席执行官（CEO）苗湾儿表示资金将用于以下三方面的工作：提升游多多的服务质量；加强网站在国内旅游市场的宣传，旨在覆盖自助游市场的在线用户；拓展并维护全国范围内的客栈和青年旅舍，帮助此类中小旅游住宿商户的用户来源向线上转移。

二、发展现状

游多多旅行网是现在规模最大的中文自助游服务平台，由自助游爱好者自己提供和分享的最新旅游资讯、最独特的自助游线路、最详细的旅游攻略等方面组成的出行前准备、在路上旅行、归来后分享，服务于旅行全过程的专业化网络社区，并由此形成了以自助旅行者为中心，目的地攻略、结伴同行、旅行分享等内容为支撑，融合了旅行产品预订的专业旅游社区电子商务平台。游多多旅行网已经成为国内领先的高性价比旅游住宿预订网站，汇集了国内所有景区目的地及大中城市极富特色的青年旅社、民宿客栈。[1]

游多多公司在第五届"创业邦100"被评为2013创业邦100——中国年度创新成长企业100强，这是从几千家创业企业里层层筛选出的当年具备创新性和成长性的优秀企业，并由几十位评委打分得出的100强名单。[2]

第二节　游多多的商业模式

一、目标客户

游多多的目标客户主要是热爱自助游、自驾游、出境游、户外运动等人群。游多多的访问人群覆盖了各行各业，这些人群分布在全国各地。

二、产品类型及各类型的特色

游多多的产品主要有多多驿站、目的地攻略、预订、结伴同行、驴友社区、手机客户端功能，各个功能都有着特点，服务于用户。

（一）多多驿站

多多驿站成立于2008年，隶属于游多多网络科技（上海）有限公司，它以为旅行者提供一个可以在路上体会温暖的旅途家园为宗旨。多多驿站通过对旅行驿站文化的宣扬诠释，以营造旅行者路上的家园为目标，汇集了国内所有景区及大中城市数千家极富特色的青年旅社、民宿客栈、家庭旅馆、度假公寓等多样化的低价单体酒店。

---

[1]　游多多旅行网（http://www.yododo.com/）.
[2]　王莹. 创业邦100：2013年最具潜力的100家创新公司[J]. 创业邦, 2013（12）.

多多驿站通过规范化的经营标准，树立起商家自主经营、自主管理、直接销售的O2O旅游订房模式。在倡导网络诚信经营的同时，帮助中小型驿站轻松实现电子商务和有效的品牌宣传。多多驿站开辟了在线旅游住宿预订行业先河，首推了房客"入住保障"服务；酒店"有房指数"预订指标；酒店"客栈直营"商家服务准则等一系列保障消费者权益的服务措施，有效提升了游客的旅游满意度，每年为数百万人提供安全、可靠的订房保障。目前已成为国内旅游住宿预订行业颇具影响力的大型网络预订服务平台。

（二）目的地攻略

该栏目针对国内外2万多个景点以及城市进行详细介绍，包含景区资讯、游记攻略、问答、结伴同行、天气、地图、计划、图书等多项服务。用户可以很方便地了解到自己所需要的旅行目的地信息，在查找信息的同时，还可和广大旅友分享自己的旅途经验，结识更多旅友。

攻略有国内旅游攻略、国外旅游攻略以及官方攻略。在"问答"的地方，用户可以在这里问问题和解答问题，同时回答问题多的热心旅友排行对用户来说也有激励作用；高分悬赏问题有利于引导大家参与讨论；通过问题分类便于用户快速找到问题。地图处是各地的旅游卫星图、电子地图，用户可以自行上传地图。新闻处是与旅游相关的资讯，如旅游局、航空公司、目的地、酒店驿站、旅行社、旅游咨询等方面的资讯。在"计划"的地方用户可以发布计划，也可以参加他人的计划。图书处有与旅游景点等相关的书籍。

（三）预订

预订处提供青年旅社、客栈住宿、国内酒店、国外酒店、机票、景点门票等的预订服务。门票订购成功且完成支付后，可凭身份证和确认信息或打印电子票到景点售票处支付余额后换取正式门票。众多的评论信息能为用户预订提供参考意见。

（四）结伴同行

结伴同行是游多多的重要栏目之一，喜欢自助游、自驾游、出境游、户外运动的旅友们会找寻对自己有帮助的出行信息，包括约伴、线路和活动的选择、同城聚会活动的发起等。结伴的活动有着热门、探险、自驾、徒步、海岛、休闲、骑行、登山等众多分类。结伴同行为广大旅友提供了出行线路的参考、结伴同游的机会，促进广大旅友的交流。

（五）驴友社区

驴游社区包括照片、游记、点评、日志、旅程、论坛等分类，主要囊括了游多多注册会员的个人空间。多多旅友出行游玩回来后可以在自己的空间里面与大家共同分享出游的照片、游记、视频、旅程等，同时也能了解到好友的相关出游计划和出游回来的旅游分享，互动点评，促进友情。在这里可加强一个群体的紧密度，促进大家的交流。

其中论坛是由驴友天地主板、摄影天地主板、心情闲趣主板、地方论坛主板、结伴同行主板、多多官方主板等组成，还有各板块旗下活跃的小组。旅程可以看作是某次旅游的路线，由一系列景区所组成。用户可以创建一个旅程来大概描述游玩的概要信息，比如去哪些景区游玩了，何时去玩的，何时回来的。建立旅程后，用户可以上传景区相关的旅游记忆，如照片、视频、游记和点评，与大家分享旅游经历。日志就是用户所写的日志，可按多种形式查询如按点击数、按好评数等。这些为用户提供了交流沟通的平台。

驴友社区最大特点就是互动性强，传播速度快，范围广。它不仅可以通过旅友空间聚集有共同兴趣的好友，讨论相关话题，也可以在短时间内将要发布的信息快速传播出去，让更多人即时了解更多的旅游信息，这种"互动营销"使游多多获得了很大的成效。

（六）手机客户端[①]

2012年7月初，游多多手机客户端（Android版）正式发布，作为国内第一自助游网站，游多多此番推出的手机APP应用，方便了用户通过手机查询旅游相关信息。

游多多手机客户端的功能主要有景点指南、旅游求救、旅游投诉、地图查询。景点指南部分涵盖了全球所有城市和景点的历史文化资料和最佳旅游时间、出行交通，并配以地图导航浏览功能。旅游求救是指不论用户身处何地都可以通过经纬度定位，通过邮件、微博等途径发送求救信息或拨打当地求救电话。旅游投诉是指游多多手机客户端收录了全国所有城市的旅游质监和消费者协会电话，更有我驻外使领馆和当地警察联系方式以备急需。地图

[①] 户外资料网．游多多手机客户端发布 电话救援功能成最大亮点（http://www.8264.com/viewnews-77761-page-1.html）．

查询是指旅途中通过 GPS 定位方便用户查找附近景点资料。

游多多自助游客户端涵盖了国内外近 2 万个景区的资料和服务提示，辅以地图导航浏览功能，全球旅游信息轻松掌握。游多多客户端的独家电话救援功能让游客出行无忧，充分享受便捷的移动互联网旅游服务。在国内旅行中遇到任何旅游服务质量问题，用户均可以拨打当地的旅游质监或消费者协会的电话寻求帮助解决；在境外则可利用游多多提供的全球各个国家和城市的救助电话或我驻外使领馆联系方式寻求帮助；对于在出行中出现的危急情况也可以通过电话或邮件、微博来发送求救信息，这对于自助游游客来说是非常有帮助的。

三、盈利模式

游多多盈利模式主要是商家加盟收费、驿站合作以及以用户吸引各客栈、酒店等广告主等投放广告。

（一）商家加盟

景区门票由景点进行加盟并提供折价票，游多多收取一定费用。线路是由相关资质的旅行社加盟并进行线路管理，游多多提供平台，并收取一定的费用。线路加盟的形式主要有以下方式。

（1）结伴同行线路盈利方式。为了确保游多多网站中发布线路的商家质量，让有实力的商家更好地服务旅友，游多多将对商家进行审核、筛选，限制免费发布户外线路的功能，因而对合作商家进行更大的宣传。合作商家交纳一定信息服务费，不限量发布线路，并在首页、结伴同行等页面获得优先宣传；合作商家优先获得承接地方同城聚会的活动。

（2）度假频道线路合作。如果旅行社或俱乐部在自由行线路或出境游线路方面比较有优势，游多多给合作旅行社开放线路发布权限，发布自由行、出境游的相关信息，可供旅友网上查询、预订。线路由旅行社自行发布、自行维护，旅行社留下联系方式，游客可直接跟旅行社联系。

（3）超市线路商家加盟及合作。注册成为游多多商家会员；开通超市线路商家权限；商家发布线路；游多多审核线路，开放审核通过的线路；旅友网上预订、网上支付订金；商家完成预订后所有服务事宜。

（二）多多驿站合作

多多驿站与中小型宾馆、客栈、旅舍、短租旅舍、家庭旅馆等经营者合作，提供给他们网络宣传的机会，通过网上出售、网上预订，找到更多客源。与多多驿站合作的经营者很多，在为游多多的用户提供更好的住宿选择的时候，也给多多驿站和客栈等经营者带来了利润。

（三）广告销售

客户为了推广品牌、活动推广、品牌招商、产品销售等而在游多多网上进行广告投放。广告投放类型和广告投放界面多样。投放类型可分为：通栏广告、按钮广告、文字链接、对联广告、弹出窗口广告、其他类型、广告投放页面为首页、目的地攻略、结伴同行、旅友空间、小组论坛等处。广告费用是游多多网站的很重要的收入来源。

四、核心能力

游多多的核心能力主要体现在多多驿站和"驴游社区＋结伴同行"方面，这些提升了用户的体验，为游多多吸引了更多的用户。

（一）多多驿站

游多多旗下旅游住宿预订平台多多驿站业务从原先的游多多旅行网中分离而单独运营和发展。与其他在线旅游相比，多多驿站着眼于一个旅游的细分市场，即自助旅游。随着旅游形式的多样化和人们对真实生活和独有文化的喜爱，自助游的市场在不断地扩大，多多驿站能满足自助游客的个性化住宿需求。游多多的多多驿站在快速成长，经过近些年的发展，多多驿站拥有了国内所有景区及大中城市数千家极富特色的低价单体酒店，有着丰富的资源，能为用户提供更多有可比性的选择。多多驿站推出的房客"入住保障"服务、酒店"有房指数"预订指标和"客栈直营"商家服务准则等一系列服务措施，都有效保障了消费者的权益，提升了游客的旅游满意度。[①] 同时，这也提升了旅游住宿预订业务的质量。

多多驿站功能致力于旅游住宿预订业务，着力运用电子商务方式来整合各种住宿资源，实现商家自主经营、自主管理、直接销售的旅游订房模式，以一

---

① 艾瑞网．游多多深耕在线旅游订房市场（http://ec.iresearch.cn/55/20120627/175379.shtml）．

种公开、公正的第三方平台角色面对大家，同时相关平台工具的使用能方便商家推出可行的促销优惠活动。多多驿站的管理方式实现了双方的便利与双赢。

（二）驴游社区＋结伴同行

游多多中的驴游社区和结伴同行是游多多重要的旅游相关服务，两者都加强了社区化、同伴化的一种关系，在满足用户对旅游相关信息的需求的同时，还维护了网站用户的黏性，提高了用户的归属感。驴游社区和结伴同游给热爱旅游的用户提供了一个互动交流的平台，用户通过分享出游的照片、游记、视频、旅程等来互相了解彼此，通过结伴同行功能中的景点结伴信息的发布能找到有同样旅游兴趣的人们，这种自助游的组织方式满足了用户的个性化需求。社区中旅友的分享传播的范围广，口碑传播力度强大。游多多的驴游社区和结伴同行能充分发挥社区分享的优势，将更多的自助游乐趣带给大众。

五、合作伙伴

游多多是以一种公开、公正的第三方平台角色面对用户，不直接涉及具体的旅游产业的各个环节中，比如游多多不会自己去开辟旅游线路。游多多同景区、酒店、航空公司、旅行社、俱乐部、旅游装备甚至是在线旅游网站等相关行业均是合作伙伴关系，双方展开各种合作互惠共赢。酒店航空方面如国泰航空、携程旅游网、喜来登（Sheraton）、福朋（Fourpoints）等，户外品牌如迪卡侬、Teva等；汽车品牌如克莱斯勒、OPEL等，数码日化方面有索尼爱立信、奥林巴斯（Olympus）、强生等，这些都是游多多网站广告的部分合作者。

游多多积极开展与地区旅游部门、旅游景点的合作。例如，2012年3月福建省旅游局同游多多旅行网达成了战略合作框架协议，双方以优势互补的态势，在互信、互惠、互利的基础上充分展开多方位的市场合作，携手共进提升各自的市场竞争力，共同进行市场开拓。2012年4月凤凰古城网和游多多达成宣传合作协议。

六、管理团队

苗湾儿，游多多的创立人及首席执行官（CEO），是草根创业者。创业之前，曾就职于阿里巴巴、倍多科技等公司，写过7年程序，做过3年研发管理。2006年，出于对互联网的热情和对旅行的喜爱，离职创立游多多旅行网，开始为自己的梦想打工。目前员工人数约 1000 人，公司发展前景很好。

游多多首席技术官（CTO）是卜繁泰，是游多多网站相关技术的最高负责人。他和技术相关人员对网站历年来积累的大量数据进行了重新整理分析，从普通游客的视角出发，以旅游关注度、互联网浏览习惯为导向，对页面布局和栏目建设实施了全新的布局和规划，完成 2012 年多多驿站新版本的正式上线。

第三节　游多多的运营评价

结合以上内容对游多多进行运营评价。以下从竞争优势、竞争劣势、机会和威胁四个方面将公司内外部环境有机地结合起来分析游多多。

一、优势

在众多旅游在线的网站中，游多多网具有一定的优势。多多驿站的旅游差异化市场策略对于其发展有着重要的作用；游多多驿站具有完善的保障体系；游多多具有自助旅游的一站式服务。

（一）多多驿站的旅游差异化市场策略

随着近年国内旅游浪潮的不断兴起，青旅客栈以其独特的魅力为广大旅游爱好者、休闲游客、背包客所追捧，其身后的市场潜力不容小觑。中低价位的旅游住宿预订平台针对自助游群体，能满足消费者的多样化、个性化需求。多多驿站是随着旅游住宿网上预订服务的不断发展应运而生的，多多驿站让商家与消费者之间更好地实现了无缝对接，将更好地满足休闲自助游游客的住宿消费需求。游多多将多多驿站独立出来，一方面是为了更全面地为消费者提供服务，另一方面也是为了进一步提升多多驿站的核心竞争力。因此，多多驿站通过更全面清晰地展示客栈风貌与房型的图片，配合详细的文字介绍，更详细、精准、周到地服务于旅行者。目前，国内客栈市场在线预订业务尚处于探索期，从国内酒店预订平台整体布局上来说，多多驿站进一步促进了国内酒店市场细分化，为旅行者在线旅游订房又增添一种新的选择；将有力推动中低价位旅游住宿市场的发展，带领客栈青旅的在线营销进入新的标准化时代,最终使旅游者受益。①

所有房型、房态、价格,包括订单的处理等方面均由商家自主经营。因此,多多驿站已经吸引了各地越来越多的青年旅舍、特色客栈、家庭旅馆进驻。游多多还提供了一对一的多多管家式服务。同时,客栈还可借助游多多长期的社区管理经验和自助游市场的品牌优势,进一步提升商家自身的互联网信誉度。游多多告别了携程、艺龙的旅游预订模式,进而演变为行业内的专而精的旅游平台服务提供商。②

(二) 多多驿站完善的保障体系

多多驿站具有一系列的房客"入住保障"服务、"有房指数"预订指标、"客栈直营"等平台经营规则,这些规则有效地保障了游客的消费权益,并且更加注重于通过客人的真实入住感受和商家的自主经营理念来宣扬驿站文化,为旅行者提供一个可以在路上体会温暖的旅途家园。③

多多驿站的保障有着100%有房、无条件退款、零秒确认、全网最低价、驿站直营的特点。100%有房,即预订即享"双倍赔付"保障;无条件退款,即支持无理由、无条件退款;零秒确认,即下单支付立即确认;全网最低价,即高于其他网络售价实行3倍差额赔付;驿站直营,即店家直营住店服务有保障。多多驿站完善的保障体系提升了旅友住宿的体验。

(三) 自助旅游的一站式服务

自助旅游的一站式服务更是游多多吸引普通自助游客的亮点。出游前,可以在游多多上查找目的地的攻略和问答,以及吃、住、行、玩等各类景点信息,或是发起活动结伴同行,邀请旅友一起出游。出游归来,可以分享旅程中的照片、游记和点评,管理自己的旅游记忆,同时会自动生成每位旅友的旅游足迹图,让好友们看到自己的足迹遍布何方。这样的一站式服务满足了用户的个性化需求,结伴同行的活动也增强了大家的交流。④

---

① 劲旅网.多多驿站的旅游差异化市场策略 (http://www.ctcnn.com/html/art/9099.htm).
② 和讯网.真正的客栈直销平台 游多多打造旅游"淘宝商城" (http://tech.hexun.com/2011-07-27/131812074.html).
③ 搜狐网.旅游住宿为你而变 自助游客的旅游淘宝 (http://news.sohu.com/20120817/n350878372.shtml).
④ 创业邦.游多多旅行网获戈壁投资2500万A轮融资 (http://www.cyzone.cn/a/20131113/246978.html).

游多多专注于自助旅游这个市场的专业化、系统化的发展。自助旅游的一站式服务为热爱旅游的用户提供了丰富的旅游信息。

二、劣势

游多多存在着一定的竞争劣势，影响着游多多的发展。主要的问题是客栈类毛利较低和移动客户端需要改善。

（一）客栈的毛利较低

日趋庞大的自助游的用户数量增长，催化了诸如客栈、短租等非传统酒店业的发展，但与传统酒店预订相比，客栈类的毛利相对较低。因此，如何采用轻量化的运营流程来控制在线旅游成本非常重要。而如何正确地使用一定的方法来控制旅游成本，还在探索之中。如果控制不好的话不利于游多多的发展，易在竞争激烈的在线旅游中失去竞争优势。

（二）移动客户端需要改善

随着移动互联网的快速发展，智能手机的功能越来越完善，客户对手机的需求也越来越多，加强了与互联网进行及时的互动。游多多推出了自己的客户端，但是功能方面需要继续改善，提高用户体验，创新移动客户端的功能。

三、机遇

目前从事在线旅游的公司很多，各个网站都在竞争中寻求机会。在线旅游市场的发展前景是好的，游多多应该抓住发展的机会，把握好发展的时期。

（一）国内旅游市场广阔

随着在线旅游市场的成熟，整个行业也逐步发生变革，市场的规模也在逐年地扩大。2013年2月18日，国务院批准发布了《国民旅游休闲纲要（2013—2020年）》，倡导国民旅游休闲的新时代。同时，互联网已完全融入了大众的生活。随着网民的成长消费需求逐渐扩大，通过互联网获取信息、娱乐、认同的意识也越来越强。而旅游也被更多的人视为一种生活方式或生活必需，此时的在线旅游网站也就越发显示出其存在的意义。通过旅游网站获得先行者的旅行经验是用户最大的需求点，其次便捷的旅游预订也符合新生代的消费习惯，这将是大势所趋，在线旅游网站有着很好的发展前景。

（二）青旅客栈发展前景好

自助游的市场在不断地扩大，广大旅游爱好者、休闲游客和背包客多推崇青旅客栈的独特魅力，市场潜力不容小觑。全国各地景区客栈开始兴盛，特色客栈不但缓解了旅游目的地接待压力，还提升了景区的知名度，客栈与景区同步发展，成为旅途中的新风景。同时，自助游群体的需求具有多样化、个性化，中低价位的客栈、短租等非传统酒店业住宿有一定的市场。多多驿站的预订业务有着广阔的发展空间。

四、威胁

随着旅游业的发展，从事旅游服务的旅游在线网站数量增多，如携程、艺龙、去哪儿、芒果网、酷讯、春秋旅游网、腾邦国际、蚂蜂窝、驴妈妈、同程网、途牛旅游网等。新兴的在线旅游企业和营销方式接连出现，各种细分垂直型在线旅游企业兴起，如同程、途牛、驴妈妈等。各种旅游垂直媒介及旅游点评和社交网站纷纷出现，典型的代表有以垂直搜索引擎为主的去哪儿、酷讯，以点评攻略为主的驴评网等，以旅游攻略为主的蚂蜂窝，以旅游计划为主的途客圈等。市场参与主体多，多元化营销方式涌现。新型的服务模式出现，如逆向拍卖、模糊定价、最后一分钟特价等，行业内的竞争越来越大。

第四节 游多多的运营建议

一、加强企业运营管理

与传统酒店预订相比，客栈类的毛利相对较低，因此游多多应注重采用轻量化的运营流程来控制在线旅游成本，在自身管理、运营方面齐抓共管，继续巩固业内领先的地位。注重企业运营的成本预算、成本控制，对企业运营中的各个环节制定相关的规则，严格监督企业运营过程，出现问题及时解决，并为了避免再出现类似的问题而对事件进行分析。与此同时，游多多需要提升服务质量；加强网站在国内旅游市场的宣传，从而覆盖自助游市场的在线用户；拓展并维护全国范围内的客栈和青年旅舍，帮助此类中小旅游住宿商户的用户来源向线上转移。在保证企业核心业务发展的同时，提高网站功能的多样化。

二、抓住移动市场发展机遇

移动市场有着很大的发展机遇，游多多应抓住移动市场发展机遇。改善游多多客户端的用户体验，使其更符合用户的使用习惯和需求。游多多应改善客户端功能，尽可能多地提供用户满意的产品服务，提供给用户多种个性化背景、模式的选择等，通过多种手段来提高客户端的用户体验，增加用户切实需要的功能。

建立同步虚拟社区，加强用户间的信息共享和实时互动。相比一般的虚拟社区，同步虚拟社区有所不同，它可以利用旅游的时间碎片登录社区，在社区内发布信息、发起讨论，这样使得信息的交流更具时效性和便捷性。当前的手机移动终端大多具有 GPS 定位功能。在旅游景点、酒店、餐饮娱乐场所等地方时，将旅游景点或酒店附近的旅游用户集中在一个虚拟社区，通过该社区用户间可分享酒店、景点、天气、交通等与旅游有关的信息，如景点实图共享、周边交通实图共享等。旅游电子商务作为本地化电子商务的典型代表，同步虚拟社区的建立可加强用户间的实时互动性和信息共享性，能降低旅游者在查询信息时消耗的时间和金钱成本，还能使用户及时、准确地从社区中获得可靠的旅游信息，从而方便他们规划或调整旅游路线。[①]

[①] 曾丽. 基于用户需求的旅游平台在线交流服务研究 [J]. 现代情报，2013（33）.

第十五章 出境旅游特卖的电商超市：来来会

第一节　发展历程和现状

来来会（www.lailaihui.com）隶属于北京来来网网络科技有限公司，是一家专门做出境自由行特卖的 B2C 旅游电子商务网站。作为一家专注于出境旅游特卖的旅游电子商务网站，来来会从 900 余家出境旅游批发商的几万个旅游产品中，精心整理挑选了一批特价旅游产品，并将这些"质量优，价亲民"的惊爆产品直接呈现在广大消费者面前。来来会希望能让更多人完成"出国看世界"的梦想，而不会因"荷包不够鼓、假期不够多"望而却步。来来会推出的"周末出境游"理念，无须年假，利用周末便可轻松出行，让出境旅游不再成为消耗时间和金钱的奢侈品。

来来会不仅能帮助用户完成第一次出国旅行，更希望通过来来会的服务，让他们实现自己走遍世界的旅行梦想。①

图 15-1　来来会网首页

---

① 来来会（http://www.lailaihui.com/about）.

一、发展历程

- 2010 年 11 月,北京来来网网络科技有限公司成立。
- 2011 年 1 月,来来网——专注于出境旅游产品的 B2B 平台正式上线。
- 2012 年 1 月,来来网完成国内第一个出境旅游产品分销平台的建设。目前有近千家原始组团社向超过 4 万家下游零售旅行社分销出境旅游产品,每年有超过 10 万个出境旅游团在此平台上进行交易。
- 2013 年 9 月 11 日,来来会正式上线。

二、融资

表 15-1 来来会融资情况

投资机构	时间	金额	轮次
九合创投	2011.1	数百万美元	A 轮

三、现状

2013 年 9 月,来来会刚刚上线,截至 2013 年 11 月 8 日,仅仅两个多月的时间已成为在线旅游领域的新秀。此前来来网将平台上接入的 1000 多家批发商数以万计的旅游产品,向下游 4 万多家的零售商呈现和传递。

第二节 来来会的商业模式

一、目标客户

来来会卖的是大幅度折扣以后的折扣机票以及酒店房间,通过团队积累的旅游产品资源,为以 80 后为主的用户挑出性价比较高又适合出行的"时间+机票+酒店"组合方式,这样的定位的关键是解决了以 80 后为主的用户两个诉求:时间+低价。来来会自上线以来一直将主要目标锁定在首次出境的用户身上。[①]

---

① 环球旅讯.来来会:不惧怕与行业巨头的竞争(http://www.traveldaily.cn/article/77907.html).

来来会是一家专门做出境自由行特卖的 B2C 旅游电子商务网站。其关注的目标客户主要是喜欢自由出行的青年人。作为新一代的旅游网站，来来会客户群与网络关系密切。客户通过来来会网站挑选自己喜欢的旅游项目，并通过网络平台完成基本信息的填写、订单确认以及付款等。

来来会的客户年龄偏向年轻化，拥有独立出游能力，喜欢自由安排旅程以及简洁的旅游产品设计，产品的目标客户主要包括以下几种：

(1) 喜欢自由出行。对要去的国家或目的地有一定的了解，也能从网上找到详细的旅游攻略，能够自己安排在境外的游玩。除非在万不得已的情况下，否则坚决不选择团队游。

(2) 请长假较困难。虽然不喜欢在公共长假期扎堆出游，但是由于工作关系，平时也无法请长假，只能借用周末假期进行出国旅行。

(3) 追求高性价比。在消费观念上，坚持购买高性价比的产品，采取少花钱多办事的务实消费观念。

(4) 决策时间较少。由于平时的空闲时间较少，无法在找寻最佳的机票、酒店等旅游元素的组合上花费较长时间和大量精力。

二、产品类型及特色

（一）出境打包自由行——机票 + 酒店

区别于传统的纯自由行，打包自由行是出境旅游的优化模式，将旅游过程中的"吃住行、游购娱"相关内容中最关键的机票、酒店这两个要素，采用相对固定的机票 + 酒店组合打包的方式，安排好消费者的国际机票和酒店住宿，让消费者以较优惠的方式前往目的地旅行。来来会在开发产品时的着眼点如下：

(1) 传统旅游产品具有综合性，即是吃、住、游、行、购、娱六大要素的综合体。《旅游法》明确表示，旅行团不得"指定"或前往"具体购物场所"，打击了传统旅游产品"打包式"贩卖。来来会产品专注解决出境游当中"住"、"行"两方面需求，以"低价位、高性价比"为产品卖点，具有很大竞争力。

(2) 避开旅游旺季。旅游市场存在着季节性差异，虽然旺季才是最多人出游的时间，但是淡季也有着其独特的吸引力——低价、人少。来来会利用淡季旅游市场的疲软，推出面向淡季的特价旅游产品，具有其独特的价格吸引力。

(3) 利用旅游产品"不可储存性"。旅游产品的"不可储存性"主要体现在交通和住宿上。如果没有人出游，飞机的空位，酒店的空房，对航空公司和酒店都是损失。来来会产品抓住了旅游产品"不可储存"特质，以自身为桥梁，获取低价的机票和酒店。这对消费者和旅游业商家来说，也是一种双赢。

来来会的出境打包自由行产品具有如下特点：

（1）境外自由度高。产品中只包含相对固定的国际航班机票＋境外住宿的酒店，所以在境外当地的旅游过程，全部由旅行者自由安排。

（2）旅行时长合适。产品的旅行时间长度，都是针对目的地选择的最优时间，长度大都在四五天，方便消费者采用周末双休日加上请短假的方式出行。

（3）产品性价比好。产品所提供的机票＋酒店打包价格，远比消费者自行预订的普通机票和同级别酒店的价格低很多。

（4）购买决策容易。产品所采用的机票＋酒店组合，是经过优化选择的，无须消费者花费大量的时间和精力进行挑选。

虽然有以上优势，但是打包自由行也有一定的缺点，主要因为境外没有服务人员陪同，所以对于没有外语能力、无法自行安排当地游玩的消费者，则无法消费打包自由行。

（二）邮轮之旅

在国内，邮轮旅行还是一个比较稀罕的旅游方式。然而，国际邮轮公司近几年正在开辟亚洲市场，估计在不久的将来，豪华邮轮也会变成一个耳熟能详的出游方式。来来会除了提供低价的"机票＋住宿"产品外，还提供了邮轮这一全新的出行体验。产品特点如下：

（1）全新的旅游体验。现代邮轮本身就是目的地，其生活娱乐设施是海上旅游中一个重要组成部分。靠岸是为了观光或已完成海上旅游行程。

（2）价格低廉。传统印象中，邮轮是一种豪华的体验。但来来会在这一产品上依旧秉持高性价比的产品理念。

（3）网站展示详尽。"来来会"在每一单下清晰地展示了邮轮出行的安排，让客户对邮轮出游有了全新的认知。

由于邮轮是一个提供"吃、住、行、娱乐"全方位服务的交通工具，其费用涵盖也和普通搭机出行的旅游产品有区别。来来会注明的邮轮型产品的价格包括如下几项：

①交通。邮轮船票；

②用餐。邮轮上免费餐厅的餐食及免费娱乐设施；

③住宿。邮轮船舱住宿；

④邮轮港务费，邮轮税金，邮轮小费；

⑤领队服务费。

（三）订阅服务

由于来来会时常更新其旅游产品，因此，提供订阅服务会方便很多。用户可勾选自己中意的旅游目的地，填上自己的手机，来来会就会在推出适合的旅游产品后短信通知订阅用户。这极大地方便了客户，让用户有一种捡到折扣的心态，促进销售。

三、盈利模式

便宜、自由是来来会最吸引眼球的亮点。作为一家出境自由行网站，它提供的机票价格相比于去哪儿、携程等网站来说至少低一半，有些甚至不到这些网站上的机票价格的两成。而在这背后，支撑着便宜、自由这几个字的，正是来来会特有的盈利模式和核心竞争力。

（一）批发商收益

尽管来来会的价格对消费者来说可能非常便宜了，但由于它是通过帮助批发商将滞销的库存通过重新设计组合再销售，所以，来来会会获得一定来自批发商的收益，这也是来来会目前主要的盈利模式。

来来会欲做在线旅游领域的唯品会。对此，创始人之一康乐认为："唯品会能够做得很成功，第一是仓储的快进快出，不需要压货；第二，毛利空间足够大；第三，马太效应，很多厂商独家跟他合作。我们现在有100多家供应商只和我们合作，我们走的更像唯品会的模式。"[1]

（二）产品收益

来来会提供的各种旅行产品的打包组合，作为其网站的主营业务，也是其主要的营业收入。尽管产品的价格已经具有非常大的折扣，但仍旧留有足够的利润空间，为来来会创造了收益。

（三）合作商收益

酒店、航空公司等合作商以及来来会未来的潜在服务合作商，在与来来会合作的过程中也会提供一部分收益，而这些收益会随着来来会规模和服务的不断扩大而增加。

（四）广告收益

尽管来来会目前的主打收入并不是广告收益，但随着网站的发展和知名

---

[1] 环球旅讯．来来会：不惧怕与行业巨头的竞争（http://www.traveldaily.cn/article/77907.html）．

度提高，广告必然是一个利润巨头。网站流量带来的可观广告商合作以及旅行目的地等当地广告，将会是来来会新的收入源泉。

四、核心竞争力

（一）丰富的产品来源

2013年9月11日刚刚上线的来来会，隶属来来网网络科技有限公司旗下，后者成立于2010年，主要业务为旅游行业的B2B在线信息服务。公司在近三年来积累的丰富行业资源，能使得来来会源源不断地获得来自旅游批发商的各种出境旅游产品信息，这就是来来会主要的产品来源。

旅游批发商与航空公司、酒店、旅游景点等资源方的合作，一般都是按照季度或者年度签订购买协议。但是，在实际销售过程中，批发商除了临近出团日期进行甩货之外，还会针对自己的产品，通过预售的方式测试一下产品价格。但是，为了不影响后续的销售，这些预售产品不能自己去卖，因为会扰乱正常的市场价格，因此要找来来会这样的第三方，以活动形式进行销售。这样不仅可以缓解产品的销售压力，还能快速回笼一部分资金。

（二）预售模式

随着2013年《旅游法》的出台（10月1日正式实施），其中禁止强制购物、擅自增加自费项目等规定，在整治旅游业乱象的同时，也使得通过这些方式赚钱的旅行社纷纷调高旅游产品的价格，收入缩水和货品积压等也成了不少旅行社需要解决的问题。

这造成的一个结果就是，团队游开始急速下降，而选择自由行的游客急速上升。旅行社在航空公司包了一年的销量后，出现货品积压的情况越来越多，团队旅游又是时间仓储产品，如果到了预定的时间，组团人数不够，旅行社只能自行承担损失。而来来会在其中扮演的角色就是，将旅行社手中可能会被闲置下来的旅游产品，做一个反向的打包定制，将团队游资源散客化，以城市为基础推出性价比较高的产品，卖给消费者。①它同国内类似的爱旅行最大的不同是，爱旅行采用的是尾货模式，比如1月17日的线路团，到了1月15日若团没满，然后以清仓的方式将产品便宜地卖出去。而来来会做的是一个预售的概念，它是提前将旅行社可能积压的产品打包好卖出去，因此网站上现在会有来年某月的产品。

---

① 环球旅讯．来来会：不惧怕与行业巨头的竞争（http://www.traveldaily.cn/article/77907.html）．

（三）对货源的把控

来来会在 9 月 11 日上线后，23 日与面包旅行进行了一次小市场活动，并开始在穷游、京东、蚂蜂窝、酷讯等渠道上进行推广。大概 1 个月的时间内，来来会服务了超过 600 个用户，营业额达到 131 万，独立访客（Unique Visitor，简称 UV）突破 5000，页面浏览量（Page View，简称 PV）超过 3 万。截至 2013 年 12 月，来来会上的产品多集中在航程 4 小时以内、签证方便的国家，短期内来来会的产品也仍然会聚焦于近途，四晚以上的线路则会成为来来会产品线的副线补充。

据透露，接下来来来会的目标，一方面是将常态的目的地稳定为 6 个点：台北、首尔、香港、清迈、东京、沙巴，每周持续提供；另一方面补齐产品线 2.0，比如向预订产品的用户提供购旅游地门票等服务。另外，来来会不久后还将增加新的功能，比如用户如果想去澳洲，搜索后可以收藏一下，一旦网站有类似的产品活动时，网站会向用户进行推送。对于是否畏惧竞争者的加入，来来会首席执行官（CEO）王国航表示，来来会背后拼的是产品，核心竞争力还是对货源的把控。①

（四）移动互联网下的资源优化配置

来来会的前身是一个 B2B 的旅游平台，两年时间使得团队已经积累下来了可靠的资源。但是，能否成功转型做好 B2C 的一个最关键因素是时间。也就是说，来来会能否通过更有效的手段让用户及时了解到折扣信息，安排休假时间并且成功支付，形成购买行为。因此，只有 PC 端是不够的。来来会正在开发测试其手机客户端。有了 APP 以后，来来会会向用户及时推送超低价格的出境旅行套餐，并且通过便捷的手机支付完成所有交易。②

五、合作伙伴

（一）旅行社

旅行社通过包机和包年的方式从航空公司和酒店获得折扣机票和房间，但降低成本的同时也面临着时间成本的风险；如果淡季出团数目不及预期，

---

① Donews 网. 来来会：如何复制唯品会的模式来做出境游？（http://www.donews.com/net/201311/2642129.shtm）.

② 腾讯网. 来来会凭什么在旅游红海里打动用户（http://tech.qq.com/a/20131126/004665.htm）.

这些早已付款的空余机票和房间就产生了亏损，对于这些卖得不好的线路，旅行社需要采取措施及时降低风险。

为了避免相同旅行团内消费者因为价格差距产生对旅行社的不满，旅行社本身不会选择大幅度大范围的降价，而会将卖不动的空余名额低价甩卖给来来会，通过来来会转卖给被价格吸引的用户。因此，与这些旅行社进行合作，可实现资源的优化配置，互利共赢。

（二）支付宝

来来会与支付宝的合作主要是在支付宝的使用方面。用户通过来来会会有一定的消费行为。用户购买旅行套餐等活动都可通过支付宝支付。支付宝一方需提供安全的交易平台及高效、高质量的服务，保障用户及公司合作方等相关利益方的资金安全。

（三）航空公司

来来会与航空公司进行合作，获取一些淡季或折扣非常大的机票资源，这样不仅为来来会的用户提供更多的优惠，提高自身产品的质量，也能帮助航空公司扩大业务量，处理一些可能卖不掉的机票，减少损失。

（四）酒店

同与航空公司合作原理一样，来来会通过与酒店合作，以低于市场的价格来为用户提供在一些旅行淡季或其他情况下的入住酒店。

六、管理团队

（1）王国航。现任来来会首席执行官（CEO），曾经在海航、众信等传统旅行社有十几年的工作经历，有着很好的传统旅游经验，不管是跟航空公司还是对（旅游）产品的各种组合匹配以及对这个市场的认知都非常有经验。

（2）胡国东。现任来来会首席运营官（COO），来来会联合创始人。曾创办清风假期旅游网，2005 年 7 月加盟众信旅游，陆续推出众信旅游网、众信 ERP 系统、分销系统、门市系统。

（3）康乐。来来会联合创始人，互联网老兵，曾经在人人网做过一些市场推广工作，参与过海内网创建工作，并且是街旁的创始团队成员。

来来会的团队配置，确保了来来会能调动所需的互联网资源和传统旅游业资源，使得两者能够极好地融合。而作为一家旅游电商，来来会的定位策略很特别。联合创始人康乐认为,自己就是旅游行业的"唯品会"。打着旅游产品的旗号,做着电商特卖"爆款"的生意。①

第三节 来来会的运营评价

一、优势

(一)组合灵活

来来会提供不同的机票和酒店住宿,它们都有一个特点:价位低。机票和住宿档次差不多,所以顾客在选择时可以自由搭配,无须担心差别太大。此外,顾客也不用太长时间比较,对于想要来一场说走就走的旅行的年轻人,省去很多烦恼和时间。

(二)价格低廉

如果打开出境自由行网站来来会的页面,会看到价位极低的旅行套餐:韩国首尔自由行3晚4日往返含税机票加住宿,总价1999元;马尔代夫往返商务舱机票,3999元;普吉岛3晚5日往返含税机票加住宿,2299元。来来会上机票的价格相比于去哪儿、携程等网站来说至少低一半,有些甚至不到这些网站的上机票价格的两成。另外,套餐中往往还含有免费的酒店房间。②简单地说,来来会卖的是大幅度折扣以后的折扣机票以及酒店房间。

二、劣势

(一)网站知名度不够高

相比较已经走进大家心中的携程和去哪儿等旅游网站,来来会目前仍未打开市场,没有太多人知道。品牌知名度不够,没有像携程一样的庞大客户群和被广泛认可的服务能力,没有像百度等所拥有的潜在的技术优势,且网

---

① 橙推领域网.来来会创始人自述:上线5个月,特卖旅游电商如何月入千万(http://www.chengtui.cn/forum.php?mod=viewthread&tid=358).

② 腾讯网.来来会凭什么在旅游红海里打动用户(http://tech.qq.com/a/20131126/004665.htm).

站流量低。

(二) 宣传力度不够大

来来会没有使用太多的宣传手段，如广告、视频等。光靠口碑宣传对于一个刚兴起的网站来说，还是有一定的难度。在宣传的网页上，没有太多对外国游客以及国外景点的介绍；在网络的主页面上，色彩的搭配、图片的选择上都过于呆板，缺乏应有的活力和表现欲，这在一定程度上大大降低了感召力。再就是当前的网络营销方式还很单一，众多的网站在选择网络营销时，仅仅只注重在网络广告和网络促销这一宣传层面上进行推广，这就会造成营销在宣传这一层面上的效果不是很理想。营销手段的多样性也是盈利模式多样性的体现。

(三) 旅游线路选择较少

来来会推出的旅游目的地多样性不够，用户选择的局限性大。而携程、去哪儿等旅游网站则已经成熟，线路规划和目的地丰富多样，能够满足更多人的需求。网站由于与商家合作等原因，目前推出的路线都比较简单且类型不多，如果能够丰富路线，根据不同用户设计出不同路线，将会满足更多人的需求，带来更多收益。

三、机会

(一) 市场需要更合理的价格

随着淘宝等推出机票和酒店预订，大家逐渐发现携程、驴妈妈等网站的机票和酒店价格并不是最优选择。一些网站可能会打着低价机票的旗号蒙骗顾客，给消费者带来损失。因此，在这样的大趋势下，来来会有着巨大的市场。在同类旅游网站里，它低廉的价格可以吸引巨大的用户群。来来会瞄准海外度假市场，并突出"机票+酒店"的产品销售模式，抓住了在线旅游的增长热点。其规模必能随着在线休闲旅游的崛起而扩张，市场份额也会逐渐增加。而其透明的价格也符合《旅游法》精神，体现了在线旅游的价格优势。

(二) 用户偏好

来来会的网站界面类似于聚美优品网，清晰了然，用户可以快捷地定位哪款产品是自己所需。同时，在各路线的标题中清晰地说明了出发地、目的地、费用及特色住宿，让用户可以第一时间选择自己喜欢的路线，相比较携程、去哪儿网，这样的界面更显简洁、大方，更受用户欢迎。

四、威胁

（一）旅游电商竞争激烈

在网络日益发达的今天，旅游网站代替旅行社成为旅游行业里的新兴产业。而早起的一批旅游网站已经成熟，且获得了较多网民的认可。因此，在这样环境下的来来会，可能面临竞争不过大型网站的危机。受到携程、百度等网站品牌影响力的强大压力，网站中的一些具有价格优势但是非品牌的产品不容易被消费者接受，成为竞争对手的攻击点。搜索结果的实用性、准确性受到质疑。目前，网络上有很多各式各样的旅游网站，可谓是竞争激烈，其特点都十分明显，而来来会作为新成立不久的B2C旅游电子商务网站，承受的压力巨大。

（二）实体旅行社的先入优势

国旅、中青旅等旅行社，是老牌旅行社。同时对于一些年长的人，他们不方便上网或者对网站的信任度不够，更愿意选择旅行社这样的实体单位。因此，虽然如今互联网旅游业如日中天，但是实体旅行社仍然有它的优势。所以任何一个新兴的互联网企业，都要不断创新，不断丰富自己，使自己的优势更加突出，更适应时代变化，才能在市场上立于不败之地。

第四节　来来会的运营建议

一、加强在线营销

旅游类在线营销平台主要有旅游媒体搜索网站和旅游点评攻略网站。根据两种营销平台的特点，对来来会网的营销提出以下建议：

（1）优化关键词。一个品牌的声望和网站流量收益与网站点击率息息相关。优化相关的关键词，会使得搜索引擎更好地为消费者服务。

（2）增加攻略模块。通过调查发现，点评攻略类网站能极大地增加消费者的信任度。目前，来来会网专注的境外游仍没有成熟的攻略类网站。建议提供一个攻略专区，进行专门的运营，鼓励来来会网用户撰写攻略体验类文章，或者通过整合和精准搜索的方式为用户提供相关内容。这对提升用户信任度、增加销售会有很大的帮助，也会为来来会网的境外游销售铺平道路。

（3）针对性的网络宣传。除了2013年底合作的穷游网、360旅游，来来会网还应该在白领和大学生常聚的网络社区做一些宣传，如豆瓣、高校论坛等所采取的方式。

二、改善网站浏览体验

目前，来来会的网站还是比较简单的，其用户体验比起成熟的在线旅游网站还是有差距的。应聘请专业团队为其用户体验做一个提升。将出境业务做得专业，再辅之以良好网站平台的支持，必能令来来会的旅游模式运作更加顺利。

根据艾瑞咨询提出的中国主要旅游网站用户满意度细分指标，一个网站的用户满意度由多个方面组成。下面针对来来会网站体验提出以下建议（表15-2）：

表15-2 来来会网站优化建议

现状	优点	缺陷	建议
界面美观	网站利用大幅配图，减少繁复的文字，整体效果较好	Banner配图和产品配图的明度过低，灰度过高，不会让人有一种心旷神怡、想立刻体验的期望	聘请专业美工制作、美化配图
信息可信度内容介绍详尽、到位程度	来来会提供了较为详细的免责声明、使用说明、法律公告等，并在产品套餐里提供了酒店、预订、费用等信息	来来会的旅游产品专注于机票销售、酒店套餐。机票方面，缺乏航空公司的直接链接；酒店方面，缺乏酒店的网址以及更详细的酒店评价信息；旅游产品方面，缺乏用户体验评价和体验性文字	● 增加航空公司的链接，方便用户获取更详尽的机票信息 ● 尽量提供酒店的网址，以及国外酒店评价网站的链接和翻译后的点评信息 ● 为网站设置专门的用户体验模块
内容分类清晰度	来来会主页导航包括出发地、目的地、价格、时间，还为主要信息提供排序方案	● 缺乏更多维度的分类 ● 在网站的知名度还不高的时候，将公司简介、使用说明、法律公告移至显眼处	● 按旅行方式分类的导航（飞机／邮轮） ● 移动页尾导航至页头
网站基色	首页的"价格"、"一次确认"、"点击查看"等信息颜色一致，产品页的"价位"、重点信息也实现了一致的颜色	目前网站的色彩主要来源几个方面：Logo（4色）、灰色背景、暗红色按钮、底部深蓝色订阅栏、banner、图片。但是，后两个可更换的内容却占据了网页色彩的大部分，其他固定色彩占据小部分	● 建议设计一套基色，统一网页色彩 ● 对重点信息、按钮实现字体、颜色一致性，建立一套优化的css布局样式

三、创新模式，激起用户需求

在互联网环境下，创新层出不穷。通过结合当下的热门事件，提供贴心的定制服务，能够激起用户的消费欲望。如基于兴趣的包装。在 2013 年 10 月份，来来会提供了一些门票，做了一个亚冠的活动。因为恒大要到首尔去踢球赛，来来会有着非常便宜的机票，让大家买最便宜的旅游产品专门去看亚冠。还有 2014 年 4 月 15 号李敏镐有一场在首尔的演唱会，来来会跟主办方合作，提供了几百张的门票。在这个时间段，如果用户在来来会上买这个往返的机票酒店套餐，就能有机会免费地获得李敏镐演唱会的门票。这都是很成功的宣传，也达到了很好的销售效果。还有微信、微博抽奖等方式，都是目前网络上常用的宣传方式。通过微博转发境外游抽奖，可以以很低的成本取得很好的宣传效果。

四、充分利用合作关系

来来会网的主要货源在于旅行社、批发商的大量尾单，其实质是在线旅游产品分销商，通过网站进行在线分销。其优势和利润来源于强大的管理团队以及优秀的合作伙伴。

目前，来来会网主要是抓住了"批发商急需分销有可能出现的尾单"这一赢利点，甚至更有预见性地利用数据挖掘，将尾单可能出现的时间段作出了预见性的判断，令尾单变成了预售单。

未来，来来会要加强与上游产品供应商以及渠道批发商的合作，细化合作模式，并换位思考，寻找双方共赢点，把服务用户的思维用在与供应商的合作上，在解决了合作商难题的同时也为自己获得了利润来源。